主编简介

邱国华博士，教授级高级工程师，上汽优秀工程技术带头人，现任上海汽车集团股份有限公司技术中心副总工程师。

从事汽车研发工作20余年，有丰富的整车研发、质量管理和知识管理的理论基础和实践经验，已在国内外重要学术刊物发表论文十余篇，出版多部专著，主持和参与国家重点研发计划、上海市科委重大专项课题以及整车开发项目20余项。

曾获中国汽车工业科学技术奖、上海市科学技术奖、上海市质量技术奖等多项奖励。获得上海市五一劳动奖章，被评为上海市劳动模范。

a) AR HUD 前风窗玻璃

b) 上汽创新概念车投影显示玻璃

图 1-21　玻璃成为交互外饰的核心媒介

图 2-6　迎宾光毯

图 2-11　影院模式

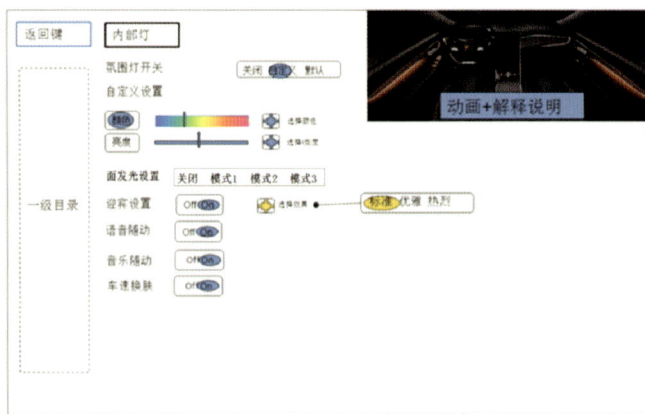
图 3-14　氛围灯操作界面具体视图

图 3-16 触控一体化饰板

图 3-17 开门警示示例

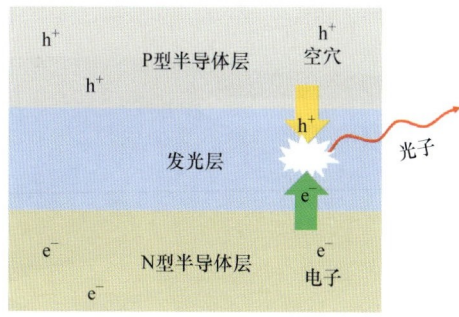

图 5-27 Mini LED 发光原理

图 5-43 奥迪无人机跟随照明示意图

图 5-44 奥迪无人机车辆照明示意图

图 6-23 温度分区控制示意图

a) 装饰功能　　　　　　　　　　　　　b) 信息显示功能

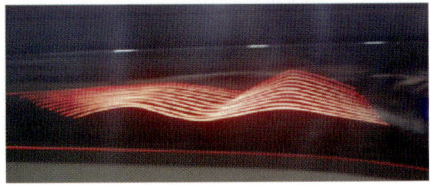

c) 智能触控功能　　　　　　　　　　　d) 氛围照明功能

图 7-2　智能表面技术展示

图 7-8　集成信息显示功能的门窗玻璃

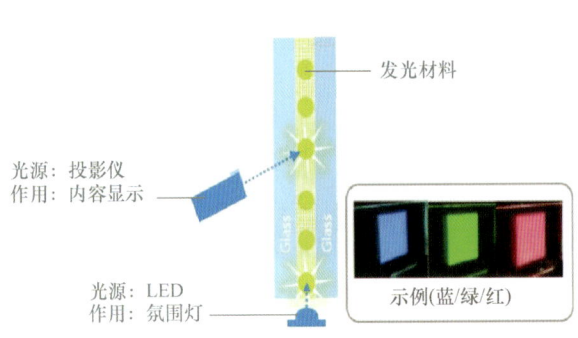

图 7-9　单色投影玻璃的技术原理　　　　　　图 7-10　单色投影玻璃样件示例

图 7-11　彩色投影显示玻璃应用示例

 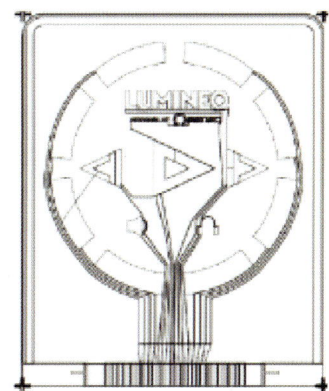

图 7-12　EL 显示玻璃效果示意图

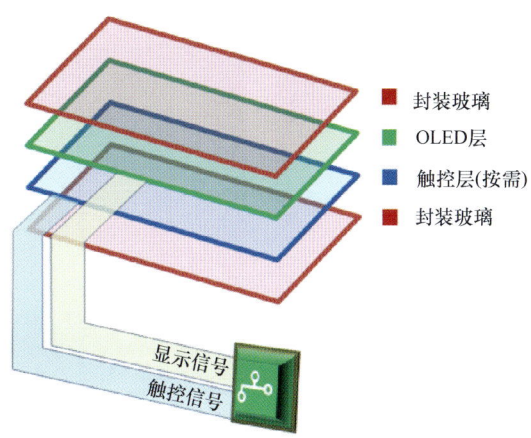

图 7-13　OLED 显示技术原理示意图

图 7-14　LED 灯膜显示技术应用示例

图 7-23　整车饰板氛围照明技术示例

　　　a) 点亮前　　　　　　　　　　　b) 点亮后

图 7-29　上汽荣威 Marvel X 创新车发光中控台扶手

图 7-31　织物透光方案应用于 A 柱上饰板

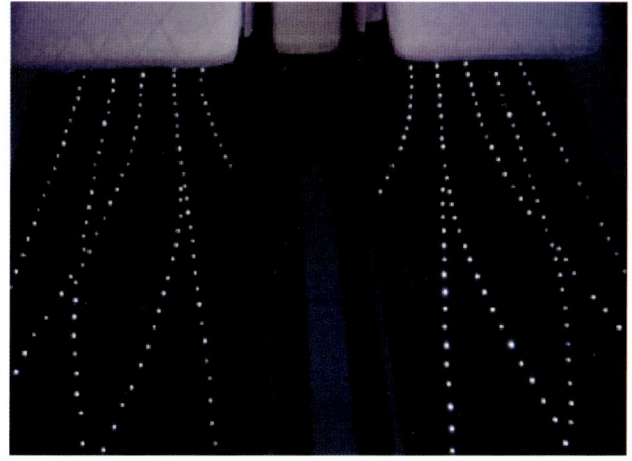

图 7-32　发光织物实物图片

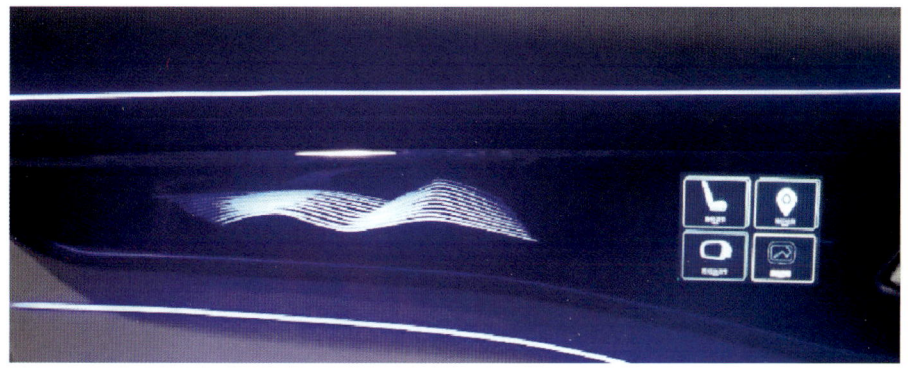

图 7-40　门饰板集成信息显示饰板应用示例

图 7-42　前风窗信息显示应用示例

图 7-43　沃尔沃场景氛围照明应用示例

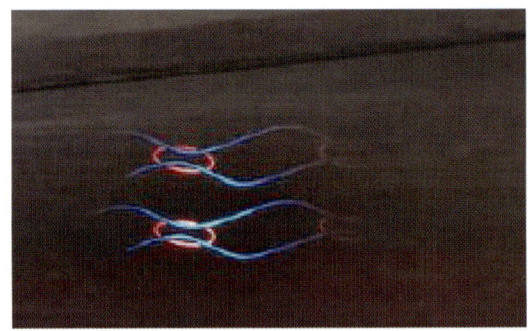

图 8-24　驱动伺服技术生产的膜片应用于透光图案定位

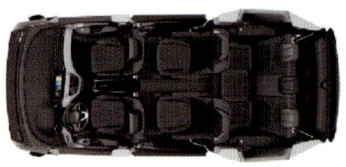

图 8-39　上汽某车型搭载的移动中控台

汽车技术创新与研发
系列丛书

汽车智能交互内外饰设计

邱国华 ◎ 编著　　徐平 ◎ 主审

INTELLIGENT
INTERACTIVE INTERIOR
AND EXTERIOR DESIGN

机械工业出版社
CHINA MACHINE PRESS

本书聚焦当前汽车内外饰先进技术领域，全面阐述了汽车内外饰系统在数字化转型趋势下的前沿技术。本书从汽车行业的时代机遇、底层通用技术、智能交互技术和未来发展展望四个维度，以技术为主线，系统地介绍了智能交互场景规划、内外饰人机交互设计开发、智能交互内外饰电气架构、智能交互照明技术、智能交互座椅技术、智能表面技术、内外饰智能控制技术、基于内外饰的先进驾驶辅助技术以及智能交互内外饰发展趋势。本书适合汽车及相关行业的高校师生、企业研发部门的工程技术人员或汽车爱好者阅读和参考。

图书在版编目（CIP）数据

汽车智能交互内外饰设计/邱国华编著. —北京：机械工业出版社，2021.1

（汽车技术创新与研发系列丛书）

ISBN 978-7-111-67119-0

Ⅰ.①汽… Ⅱ.①邱… Ⅲ.①智能技术 – 应用 – 汽车 – 装饰设计 Ⅳ.① U472-39

中国版本图书馆 CIP 数据核字（2020）第 257409 号

机械工业出版社（北京市百万庄大街 22 号　邮政编码 100037）
策划编辑：何士娟　　责任编辑：何士娟
责任校对：张　薇　　责任印制：李　昂
北京汇林印务有限公司印刷
2021 年 1 月第 1 版第 1 次印刷
169mm×239mm・17 印张・6 插页・343 千字
0 001—2 500 册
标准书号：ISBN 978-7-111-67119-0
定价：138.00 元

电话服务　　　　　　　网络服务
客服电话：010-88361066　机　工　官　网：www.cmpbook.com
　　　　　010-88379833　机　工　官　博：weibo.com/cmp1952
　　　　　010-68326294　金　书　网：www.golden-book.com
封底无防伪标均为盗版　机工教育服务网：www.cmpedu.com

序

智能交互内外饰
——汽车产业数字化时代的新突破

最近十年，中国汽车工业进入井喷式发展阶段，在世界汽车消费市场占有的份额节节攀升。世界汽车工业的重心逐渐向中国转移，中国汽车市场也成为全球最活跃的"试验场"，催生出了以"电动化、智能化、网联化、共享化"为核心的汽车新四化发展趋势并迅速席卷全球，奏响了百年汽车工业史上最激动人心的乐章。

新四化发展趋势中，电动化是基础，智能化是实现路径，网络化是连接纽带，共享化是远景目标。但无论哪一化，实现的技术背景都依赖于当前如火如荼进行的汽车数字化转型。传统汽车企业围绕原油技术与产业生态形成的壁垒在新技术的冲击下被快速瓦解。汽车的设计研发从硬件为主走向软硬结合，汽车制造从传统制造走向智能制造，汽车的营销与服务方式也不断焕新，从线下走向线上。数字化转型将重塑汽车生态链，软件定义汽车将成为汽车产业发展的全新推动力，也必将成为汽车企业构筑新的核心竞争力的关键。

数字化转型的趋势也对传统汽车内外饰的设计开发提出了全新的挑战。当下，数字技术驱动的智能座舱和智能驾驶成为汽车发展的两大核心创新点，引领着未来汽车技术突破的新方向。围绕这两大核心，汽车各个系统的设计开发都要与时俱进，加速向数字化转型。内外饰作为与用户最为贴近、感知最为明显的系统，更要充当数字化转型的排头兵。传统以机械、材料、工艺为主的内外饰零部件设计要积极探索数字化转型的全新道路：坚持以用户需求为中心，借助智能化的变革浪潮持续为用户提供高品质和科技感的产品与服务。

上海汽车集团股份有限公司技术中心（简称上汽集团技术中心）承担着上汽集团自主品牌全系列车型的设计开发工作。从最初荣威名爵车型的改型设计，到现在完全的独立设计、自主开发、全球联动，上汽集团技术中心的工程师们筚路蓝缕，迎难而上，锐意进取，用十余年的时间追赶世界汽车技术发展的脚步，取得了令人瞩目的成绩。当前，荣威名爵内外饰的设计品质已经成为行业的标杆，但上汽集团技术中心的工程师们没有停止前进的脚步，继续向前，迎着数字化发展的趋势提出了智能交互内外饰的全新方向，不断探索数字化时代内外饰设计的核心技术，秣马厉兵迎鏖战，扬帆起航再前行。他们始终坚持以用户为中心，在品质标杆的基础上不断突破创新，向着为用户提供更智能化的产品、更舒适的交互体验方向不断进步。

国潮涌起，千帆竞发。新四化的时代机遇是不可逆的，我们已经从硬件堆叠切入到软件定义汽车的全新航道。所有汽车行业的同仁们，我们面临的是一个产业的变革，是不可复制的时代机遇。我们要感谢这个时代，珍惜这样的机遇，在数字化转型的新阶段，砥砺前行，共同推动实现中国汽车强国梦的伟大历史进程！

上汽集团副总裁
上汽集团乘用车公司总经理兼技术中心主任

前 言

2018年,《汽车内外饰设计》甫一付梓,便受到了广大读者的热烈欢迎。这本书是上汽集团技术中心的工程师们对十余年开发实践经验的归纳和总结,承载了他们产业报国、反哺社会的初心,文字精练、图文并茂,在汽车研究开发人员、设计制造专业人员、高校师生以及各类相关人员中引起了强烈的反响。

在新四化发展洪流下,内外饰系统作为整车最重要的子系统之一,快速响应汽车数字化转型的趋势,进一步面向用户需求,以智能交互为发展核心,迎来了新一轮的发展机遇。

目前,国内在智能交互内外饰这一领域可以参考的资料较少,相关的设计开发著作和教科书亦是空白。在此情况下,编著一本系统性介绍汽车智能交互内外饰的书籍有一定的必要性和紧迫性。相对于《汽车内外饰设计》专注于介绍内外饰系统的基础性技术,本书作为进阶版书籍主要着眼于介绍内外饰系统在数字化转型趋势下的前沿技术,与前者相互搭配,与时俱进,为读者搭建更为全面的知识体系。

本书内容分为十章,其中第一章主要介绍世界汽车工业的三次变革、新四化浪潮下的转型变革以及智能交互内外饰的时代机遇,让读者宏观了解行业概况及发展趋势。第二~四章的内容是基础技术介绍,主要介绍智能交互内外饰的场景设计、人机交互设计、电气架构开发,让读者了解智能交互内外饰所依赖的底层架构性技术。第五~九章的内容是内外饰智能技术的具体应用,分别以照明、座椅、智能表面、智能控制、先进驾驶辅助等细分领域为例,让读者进一步了解智能交互内外饰的技术原理和实际应用。第十章和读者共同展望未来数十年智能交通和内外饰的发展趋势。

本书由上汽集团技术中心常务副主任徐平主审,撰写过程中得到了上汽集团技术中心相关资深工程师的鼎力支持,特别是肖雪飞、江中华、赵勇、王懿、张华、俞梅、姬秋云、周士冲、王辉、邹讯、邹开贺、张晶、刘倩、刘帅、徐祥合、杨麟、杨莉莉、樊瑶雯、时浩、郝戈、刘晓军、叶霖、孙皓宇、汪杏子、凡婷、王露、刘志杰、王明、汤唯涛、郑力国、张琳、夏雪、董吴斌、陈甜斌等。在此,谨向参与并支持本书编著的同事们表示感谢!

由于作者水平有限,书中难免有缺点和不足之处,诚恳期望读者给予批评指正。

邱国华

目 录

序　智能交互内外饰——汽车产业数字化时代的新突破
前　言
第一章　绪论 ··················· 1
　第一节　汽车工业的三次变革 ········· 1
　第二节　新四化浪潮下的转型变革 ···· 6
　第三节　智能交互内外饰的时代机遇 ··· 12
第二章　智能交互场景规划 ········· 15
　第一节　汽车设计新挑战与场景概述 ··· 15
　第二节　内外饰智能交互场景设计流程 ··· 21
　第三节　典型场景构建 ············ 25
第三章　内外饰人机交互设计开发 ··· 35
　第一节　人机交互概述 ············ 35
　第二节　内外饰人机交互设计 ······ 41
　第三节　内外饰数字化交互界面 ···· 49
第四章　智能交互内外饰电气架构 ··· 52
　第一节　智能交互内外饰电气架构概述 ··· 52
　第二节　智能交互内外饰通信技术 ··· 57
　第三节　智能交互内外饰控制系统 ··· 60
　第四节　智能交互内外饰电气架构发展趋势 ··· 77
第五章　智能交互照明技术 ········· 79
　第一节　汽车照明概述 ············ 79
　第二节　自适应照明技术 ·········· 84
　第三节　灯光投影技术 ············ 92
　第四节　灯光显示技术 ············ 98
　第五节　颠覆科技 ··············· 105

第六章　智能交互座椅技术 ········· 115
　第一节　汽车座椅概述 ············ 115
　第二节　基于多场景的座椅移动技术 ··· 117
　第三节　主动舒适技术 ············ 126
　第四节　座椅轻量化技术 ·········· 138
　第五节　被动安全技术 ············ 146
　第六节　智能交互座椅系统展望 ···· 153
第七章　智能表面技术 ············ 155
　第一节　智能表面技术概述 ········ 155
　第二节　信息显示技术 ············ 157
　第三节　智能触控技术 ············ 167
　第四节　氛围照明技术 ············ 175
　第五节　智能表面技术应用场景 ···· 187
第八章　内外饰智能控制技术 ······ 190
　第一节　智能控制概述 ············ 190
　第二节　智能控制技术 ············ 191
　第三节　驱动技术 ··············· 205
　第四节　智能控制技术展望 ········ 218
第九章　基于内外饰的先进驾驶辅助技术 ··· 220
　第一节　先进驾驶辅助技术概述 ···· 220
　第二节　摄像监控技术 ············ 221
　第三节　平视显示技术 ············ 231
　第四节　驾驶人监控预警技术 ······ 239
　第五节　先进驾驶辅助技术发展趋势 ··· 250
第十章　智能交互内外饰发展趋势 ··· 252
　第一节　面向未来的智慧交通展望 ··· 252
　第二节　面向未来的智能交互内外饰展望 ··· 257

参考文献 ······················· 263

第一章 绪 论

第一节 汽车工业的三次变革

从卡尔·本茨发明第一辆汽车至今，世界汽车工业已经历了逾百年的发展历程。从时速16km/h的内燃机三轮汽车到流水线生产的福特T型车，从风靡全球的大众甲壳虫到当今世界百花齐放的汽车品牌，汽车工业发展史就是近代人类工业文明发展史的缩影。汽车作为人类工业文明的璀璨结晶，也将伴随生产力和生产方式的不断进步，把人类载向更深远的未来。

一、传奇之始、致敬经典的二十年代

19世纪末到20世纪初是汽车发展的萌芽时期，汽车从某个角度讲还只是增加了动力系统的马车，整辆车上只有座椅和煤油灯等简单的装置，甚至转向盘也仅仅是旋转手柄，整车制造都是在手工作坊定制而成的。

世界汽车工业的第一次变革，发生在20世纪前20年，标志事件是美国福特T型车（图1-1）的面世，让1908年成为汽车工业史上具有重要意义的一年。通过流水线大规模装配取代传统手工制作以及支付员工较高薪酬来拉动市场需求等措施，T型车凭借低廉的价格使汽车作为一种实用工具走进了寻常百姓家。福特依靠T型车成为世界上第一个年销量超过10万辆的车企，世界汽车工业的重心也在这一阶段从欧洲转向了美国。

图1-1 福特T型车及流水线

正是在这个阶段，汽车设计逐渐脱离马车原型，开始形成自己的特色和风格，外形上已经有了现代汽车的雏形，走向汽车设计的第一次成熟。前舱尺寸进

一步加长用来布置排量更大、结构更复杂的内燃机；车轮直径进一步减小以降低油耗，提升转向性能。

汽车内外饰在这一阶段迎来了发展的黄金时期。为了保证乘员的温暖和舒适，汽车开始采用全封闭车厢，内外饰的雏形开始显现。顶棚、前风窗玻璃、转向盘、后视镜、储物箱等陆续出现，前照灯也不再使用煤油灯，取而代之的是乙炔灯。同一时期，电光源的白炽灯也开始逐渐应用。1925年左右，白炽灯已经完全取代了乙炔灯，如图1-2所示。

a) 煤油灯　　　　　　　　b) 乙炔灯　　　　　　　　c) 白炽灯

图1-2　汽车灯具的变革

二、动力澎湃、迈向繁荣的六十年代

世界汽车工业的第二次变革，是20世纪50—70年代。这一阶段，世界政治秩序相对稳定，是汽车发展的鼎盛时期，汽车设计也走向第二次成熟。这波浪潮在第二次世界大战后开始酝酿，进入20世纪60年代后，随着"婴儿潮一代"开始爆发，在70年代初达到顶峰。

这一时期，美国仍然执世界汽车工业的牛耳。美国人购买了世界上大部分的汽车，也同样制造了世界上大部分的汽车，由此带动了汽车设计的新一轮变革。首先是汽车尺寸和动力性能的快速提升，很多人印象中大体积、大排量、设计前卫充满肌肉感的美系车符号正是形成于这一阶段。20世纪60年代的经典车型如图1-3所示。

图1-3　20世纪60年代经典车型

除了尺寸和动力之外，随着战后技术的快速发展，汽车的各种功能和技术与今天的已经较为接近。独立悬架、带液力变矩器的自动变速器、全轮驱动系统、子午线轮胎、车载空调、收音机、电动门锁、电动车窗等配置相继出现。

这一时期的汽车内外饰发展也进入了成熟期，在设计、材料、功能和安全性方面都有了长足的进步，基本形成了现代汽车内外饰的完整架构。

在汽车外饰上，更加注重流线型，汽车轮胎挡泥板已经被隐藏在车身内，以降低行驶风阻。世界各大知名品牌也在这一时期形成了自身独特的家族特征，成为汽车设计最重要的差异化辨识点，例如宝马品牌的双肾格栅设计（图1-4）。随着科技的进步，前后灯出现卤素灯等新的光源技术，在功能方面出现了远近光切换等功能，转向标示也从甲壳虫时代的手势指标发展成为独立的转向灯，雾灯、倒车灯、制动灯、高位制动灯和牌照灯在后续的发展中陆续出现。刮水器技术的成熟及普及，极大提高了雨天行驶的安全性。前风窗玻璃由原来的单层玻璃演变成了夹层玻璃，降低了事故时玻璃破碎风险，减少了乘员的伤亡率。

图1-4　宝马品牌的双肾格栅设计

汽车内饰的布局不断成熟，受传动轴影响，整体布局逐渐从横向向T型布局发展，如图1-5所示。仪表板与中控台的设计开始复杂、精致起来，功能划分趋于规整。装饰件的表面纹理越加丰富，开始采用木纹、真皮等材质。座椅开始注重整体的舒适性，同时在配置上也加入了电动调节、腰托等功能，进一步提升了美观度和舒适度。

图1-5　内饰T型布局

另外，车内的振动噪声控制以及驾驶的安全性更是有了突破性的进步。前围隔声垫、地毯等零件的出现用来隔绝发动机和外部的噪声；仪表板背部和座椅的内部也增加了金属骨架，确保其自身的模态和支撑性能，避免共振异响。在安全方面，沃尔沃汽车发明的三点式安全带逐渐成为汽车的标配，如图1-6所示。安全气囊的出现开启了保护乘员的新篇章，有效降低了事故的伤亡率，为乘员的驾驶安全提供了更有力的保障。

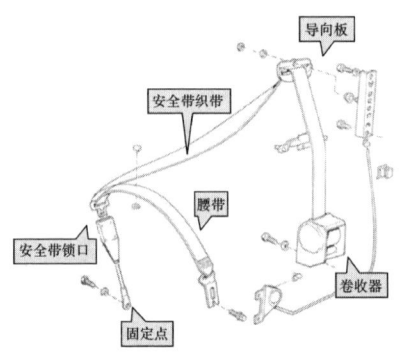

图 1-6　三点式安全带

三、异军突起、走向多元的世纪之交

世界汽车工业的第三次变革，发生在 20 世纪 80 年代至 21 世纪初。1973 年石油危机以后，全球汽车市场一转风向，开始追求低成本、实用、功能主义。以经济节油著称的日、韩系汽车异军突起，沿着配件装配、零部件国产化、自主开发的发展道路成功实现了质的跨越。

其中，日本对世界汽车工业的最大贡献就是开创了精益生产方式。这种划时代的改革创新让以丰田为代表的日本汽车（图 1-7），以优越的性能、合理的价格、可靠的质量、低排放、低油耗和多样化的品种不断扩大在世界汽车市场的占有率。到 90 年代初期，日本汽车全球市场占有率接近 28%，此时，世界汽车工业的重心已从欧美转移到日本。

a) 待出海的日本汽车　　　　b) 第一代本田雅阁　　　　c) 第一代雷克萨斯LS

图 1-7　日本汽车的崛起

同一时期，随着改革开放的持续深化，中国的汽车工业进入了蓬勃发展阶段。1985 年，中德双方共同投资建立的轿车合资企业——上海大众汽车厂，结束了中国汽车工业"闭门造车"低水平徘徊的历史，开辟了利用外资、引进技术、加快发展的新道路。随之而来的是中国汽车工业奠定了基本生产格局和基础，图 1-8 所示的桑塔纳、富康、捷达以及夏利、金杯海狮等中国人家喻户晓的车型正是诞生在这一时期。

a) 桑塔纳　　　　　　　b) 富康　　　　　　　c) 捷达

图1-8　20世纪90年代中国的"老三样"

进入世纪之交，随着中国成功加入WTO，汽车工业全球化的浪潮扑面而来，庞大的中国汽车消费市场和本土品牌的成立壮大一举搅动了全球汽车工业。1997年，奇瑞汽车股份有限公司成立；1998年，第一辆吉利汽车下线；2001年，长城汽车有限责任公司改制成立长城汽车股份有限公司；2003年，比亚迪收购西安秦川汽车有限公司，正式进军汽车行业；2004年，上汽自主品牌上海汽车集团股份有限公司成立。2006年首台上汽荣威750发布如图1-9所示。这一时期中

图1-9　2006年首台上汽荣威750发布

国本土品牌如雨后春笋般涌现，汽车开始全面进入中国家庭，全球第一大汽车消费市场由此开端，也拉开了世界汽车工业重心向中国转移的序幕。

这一阶段，汽车内外饰进入了进阶发展阶段，汽车造型设计依然是消费者购车的主要因素。世界各大品牌也在内外饰造型上日渐趋同，内外饰在科技和智能化方面的发展成为提升客户吸引力的重要方向之一。天窗逐步从豪华车型下探到普通车型，车内的视觉空间被进一步打开；后视镜开始出现电动折叠、位置记忆、电加热等功能；汽车灯具也迎来了氙气灯和LED灯时代，灯具造型特征得以自由实现，使汽车的照明系统一跃成为各大品牌的特征元素。

在内饰方面，经典的T型布局走向成熟，强调仪表板、中控台之间的造型融合。座椅已实现完全电动化控制，甚至增加了按摩和保健功能，可坐可躺，如图1-10所示。电子技术的飞跃发展让触控中控屏开始普及，GPS车载导航系统陆续搭载，手机和汽车的连接与通信被提上日程。汽车设计师们开始关注用户的使用体验，操作界面开始变得友好。

 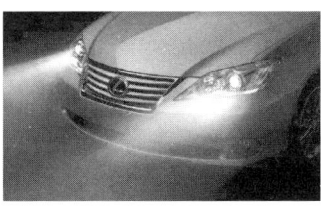 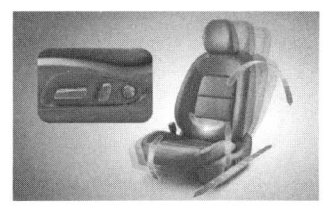

a) 全景天窗　　　　　　b) LED灯　　　　　　c) 电动座椅

图1-10　迎来技术升级的内外饰零件

第二节　新四化浪潮下的转型变革

一、汽车新四化的诞生

2009年中国的汽车销量达到1380万辆，正式超越美国成为世界上最大的汽车消费市场。此后十年间，中国汽车工业进入井喷式发展阶段，在世界汽车消费市场占有的份额节节攀升，世界汽车工业的重心正是从这一阶段开始向中国市场转移。根据乘用车市场信息联席会数据，到2019年，中国汽车产销规模已经超过2570万辆，占全球汽车产销量的30%左右，其中新能源汽车产销规模超过120万辆，占全球新能源汽车销量的60%左右。2001—2019年中国汽车销量如图1-11所示。

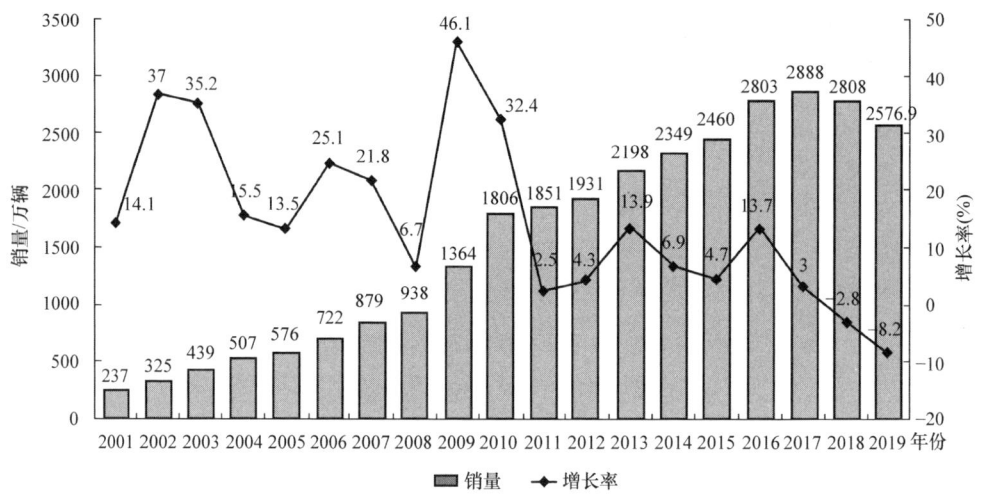

图1-11　2001—2019年中国汽车销量

中国庞大的汽车消费市场结合本土车企，在新能源汽车技术方面的抢跑与在互联网技术方面的领先，让中国消费者对汽车与新能源和互联网结合的趋势更加乐于接受，而本土作战的中国汽车企业对消费者的需求理解得更深刻，并且能够迅速地在本土寻找强有力的跨界行业合作伙伴。这一特点传导到消费端呈现的结果是中国汽车市场成为当前全球最活跃的"试验场"，并催生出了世界汽车工业的第四次变革。

2015年，第七届中国汽车蓝皮书论坛首次提出了"电动化、智能化、网联化、共享化"的汽车新四化发展趋势。新四化的概念甫一推出，便迅速席卷中国汽车产业，成为全行业的共识，并在全球范围内形成了不小的冲击，世界汽车工业的第四次变革很有可能以汽车新四化为主线。

二、电动化是变革基础

新四化发展趋势中,电动化是基础。当今主要国家、主要汽车企业对电动汽车如此之关注,除了传统能源日渐枯竭、环境污染压力之外,更重要的是因为电动汽车具有强大的发展指向性,能与未来的社会进步、社会发展更好地衔接。电动汽车是一个高技术含量、高产品价值、高应用前景的产品,它能吸纳的信息化、网络化、智能化,以及搭载的新能源、新材料、新工艺的范围之广,数量之巨,是其他产业难以比拟的,这就使汽车电动化成为拉动经济发展、促进产业系统性结构升级的重要力量。

2019年新能源汽车全球累计销售约220万辆,同比增长10%,市场份额从2018年的2.1%提升至2.5%,大致相当于全球每卖出40台汽车,其中就有1台新能源汽车。与此同时,纯电动汽车累计销售约160万辆,在所有新能源汽车销量中占74%,同比增长5%。在中国市场上,部分自主品牌的电动汽车如上汽荣威Ei5、比亚迪"唐"等已经和特斯拉等国际一流电动汽车品牌展开全面竞争(图1-12)。纵观2019年全球销量排名前十的新能源车企,中国获4席(表1-1)。这也证明了中国车企在汽车新能源或电动化方面,已经在全球市场中处于部分领先地位。

a) 上汽荣威Ei5

b) 比亚迪"唐"

c) 特斯拉Model X

图1-12 代表性新能源车型

表1-1 2019年全球新能源车企销量前十名

排　名	企　业	销量/辆
1	特斯拉	367820
2	比亚迪	229506
3	北汽新能源	160251
4	上汽集团	137666
5	宝马	128883
6	大众	84199
7	日产	80545
8	吉利	75869
9	现代	72959
10	丰田	55155

三、智能化是实现路径

智能化在电动化的基础上将改变汽车及其产业链的原有属性，是汽车行业对《中国制造 2025》和全球创新需求的有力响应。从《中国制造 2025》、德国工业 4.0、美国先进制造发展战略和日本发展智能机器人等规划可以看出，全球制造强国纷纷推出创新引领制造业转型升级的战略，推动制造技术与产业加速向绿色低碳、智能制造服务业转型，这必将促进汽车设计制造服务加速向绿色、智能化方向发展。

对汽车本身来讲，智能化让汽车升级为电子、信息、互联网等协同创新和应用的重要载体，把汽车产业的技术创新和市场需求成功地紧密结合，将有利带动各个领域的技术升级和转型。对用户来讲，汽车由出行工具进化为移动智慧伙伴，让我们的出行生活变得更加安全、智能、便利、有趣（图 1-13）。对产业链来讲，智能汽车将集成多项颠覆性技术，引领如 5G 通信、北斗导航、自动驾驶（图 1-14）等新技术的商业化应用，扩大摄像头、雷达、传感器等产品的市场需求，带动整个上下游产业链体系的快速发展。另一方面，智能汽车的发展极大拓展了传统汽车制造商的业务范围，进一步向移动出行服务提供商转变，出行方式和出行服务模式将发生巨大变化，正在推动形成新型的产业生态体系。

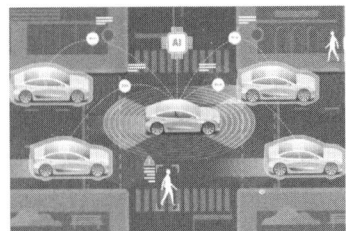

a) 全球首款量产智能座舱上汽荣威 RX5 MAX　　b) 万物互联的城市体系

图 1-13　万物互联的新载体

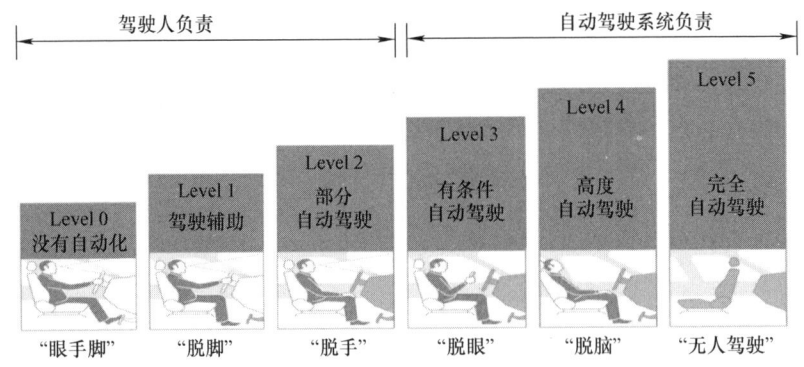

图 1-14　自动驾驶分级示意图

四、网联化是连接纽带

与智能化紧密相关且互为支撑的是汽车网联化。随着互联网技术的发展,网联化成功建立了车与人、车、路等外部世界之间的连接纽带,从而实现动态信息服务、车辆智能化控制和智能交通管理,如图1-15所示。近两年,5G技术的应用进一步加快了汽车网联化的步伐,其低延时、大带宽等优势克服了4G时代网络缺陷对技术发展、数据积累及处理能力的限制,实现了车与人、车与车、车与外部世界更加通畅安全的交流。

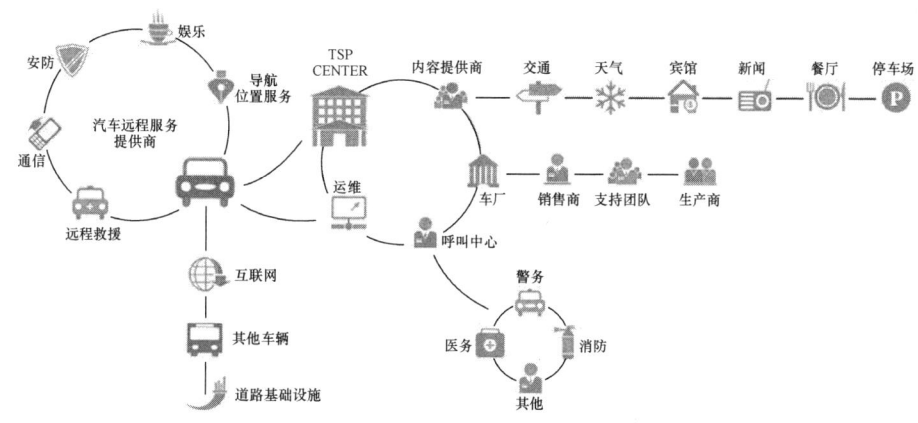

图1-15 不断扩展的汽车外延

网联化远不止于车,其产业链还涉及终端软硬件提供商、电信运营商、整车厂商、互联网公司、行业应用提供商、汽车消费者等。根据统计,中国的汽车消费者对互联网功能十分看重,其关注度远高于德国、美国等市场。69%的中国汽车消费者表示,愿意为了更好的车联网体验而更改购车品牌,远高于德国的19%和美国的34%。

在国内汽车网联化的推进过程中,得益于在互联网技术上的部分领先,自主品牌的优势也逐渐凸显。上汽集团联合阿里巴巴开发的斑马智行系统,2016年在上汽荣威RX5上实现网联化的量产,依托阿里生态圈实现车与外部的交互;长安汽车联合腾讯成立车联网合资公司,推出微信车载版本,致力实现人、车、电、场之间的智慧连接;长城汽车则推出"GTO全域智慧生态战略"规划,联手百度等八家互联网通信企业,进行网联化研发和布局。此外,以蔚来汽车、小鹏汽车为首的国内造车新势力在网联化上的布局更为着重,各家的量产车型都具有一定的网联化功能,可以实现人与车、车与外部一定程度的交互。

五、共享化是远景目标

基于电动化、智能化和网联化催生的第四化:共享化,将改变现有的出行生态,实现汽车使用的"共产主义"。汽车已经不仅仅是人们日常的代步工具,更是提供多样化服务的载体,众多行业和服务业的深度进入将构成扁平、网状的出行生态,打破当前垂直一体化的状态。随着智能网联汽车的成熟,汽车共享出行服务将不断提升交通效率和人们出行的体验。例如,共享单车可以解决城市出行"最后一公里"难题;电动汽车分时租赁可以满足城市内部中长距离出行,形成高低搭配。车辆共享作为解决城市交通问题的最有潜力的解决方案,能够减少私家车投放,缓解停车位资源紧张,减少二氧化碳排放。

共享化是汽车新四化发展趋势中最具远景且重要性较高的目标,已开始在实际生活中有所应用。例如中国市场中常见的滴滴出行、环球车享、享道出行(图1-16)、曹操出行,美国、欧洲市场上火热的Uber等出行服务。2018年国内网约车总订单量在100亿单左右,以每单20元计算,其市场规模已经达到了2000亿元。可见,共享出行其实就在我们身边。未来,随着技术和商业模式的进一步完善,一定会形成轻拥有、重使用的节约型社会,作为共享经济在汽车领域的投射,汽车共享化一定会有突飞猛进的发展,让所有人实现汽车梦。

图1-16 享道出行

六、国际化是新四化的重要结果

汽车新四化最重要的结果之一是让中国车企通过"电动化、智能化、网联化、共享化"实现先发先至,在品牌和议价能力上有了大幅提升,打破过去几十年一直被动追赶发达国家的困境,有了主动参与国际化竞争的能力。

世界汽车产业的第一波国际化发生在美国,随后发生在欧洲。日本丰田、本田等车企从20世纪60年代开始花了30多年走完国际化道路,韩国现代、起亚等车企从20世纪80年代开始,花了20多年时间实现国际化。燃油车时代,中国乘用车尚不具备充足实力角逐全球市场,但新四化时代的先发先至,中国车企开始快速推进国际化布局,积极参与全球竞争。

以上汽集团为例,目前上汽集团已在泰国、印尼、印度建成整车基地,在英国等地设立了研发中心,在东盟、欧洲、南美、中东、澳新、非洲等地建立了12个区域营销服务中心(图1-17)。2019年,上汽集团整车出口及海外销售35万辆,同比增长26%,在中国车企海外总销量中占比33%,连续4年蝉联中国车企海外销量冠军，也成为首个在全球构建汽车产业全价值链的中国汽车企业。海外市场销量如图 1-18 所示。

a) 上汽正大泰国基地　　　　　　　b) 长城俄罗斯基地

图 1-17　自主品牌海外布局

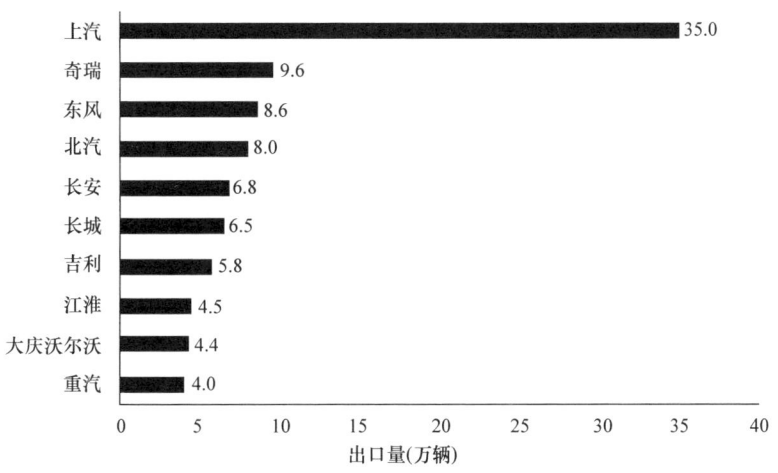

图 1-18　2019 年中国车企海外市场销量

中国汽车工业的国际化集中体现在两个显著而又关联的特征上，一是汽车产业链，包括投资、研发、采购、生产、销售及售后服务等主要环节的日益全球化；二是在国际舞台上进行大型汽车企业之间的大规模并购重组，如吉利汽车收购沃尔沃汽车、莲花汽车。其结果实质性地改变了传统的资源配置方式、产业竞争模式和产业组织结构。国际化最大优势来源于研发、采购、生产、物流等一体化建设所带来的成本优势，在提升产品品价比与竞争力的同时让渡一部分利益给消费者，形成共赢的局面，正向促进企业长远发展。因此国际化是中国汽车企业的必由之路。

世界汽车工业发展到今天已经走过百年历程，随着当前市场、科技、用户需求的深刻变化，汽车工业也要在研发、制造到流通服务等各个环节与时俱进。就"电动化、智能化、网联化、共享化"的汽车新四化发展趋势本身而言，每一种趋势都很重要，它们结合在一起就创造出了一股不可阻挡的变革力量，成为全球汽车行业下一轮发展的新动能,也正为我们掀开未来汽车的新面纱。

第三节 智能交互内外饰的时代机遇

在新四化发展浪潮下,汽车内外饰系统作为与用户联系最紧密、应用场景最多元、技术迭代最快速的整车系统,迎来了发展的黄金时期。汽车内外饰系统的技术发展整体将以"智能交互"为核心展开,为用户提供更智能化的产品和更好的交互体验。

一、更智能化的产品

在等待自动驾驶关键技术成熟的档口,作为创新成果最容易为用户感知的内外饰系统将伴随技术的快速发展为用户提供更多、更智能化的产品,当下典型的案例之一便是智能座舱。智能座舱主要涵盖内外饰和电子等领域的创新与联动,是拥抱汽车新四化趋势、从消费者应用场景角度出发而构建的智能体系。从近几年来全球各大车企发布的概念车及2020年CES国际消费电子展来看,这几年智能座舱的发展呈现以下几个特点。

1) 座舱显示屏将从小型平面矩形屏逐渐向大型曲面屏或多屏联动转变,功能也会更加丰富 (图 1-19)。这些功能的实现都依赖于域控制器技术的进步。传统座舱域是由几个分散子系统或单独模块组成,每个系统像"孤岛"一般,这种架构无法支持多屏联动等复杂电子座舱功能,因此催生出座舱域控制器这种域集中式的计算平台。通过座舱域控制器可以将全数字仪表、信息娱乐、环视摄像头以及驾驶人监控和面部识别等功能无缝衔接。

a) 上汽荣威RX5 MAX　　　　　　　　b) 广汽Aion LX

图 1-19　座舱显示屏曲面化、联动化

2) 座舱将具备进一步"读懂用户"的能力,与驾乘人员结合,形成一个具有"情感"的整体。情感化的智能座舱把主动响应式交互引入车内。积极主动的交互有助于减少分心、提高驾驶安全性,并提升用户的体验感。例如,通过人脸识别和情绪交互来分析我们的心境,当我们被监测为心情较好时,智能座舱会主动给用户提供游戏或推荐舒适的音乐。同时,通过调整座舱内灯光、温度、气味、抗菌消毒功能等方式来提供更好的乘坐环境,为用户带来更为立体的情感智能化体验。又如，每个人对环境的感知都有细微差异，即便乘坐同一辆车，用户也会产生"体感温差矛盾"。智能座舱可以通过转向盘和座椅上的传感器对比生成乘员的体型、心率信息，再通过摄像头收集面部信息，进行视觉计算生成乘员的温度、情绪等状态，根据每位乘员的实际需求提供分区空调服务，满足座舱内不同乘员的温度需求。

3）智能座舱作为空间塑造的核心载体，将为乘员在移动过程中提供一个舒适的"第三空间"，帮助汽车从出行工具向智能移动空间转变。在2020年CES国际消费电子展上宝马推出的"城市套房"将前排乘员后方座位设置为宽大的"女王副驾"，取消前排乘员和主驾驶后方的座椅，并在前排乘员位置设置了一个腿托。同时，乘员座位的左边为大面积的桌板，配备有台灯和杯架。车顶吸顶式折叠屏幕可以向下翻转，在旅途中提供影音娱乐功能等，如图1-20所示。这样座舱变成了一个可移动的高舒适性娱乐、办公空间，它可以根据不同的使用用途对座椅、软硬饰等进行更换，能根据用户需求搭载个性化定制的畅想空间系统。

智能座舱的迅速发展仅仅是内外饰产品智能化的冰山一角。不难看出，随着技术的快速迭代，更加智能化的内外饰产品将在近几年迎来井喷式的发展。

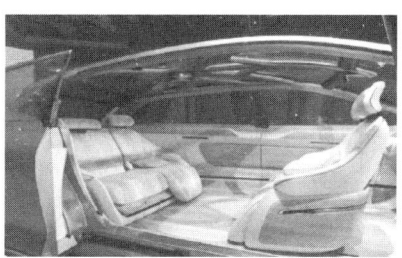

a) 宝马i3"城市套房"座舱　　　　b) 上汽荣威Vision-i 5G智能座舱

图1-20　座舱成为"第三空间"

二、更好的交互体验

互联网、5G、物联网等技术的快速发展与迭代使得汽车人机交互正发生着巨大变革。嵌套进各类使用场景后，内外饰系统的核心功能之一将是提升易用性，满足用户的体验感，更好地回应用户的情感需求。

典型的应用是自动驾驶技术从L2向L5快速发展，汽车驾驶理念逐步将从"人适应机器"转向"机器适应人"。汽车信息显示内容由原来车速转速等简单信息转变为复杂的多方面信息，显示的区域将不再局限于传统的仪表、中控台和后视镜等位置，扩展到内外饰很多传统零件都可能被嵌入显示装置，成为信息显示的多维度媒介。例如，伴随着汽车电动化，前保险杠格栅将逐渐消失，除了全新造型设计或灯具替代外，这一区域也可以扩展成显示屏，告知外界环境车辆的相关信息。风窗玻璃作为约占汽车表面积1/3的零件，也将成为交互内外饰的核心媒介、星空顶天窗、调光玻璃、HUD、AR HUD、显示玻璃等新功能层出不穷，如图 1-21 所示。

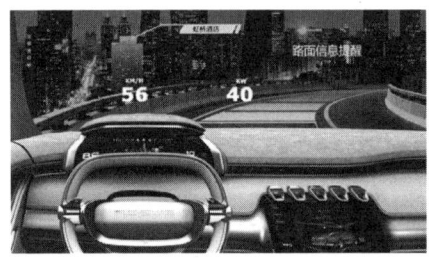

a) AR HUD前风窗玻璃　　　　　　　b) 上汽创新概念车投影显示玻璃

图 1-21　玻璃成为交互外饰的核心媒介（见彩插）

除被动显示外，主动交互也在快速发展。以灯光投影技术为基础，汽车前照灯扩展为高清投影仪，像是被赋予了说话的能力，开始深度参与内外界的交互，将照明系统带到了新一轮的技术革命中，如图 1-22 所示。近距离时，当车辆感应到前方存在行人时，可以自动在行人脚下投射出斑马线图案，直到行人安全离开。此时汽车作为交互载体为行人提供一种可识别认知的符号，使得车与人进一步了解对方境况以产生对未来的一种预判，实现车与人的交互。远距离时，投影前照灯可以在车辆前方的路面上投射出与汽车等宽的两条平行光束，让驾驶人更好地了解车辆的实际位置，更好地把控和调整行车轨迹。对于对面来车，驾驶人同样可以根据投射区域做出准确判断，保证双方的行车安全，实现车与车、车与环境之间的交互。

简而言之，回应用户的情感需求、提供更好的交互体验将是内外饰系统的另一核心发展趋势，它结合智能化，最终形成智能交互内外饰的双核发展体系。

a) 迈巴赫投影前照灯　　　　b) 上汽创新概念车投影前照灯　　　　c) 奥迪投影前照灯

图 1-22　灯光投影技术

新四化的浪潮已然涌起，传统内外饰面临着新一轮的发展机遇，在坚持品质的基础上紧跟时代脉搏，不断突破创新，向着为用户提供更智能化的产品、更舒适的交互体验的方向不断进步。

第二章 智能交互场景规划

第一节 汽车设计新挑战与场景概述

汽车行业"新四化"的深入发展，极大拓展了汽车的功能，重构了用户的需求，同时也推动着传统汽车设计思维的转型。未来的汽车不再只是单纯的代步工具，它将成为一个高度可塑的移动空间。未来汽车的设计将从简单的造型设计和功能设计，转向以用户为导向的场景设计。场景设计在互联网领域已经得到成熟的应用，近几年，汽车开发将场景研究纳入设计流程，以用户需求驱动场景设计，以用户体验为评价标准，使汽车向着更加合理、开放、智能的设计方向发展。

一、汽车设计新挑战

1. 传统汽车设计的局限性

在传统的汽车设计中，用户需求的层次较为简单，汽车企业往往更注重产品的功能配置，通过丰富配置来满足用户需求，如增加座椅加热、通风和按摩等功能。然而用户的需求都是在特定的场景下发生的，对应的产品设计需要符合这个场景。因此，产品不仅仅有功能，还应该具备符合这个场景的解决方案。以座椅电动前后调节功能为例，按照传统设计，用户可在上车后通过座椅调节按键将座椅调整至舒服的坐姿，但在实际使用中，当座椅位置影响进出性时，用户须在上车前调整座椅位置。传统设计更侧重于功能实现，而且受到技术发展的限制，类似座椅调节的场景痛点往往难以找到更好的设计方案。随着车内通信技术、智能控制技术的提高，工程师会根据用户的习惯进行更深层次的功能扩展，为客户带来更好的场景体验。在基于场景驱动的设计思维模式下，设计师就会把座椅调节功能带入跨越一定时间和空间的场景中进行考虑，带来更优的设计方案。

随着技术的迭代和用户需求的不断提高，汽车功能配置越来越丰富，给功能设计和布局提出了新的挑战，进而推动着传统设计思维逐渐向以用户为导向的场景设计转型，最大程度地满足用户体验需求。

2. 消费场景和需求的转变

（1）互联网时代变迁

互联网诞生于 20 世纪 70 年代，其发展经历了流量时代、数据时代、场景时代，如图 2-1 所示。

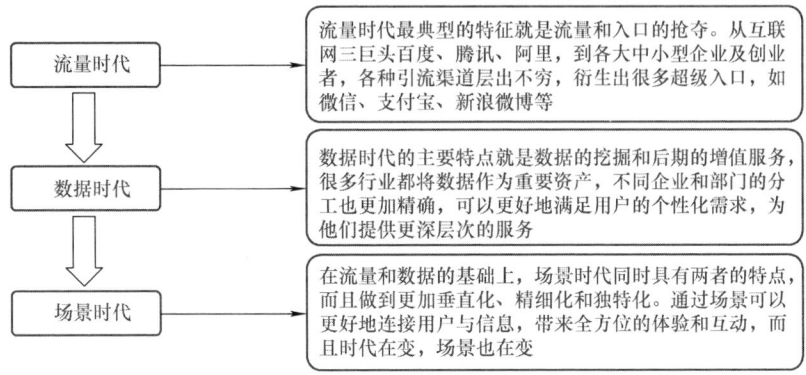

图 2-1　互联网时代变迁

1）流量时代的主要特点是速度快，覆盖范围广，能够在短时间内满足用户的需求，吸引大量的用户，形成高访问量。随着互联网的进一步发展，海量数据开始涌现，互联网行业开始挖掘流量的增值价值，开始进入数据时代。

2）数据时代的主要特点是对数据进行深入分析，从而使开发的产品更加懂用户，想用户所想。例如，在流量时代，腾讯积累了大量的用户，在数据时代则充分挖掘其潜在价值，根据用户的习惯和喜好进行针对性的购物和活动推荐，在微信上上线了滴滴出行、京东、钱包等功能。

3）随后，云计算、大数据、移动互联网出现，互联网发展进入场景时代。在场景时代，互联网为消费者提供更高品质的服务，并且向着垂直化、精细化、独特化的方向发展。

互联网场景时代的来临改变了人们的生活方式，也给汽车领域带来了深远的影响。以车载屏幕为例，最初数字多媒体屏幕的出现，搭载带有触摸与语音双重操作功能的车载系统，使用户可以浏览图片和观看视频。随着互联网及网络基础设施的进步，车载屏幕开始集成在线上网功能如语音导航、快捷支付、系统搜索及在线娱乐等功能，并且可以实现基于用户喜好智能推荐音乐或餐厅等增值功能，其娱乐性、实用性大大增强。近年来，智能驾驶及 5G 技术的快速发展，车内"第三空间"的概念出现，催生出了许多新的场景。人机交互变得更加的多样化和智能化，用户可以在车内实现娱乐、商务、休息等多场景切换。

（2）消费群体年轻化

根据中国汽车流通协会数据分析显示，近年来中国乘用车销量剧增的同时，用户年轻化也成为汽车行业的主流趋势之一。其中，逐渐成长为社会中坚力量的

"90后",成为中国汽车消费的主力军。如图2-2所示,2014年"90后"车主在汽车消费市场占比17%,此后逐年升高。预计2020年"90后"人群汽车消费可达到汽车市场的45%。同时,汽车产业链各环节不同程度地出现迎合"90后"的行为,也促进了汽车消费群体的年轻化。

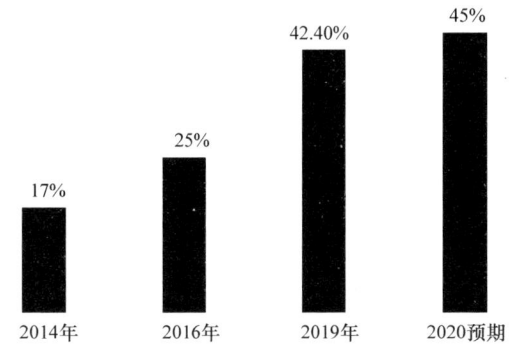

图2-2 汽车消费群体("90后")数据

根据汽车产业研究报告显示,随着生活水平的不断提高,被称为"互联网原生代"的"90后"和"00后",他们在移动互联网、内容大爆炸的时代长大,从小就接触了各种智能产品,其偏好与其他年龄段的人群也有着显著区别。他们更注重生活价值,为个性买单,对外观和个性化需求的关注度在不断提升,而对价值、品牌、维修的关注度则在逐渐下滑。

由此可见,随着用户群体的变化,其消费理念和喜好都会呈现出巨大的差异化。因此,以用户为导向的场景设计才能开发出符合用户需求的产品,才能提升用户的满意度。

(3)出行方式转变

近几年来,汽车、交通和通信等产业呈现出深度融合的发展趋势,分时租赁、网约车和私车共享等共享出行模式的出现颠覆了传统的出行方式,也推动着汽车行业和交通系统的创新变革,如智慧交通、能源供给、城市规划等。

从用户角度来看,共享出行不仅提供了便捷高效的出行模式,也拓宽了用户的汽车使用场景,比如用户可以在车上实现娱乐或办公等需求。尤其随着智能座舱的快速发展,共享出行将进一步提升用户出行体验,营造更加多元化的使用场景。同时,共享出行的多元化场景需求加速了汽车传统设计模式向汽车场景设计模式的转型升级。

(4)交互场景转移及多元化

由2019年罗兰贝格与地平线联合发布的《智能座舱发展趋势白皮书》可知,随着消费者需求层次的不断升级,消费者会将对手机应用的喜好逐渐迁移到车载娱乐应用上,如导航、音乐、社交等功能。同时,消费者对智能座舱类的体验越来越感兴趣，智能座舱正成为未来消费者对于购车及用车体验的关键决定要素。

近年来，AI 和 5G 技术的快速发展为用户与汽车的交互增添了更多的形式，如通过车内 AI 助手帮助用户进行停车费的支付、车内温度的调节等，乘员通过 5G 技术与家人或同事进行流畅的远程视频通话。

随着互联网时代的变迁、消费群体的年轻化、出行方式的转变、交互场景的转移和多元化，用户需求发生了巨大的变化，并进一步推动着汽车开发模式从传统的功能设计转向以用户为导向的场景设计。

3. 汽车的场景思维

以用户需求驱动的场景设计就是深入具体的使用环境中，思考用户在特定环境中的功能需求或体验需求。现在的汽车更多的是充当快递的角色，把用户从 A 点运输到 B 点。但未来的汽车不再只是交通工具，更是一个移动的娱乐、办公或消费的综合平台。智能驾驶技术的升级将逐步解放驾驶人的手和眼，未来出行更注重用户在用车过程中的体验，给用户提供各种便捷的服务。例如，用户在车上可以看电影或玩游戏，配合车载音响系统、座椅的振动和加热、空调的温度和风量调节等，营造出沉浸式的娱乐体验。

随着汽车行业新四化革命的不断深化，尤其是互联网行业的跨界杀入，"场景"一词骤然升温，汽车设计的场景思维被广泛应用。以新势力造车特斯拉为例，为了让用户体验变得更加智能，其产品打破了各功能单元独立控制的惯例，创新地将车门开闭、座椅调节等相对独立的功能统一整合起来。如此一来，坐在前排的驾驶人可以更方便地控制全车状态，让车辆具有更强的适应能力。

二、场景概述

1. 场景定义

"场景"本是一个戏剧领域的词语，意思是"剧情概要"，也就是描述人物在一定时间和空间中发生的事。场景的概念被引用到交互领域，是由 Rosson 和 Carroll 在他们的著作《可用性测试：场景基础上的人机交互》里提出的，目的是将设计工作的焦点从定义系统的操作转变到描述什么人在什么时间和地点使用该系统去完成任务。场景的核心是以人为本，以用户的需求为中心，其构成要素主要包括人物、时间、地点、意图、做法，即为特定类型的人物在某时间、某地点、出于什么样的目的而触发的一系列动作事件。

以汽车场景为例（表 2-1），某乘员（人物）在上班的途中（时间），在车上（地点）需要办公（意图），因此打开屏幕开启视频会议（做法）即构成了一个简单的场景。

表 2-1 场景的要素示例

场景				
人物	时间	地点	意图	做法
乘员	上班途中	车上	办公	开启视频会议
驾驶人	下班前	办公室	降低车内温度	手机 App 远程开启空调

2. 汽车场景的分类

汽车场景的定义分类非常多，可以从时间、空间、用户或需求等维度进行分类。按照使用空间的不同，可分为如下几类场景：

（1）预约场景

预约场景是用户出行前通过手机 App 进行准备工作的场景，主要包括车辆自检、温湿度调节、座椅和转向盘调节、发动机起动预热或导航预设等操作。不断发展的车联网技术将提供更加多样化的服务，用户可以通过手机进行的预约场景也越来越丰富。

（2）驾驶场景

驾驶场景是驾驶人和车辆产生交互行为的场景，是当前汽车最重要的场景。驾驶场景主要包括车辆起动、车辆驾驶信息和环境信息获取、驾驶控制等。近年来，先进驾驶辅助系统技术作为把汽车驾驶变得更加智能的实用技术，在行业内备受关注并被广泛应用，同时也丰富了驾驶场景。

（3）乘员场景

乘员场景指非驾驶用户与车辆产生交互行为的场景，是未来汽车最主要的场景。乘员场景主要包括社交、娱乐、办公或休息等。与驾驶场景相比，乘员场景形式多样、内容丰富，是未来用户体验的主要载体。以长途旅行需求为例，主要涉及休息和娱乐场景，休息场景需要在座椅舒适性、环境亮度、环境噪声、环境温湿度等方面充分考虑乘员对睡眠的需求，打造智能、舒适、"懂你"的睡眠舱；同时，旅途中乘员也需要娱乐放松，车辆座舱需随时变换为电影院、KTV、游戏厅、棋牌室或者书吧等。

3. 基于场景设计的优势

（1）紧抓用户需求

基于场景设计的优势在于可以准确地抓住用户需求。场景设计是以用户为中心，将用户需求置于特定的场景下考虑和分析，从而探索功能、挖掘痛点，开发出真正满足用户需求的产品。例如，在进行产品开发时，只知道要实现用户在车内办公的功能，没有任何背景与场景分析，则可能会提出很多并不完善的解决方案，比如仅在车内增加了一台平板电脑，没有做其他配套设计，那么这样的一台平板电脑是否是用户所想要的？用户在什么的环境下使用，是要进行视频会议还是只是单纯地想写邮件？平板电脑的网络速度是否可以支持会议？网络怎么连接？隐私如何保障？这一系列问题都无法解决。而如果进行场景分析，以上的因素都会考虑相应的解决方案，即能有针对性地设计出真正好用的产品。

（2）提升产品竞争优势

产品的设计要求源于其所归属的具体使用，相比传统单纯的功能设计，从场景角度入手，其优势在于产品设计要求和场景的映射关系更加稳定，减少无效或多余的设计，从而提升其竞争优势。例如，用户在日常使用车辆的过程中，经常会有支付停车费用的场景，而从场景的角度分析，具象化用户的需求是更加便捷地支付后离场，因此通过车内大屏与支付软件绑定后，可以通过大屏直接支付，这是一个非常便利的功能。此外，通过对场景的穷举、细分或排序，确定每个细分场景下的产品定义和要求，再将其组合成完整的产品定义，使产品设计更加符合用户需求。

三、汽车场景发展

场景设计在智能家居、互联网等行业已经得到了成熟的应用，也涌现了诸多优秀典型案例，下面以爱彼迎（Airbnb）共享场景为例。爱彼迎从用户的高频场景出行短租出发，获得了很大的成功；之后发现用户解决了居住问题后，对享受当地美食也有着很高的期望，继续深入；在满足了住宿和饮食的需求后，游玩就成了下一个亟待解决的需求。它不断从用户使用场景出发，致力全方位地满足用户。

汽车行业内许多主机厂和供应商给出了对汽车场景化应用的设想。奥迪e-tron把座舱打造成了一个可以移动的"游乐厅"场景，发布了沉浸式座舱的设计，吸足了眼球；随之发布的AI:ME搭载了丰富的车载信息娱乐系统和车联网功能（图2-3），可伸缩转向盘、生态可移动座椅、一体式液晶屏和大尺寸的前风窗玻璃等设计，扩大了车内的用户活动空间；同时车内的绿植设计更是颠覆了传统汽车设计，为用户搭建了"第三生活空间"的场景。

图2-3 奥迪 AI:ME 内饰

宝马提出的智能个人助理场景在 vision inext 虚拟驾驶座舱上得到了直观的展示。它采取了可变的内饰设计，向乘员呈现了未来的驾驶乐趣和数字连接性。奔驰近年来的设计也更加注重于舒适性和场景化，大型全景投影屏可显示周围环境的三维图像，并实现了虚拟赛车模式场景，充满未来感。

上汽荣威 RX5 MAX 的智能座舱场景方案极大地满足了用户的日常使用，实现了交互手段的升级。其交互功能主要体现为：

1）SKY EYE 天眼系统，实现感知层面多维化，可听可看，能够主动识别车主的面部信息，用户"刷脸"登录后，轻踩制动踏板即可起动车辆，告别手动"点火"时代，同时根据面部表情变化完成温度调节等功能。

2）通过 BYOD 多用户随心控功能实现车内全员与车辆的交互，车上任一位置的乘员都可通过手机与车连接，车上搭载车信、闪念助手、SAIC CLOUD 智能云服务。

3）通过日常用语实现有效的人机互动，而非指令式。

几乎所有的车企和供应商都将场景设计作为其产品开发中的重要研发方向，通过场景设计打造未来汽车智能座舱，并在近年各大车展和 CES 国际电子消费展上大放光彩，也获得了用户的极大兴趣和高度认可。由此可见场景思维在汽车设计上的重要性。如何把场景设计有效应用于汽车领域，成为整个行业设计思维转变的关键。

第二节　内外饰智能交互场景设计流程

场景设计就是以场景的各要素为出发点，通过对目标用户的需求进行分析、提炼，构建完整的使用场景，进而开展产品及其底层电气架构的设计。场景设计流程主要包括场景研究、需求分析和架构设计三个主要阶段。本节将通过某一类用户的某个场景实例来解释场景构建的方法。

一、场景研究

1. 用户模型构建

用户是场景中的重要元素，通常情况下，对新产品定位的分析都会从目标用户的研究开始。汽车企业会根据总体目标和产品策略，结合行业形势提出新产品的主要目标人群，如中产以上人群、"90 后"、上班族等。在进行汽车设计开发时，还会将目标用户细分为多个子用户群，确定其中的主要子用户群和次要子用户群，并分别建立用户角色模型。

用户研究的主要目的是了解用户的需求点，其开展方式主要包括研究观察、用户访谈、焦点小组、问卷调研等。通过对调研信息的分析和提炼，构建用户模型，收集用户需求，同时研究场景的关键要素，包括时间、地点、意图和做法等。

1）时间可划分为用户在上车前、上车时、驾驶中、下车时、找车位时等。

2）地点可划分为用户在车内还是车外、前排还是后排等。

3）意图是指用户对产品的需求，如办公、娱乐等。

4）做法是指用户使用产品的具体方式，如打开导航、使用转向盘开关切换音乐、打开天窗等操作。

基于用户调研,工程师可以获取基于单一场景的用户需求,为全面的场景构建奠定基础。

2. 情景剧本构建

根据用户模型,梳理调研中关于此类用户的生活轨迹,进而构建情景剧本,挖掘用户的潜在需求。通常,构建情景剧本时,要求以用户的视角和描述性的语言,客观真实地描述整个使用过程。如表 2-2 所示,以年龄为 25~40 岁的上班族作为主要子用户群构建其游玩的情景剧本。

表 2-2 情景剧本——游玩

人物:上班族;年龄:25~40 岁;家庭成员:妻子、孩子、父母;用车信息:通勤、游玩	
时间:某个周末;天气:晴	
7:15	下楼,绕车一圈检查后进入座舱,分别手动调整后视镜、座椅和转向盘至合适位置,用手机 App 规划出游的路线。起动发动机预热,并查看水温、机油是否正常,设置空调温度至 22℃
8:00	出行,途中家人接到紧急工作任务,在后排打开电脑参加视频会议,因为车内的音乐比较吵,车主手动关闭了车内音乐,之后到达景点游玩
13:00	返程,途中家人想看电影,打开了自己的手机进行观看

3. 用户需求构建

通过对情景剧本的分析,提炼用户需求并挖掘体验提升点,然后进行场景分类,最终整理得到目标用户的需求列表。表 2-3 所示为基于情景剧本的案例,分析和整理获得以年龄为 25~40 岁的上班族作为主要子用户群的游玩需求列表。

表 2-3 用户需求列表——游玩

需求描述	体验提升点	所属场景
车外环视检查的需求	节省通过行走的方式进行车外检查的时间	预约场景
调节后视镜、座椅和转向盘的需求	节省调节后视镜、座椅和转向盘的时间 调整到最佳驾驶姿势	预约场景
了解车辆状态,自检、点火和温度调节的需求	节省车辆自检和点火的时间 调整到最佳座舱温度	预约场景
导航的需求	提前预设导航 导航智能推荐服务区、加油站等信息	驾驶场景
车内后排办公的需求	使用车内设备完成远程视频会议 拥有独立的声场,避免外界环境音干扰	乘员场景
车内后排娱乐的需求	通过音响、灯光或屏幕等提供沉浸式娱乐体验感	乘员场景

二、需求分析

1. 基于用户进行优先级确认

汽车使用群体非常广泛，用户需求的差异化也非常严重，因此在进行需求分析时，应根据主次用户进行优先级的排序。通常，当主要用户的需求与次要用户的需求发生矛盾时，以主要用户为主，确保主要用户需求的开发。对于次要用户的需求，应按照实际开发情况进行有选择性的开发，以实现一定开发周期内资源的高效利用。

2. 基于需求进行优先级确认

在进行需求分析时，除了按照主次用户排序外，还应对需求本身进行优先级排序，以便进行项目的整体平衡，也能更好地提升用户体验。此外，在这一阶段可初步确定各需求的潜在实现方式。

在 KANO 模型中将用户需求按照三个等级进行划分，具体分为基本型需求、期望型需求和兴奋型需求。

1）基本型需求是指用户认为产品必须满足的属性或功能，否则会影响用户最基本的操作和体验。

2）期望型需求是指为更好的用户体验而设计的非必须性的功能服务，这样的需求来源可能是用户的明确需求，也可能是待挖掘用户的潜在性需求。

3）兴奋型需求是指提供给用户意想不到的惊喜属性或服务。此类需求若没有也不会对产品造成太大的影响，但是若有，则能在一定程度上提高用户的黏性。

因此在需求优先级排序时，通常按照从基本到期望再到兴奋的过程进行优先级排序。表 2-4 所示为基于用户需求的列表，按照需求类型进行分类整理，并初步确定潜在的实现方式。

表 2-4　用户需求分类表——游玩

需求层次	需求	潜在的实现方式
基本型需求	驾驶场景：导航功能	手机远程控制和车载屏幕、HUD、AR 显示
期望型需求	预约场景：车外环视检查	车载 360°摄像头和手机远程控制
	预约场景：车辆状态自检、点火和温度调节	远程手机控制或手动控制
兴奋型需求	预约场景：快速调节后视镜、座椅和转向盘	带记忆功能的调节或通过摄像头进行身份识别后自动整体调节
	乘员场景：车内后排办公	车内投影与后排摄像头或车内电脑、独立声区系统
	乘员场景：车内后排娱乐	车内电脑、自适应座椅、独立声区系统

三、架构设计

1. 关键场景构建

在需求分析阶段对满足用户需求的方式有了初步的设想后,应构建关键场景,其目的是在场景中定义用户与产品之间的关系,确认用户与产品之间最合理的交互方式。关键场景构建是基于用户角色模型、时间、地点、需求及其实现方式等要素,搭建一个完整的场景。在构建关键场景剧本时还要对用户在产品使用过程中的情绪变化进行追踪,剧本中应包含用户的情绪变化,用以帮助工程师理解用户期望,明确用户在场景中的态度。表2-5所示为以年龄为25~40岁的上班族作为主要子用户群构建游玩的关键场景。

表2-5 关键场景构建——游玩

时间:某个周末;天气:晴	
7:15	下楼前,通过手机远程起动发动机,提前完成车辆自检,并设置了适合的车内温度,之后通过手机提前规划行车路线。上车关门后,车内摄像头自动识别到车主身份,并根据记忆同时自动将后视镜、座椅和转向盘调整至合适位置。手机端自动将行车路线同步到车载导航,开始驶向目的地
8:00	出行,途中家人接到紧急工作任务,在后排开启了投影及摄像头参加视频会议,并设置了独立声区使得可以在后排独立安静地办公,驾驶人继续听音乐;之后到达景点游玩
13:00	返程,途中家人想看电影,开启了投影并选择了喜欢的电影进行播放,在自适应座椅的振动、通风和独立声区系统音效的配合下,营造出沉浸式的体验感

2. 基于场景的电气架构设计

在关键场景搭建完成后,需经过详细的工程可行性分析,主要包括技术成熟度、开发周期可行性、空间布置可行性、造型可行性等。通过可行性分析选出合适的技术方案,然后基于场景进行底层电控架构设计,如图2-4所示,主要包括如下几个方面:

(1)功能拆解

对搭建的各个场景进行拆分,具体到各个子系统,并识别分析出核心电控功能,即整个控制执行的大脑,并对各个功能间的交互方式进行设计。

(2)子系统设计

拆分出子系统后,制定出各自系

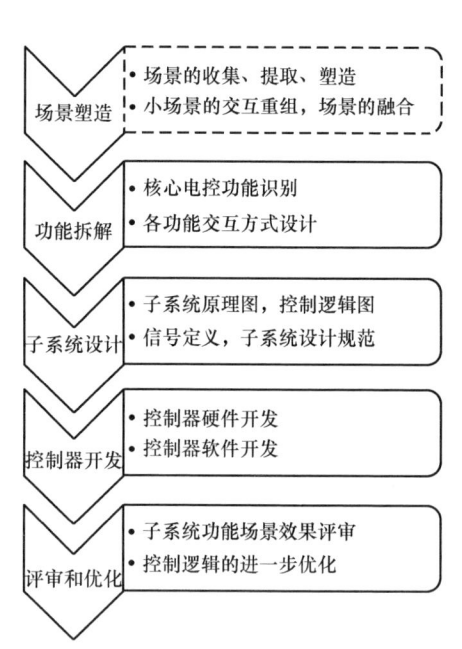

图2-4 基于场景的控制架构设计

统的原理框图和控制原理图,并启动子系统设计规范的编制以及信号表的定义和完善。子系统设计规范中包含所有该子系统功能的详细描述,具体包括所要实现的场景、信号的处理逻辑等,细致到对每一种颜色和声音的选择以及要求。

(3)控制器的开发

控制器的开发分为软件开发和硬件开发,包括硬件选型设计、软件架构设计、软硬件联合调试、实车标定、电子系统的验收测试等。

(4)评审和优化

待软硬件设计工作完成后,开始进行子系统功能场景的评审,评估效果和控制功能逻辑是否合理有效,之后进行整车全场景评审,记录问题点并优化对应的控制逻辑。

第三节　典型场景构建

场景规划的核心内容就是模拟在特定环境(时间、地点)下相关设备的协作和联动,让用户感到更加方便和舒适、有更好的体验感。本节会以时间为主线,构建用车过程中的五个典型场景:出行预约、上车迎宾、智能驾驶、智能座舱和泊车欢送。

一、出行预约

汽车出行,安全第一。出行前驾驶人需要能够快速、系统地检查车况,以保证车辆具备出行条件。在夏天或冬天,座舱内的环境温度往往让人感到不适,需要提前进行调节;发动机也需要在寒冷的环境中提前起动预热。此外,出行路线规划也可以提前预设。根据这些需求,出发前的场景搭建如下:

1. 出行预约场景搭建

出发前,车主可以通过手机唤醒车辆(图2-5)。车辆会进行一次全面的自检,检查整车的电控系统是否正常;查看机油、变速器油、冷却液、洗涤液等的容量是否符合要求;确认轮胎的胎压是否正常;查看电池电量、汽油油量是否充足。然后,车辆会将自检结果反馈到手机上,方便车主查看。如果检测到问题,则会把相应的建议措施推荐给车主,并综合评估车辆是否具备行驶条件。

图2-5　远程启动

在座舱环境调节上,车主可通过手机对车辆温度进行远程调节。车主可设置车内目标温度、出发时间、出行人数以及乘员座位分布。车辆会在出发前自主打开车内空调，调节车内温度；根据乘员座位分布情况，打开相应座椅的加热、通风功能，以提供舒适的触感温度。

在座舱空间布置上，车辆会根据出行模式、人数及座位分布提前进行座椅调整。如果出行人数只有 2 人，且全部坐前排，则车辆可以控制前排乘员座椅后移及第三排座椅放倒，以提供更大的乘坐空间和行李箱空间；如果出行人数有 5~7 人，且第三排座椅需要坐人，则车辆会控制第二排座椅适当前移，并提前将第二排右侧座椅放倒，方便第三排乘员先进入。

此外，车主还可以通过手机提前规划行车路线。车主将目的地名称输入，导航软件将自主规划出最优的行车路线。如果行程时间过长，则导航软件会根据行车时间及油量状态给车主推荐服务区或加油站等信息。车主确认行程规划后，手机会将行车路线同步发给车载导航系统。

2. 出行预约主要功能分析

出行预约场景所需要的主要功能包括：手机 App 车辆远程控制功能、车辆状态自检功能、智能温度控制功能、座椅调控功能、智能导航功能。

手机端 App 是一个人机交互的窗口，通过 4G/5G 网络与整车 T-Box 连接。车主的需求及设置信息传递给整车网关后，由相应控制器获取并执行，同时整车的信息也可显示在手机上。

车辆状态自检功能可以通过整车网络对各个控制器状态进行诊断，将诊断结果发到车身域控制器进行分析处理，并将检查结果和推荐措施发给车主。

智能温度控制功能可通过温度传感器获取车内外的实际温度，结合车主设置的目标温度，通过大数据分析计算出空调加热 / 降温所需的时间，并控制空调的风量大小及扫风方向。

智能导航功能将车主输入的目的地及出发时间上传云端服务器后，服务器会根据路况进行最优路线的规划，并计算出车主休息、加油的路段范围；然后在该范围内寻找合适的服务区、饭店或加油站等推荐给车主。

二、上车迎宾

寻车时，车主需要能够快速地定位并找到车辆；走近车辆时，车辆会触发主动、智能的迎宾环节，以营造高级、尊贵的仪式感，大大提升车主的体验感；进入车辆后，车主需要做好驾驶前的准备，快速地进行一些个性化的设置。根据这些需求，上车迎宾的场景搭建如下：

1. 上车迎宾场景搭建

当车主进入停车场后，可以点击手机 App 上的寻车功能，App 会自动搜索并打开停车场地图，标明车辆位置及寻车路线。此时，车辆也会周期性地闪烁远光灯和双闪灯并辅以鸣笛，帮助车主尽快确定车辆位置。

当车主距离车辆 5m 时，前照灯和尾灯会率先进入迎宾模式，通过灯光的动态点亮迎接车主；之后，前格栅及尾灯中的显示屏会播放一些交互信息，如天气情况、车辆自检状态、油量及电量信息、重要节日或日程提醒等。同时，后视镜上的照地灯会在地面上投出迎宾光毯或定制图案，营造专属氛围，如图 2-6 所示。

当车主走到车旁时，车外摄像头开始对车主进行身份识别。若识别通过，则车门把手会自动伸出，车辆自动解锁。

图 2-6　迎宾光毯（见彩插）

当打开车门后，车内照明灯自动打开，迎宾踏板缓缓伸出，前排座椅自动后退，并向外旋转，方便前排乘员进入；整车氛围灯呼吸点亮，行车助手的影像会从仪表屏飞入中控屏幕，并进行语音迎宾。

当车主落座后，座椅旋转归位，行车助手会主动与车主互动，根据车主信息，帮助车主进行个性化设置。座椅、转向盘会根据车主身高体型及习惯自主完成坐姿、位置的调节；后视镜可以根据车主眼睛的位置自动调节镜片角度。这些自适应调节既简化了车主的操作，又带来了科技和智能的体验感。中控屏幕的显示界面会自动更换为车主专属的主题背景；整车发光表面会根据车主的心情与喜好变换颜色与亮度；车载音响还会播放车主喜欢的音乐，共同营造个性化的车内空间。

当车辆起动后，座椅两侧的侧翼会逐渐收紧；车内氛围灯会快速地从内向外，从前向后流过；HUD 在前风窗玻璃上投射出导航信息；前照灯的光束会从中间向两边展开，以营造极具未来感的启动仪式。

2. 上车迎宾功能分析与控制

上车迎宾场景所需主要功能包括：App 远程寻车功能；蓝牙钥匙识别功能；车外智能灯光功能；座椅、转向盘、后视镜自适应控制功能；车内外显示功能。

App 远程寻车功能基于停车场地图，手机 App 关联车载 GPS 定位器或者停车场车辆定位识别系统，实现车辆定位和路线规划。

上车迎宾阶段的控制架构如图 2-7 所示。

车身控制系统可获取钥匙与车辆的距离信号、开门信号、落座信号、起动信号等，通过逻辑处理后，分步控制外部灯、照地灯、门把手、车锁、阅读灯、迎宾踏板、座椅、转向盘、后视镜、氛围灯等零件实现主动式、个性化迎宾。此外，该系统还可以记忆车主的专属参数，或根据摄像头采集的身高体型信息，通过云端大数据分析，计算出座椅、转向盘、后视镜的最优位置，以实现自适应调节功能。

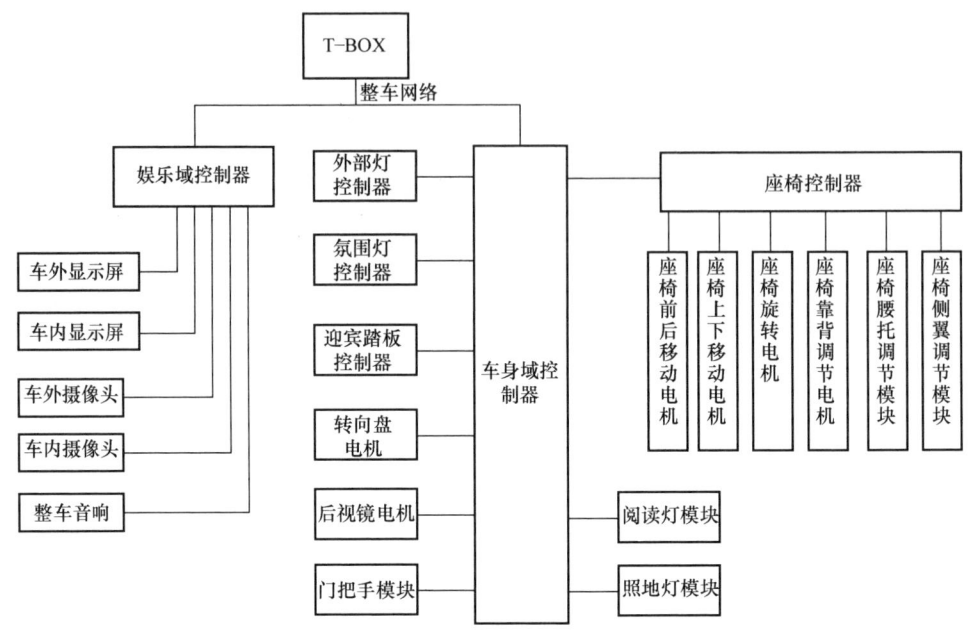

图 2-7 上车迎宾阶段的控制架构

车辆娱乐系统可以实现对车内显示及车外显示分屏控制，分别发送相应的显示内容；同时还可以处理车内外摄像头的图像，并将处理结果发给车身控制系统。

三、智能驾驶

在 L5 级自动驾驶成熟落地之前，驾驶场景依然是关键的场景之一。实时、智能、精准的导航指示可以帮助驾驶人快速地到达目的地；ADAS 驾驶辅助系统可以帮助驾驶人及时发现潜在危险，并在必要时介入控制，有效提高汽车驾驶的安全性。智能语音助手可以让驾驶人更加方便、快捷地实现对车辆的控制。根据这些需求，智能驾驶主要从导航、ADAS 和语音助理三方面构建场景。

1. 智能驾驶场景搭建

车辆起动后，AR HUD 便将导航信息投射在前风窗玻璃上，车主透过玻璃不仅可以看到叠加在路面上的导航图标，还可以看到视野中出现的道路、建筑物名称以及限速信息等，既清晰又精确，如图 2-8 所示。当车主遇到狭窄的过道时，HUD 会打开车宽辅助功能，前方道路上会浮现两条车宽指引线，再配合 360° 环视摄像头和全车雷达系统引导车辆轻松通过。夜晚，智能投影灯（DLP）系统还可以将导航信息直接投影在路面上，极大提高了行车安全与驾驶乐趣。

图 2-8　AR HUD 抬头显示

当车主需要向左并道时，ADAS 的盲区监测系统会监测左后方的路况，如果有车辆靠近，后视镜及左侧 A 柱上的盲区灯会点亮，DLP 系统也会在地面投出禁止并道的图标，以提醒驾驶人注意。当高速行驶的车辆突然遇到前方拥堵时，DLP 系统会紧急闪烁照亮前车尾部的牌照板区域，以提醒驾驶人减速；如果车距进一步拉近，则 ADAS 紧急制动系统会及时介入并刹停车辆，此时车尾的制动灯也会进入爆闪模式，以警示后车，如图 2-9 所示。当车主注意力不集中时，驾驶人疲劳监测系统（DMS）会及时发现，并通过语音、氛围灯变化以及座椅、转向盘的振动来提醒驾驶人；此外，DMS 系统还可以控制空调出风口向驾驶人脸部吹风，并播放动感音乐来帮助驾驶人消除困意。

图 2-9　ADAS 紧急主动制动

行驶时，驾驶人可以通过语音与行车助手进行互动。行车助手不仅可以控制空调调节车内温度、开闭天窗与车窗、打开座椅按摩等，还可以上网搜索车主想听的音乐、新闻、故事。此外，行车助手还可以记录车主每天的心情与健康指数，提醒车主注意健康状况。有紧急工作时，行车助手可以帮助车主收发邮件、安排电话会议并记录会议纪要。

2. 智能驾驶主要功能分析

智能驾驶场景所需要的主要功能包括：AR HUD 显示功能、DLP 灯投影功能、ADAS 驾驶辅助功能、行车助手功能等。

1）AR-HUD 和 DLP 灯投影功能都是将导航系统中的高精地图信息与云端交通网络的信息及时和形象地展示给驾驶人。DLP 系统除了投影导航信息外，还可以实现车与车、人与车的信息交互。

2）ADAS 驾驶辅助功能主要包含三部分：第一部分是信息的搜集，主要由各种车载传感器，包含毫米波雷达、超音波雷达、红外线雷达、激光雷达、摄像头及车轮速传感器等来收集车辆的工作状态及其参数变化情形；第二部分是大数据分析与逻辑计算，主要对从传感器收集到的信息进行分析处理，并向控制的设备输出控制指令；第三部分是执行，依据 ECU 输出的信号，让汽车完成指定动作。

3）行车助手功能需要具备精准的语音识别能力，足够"聪明"的人工智能系统，以及足够安全、方便的人机交互系统。

四、智能座舱

智能座舱的未来形态是"百变的智能移动空间"。它可以是舒适、幽静的睡眠舱，可以是极具科技感的电影院或游戏厅，可以是动感、充满激情的 KTV，还可以是舒缓、轻松的咖啡厅。它需要紧跟时代，满足人们各种各样的需求，让乘车出行变得更加有趣，更加令人期待。下面主要从休息、娱乐、会客三个方面构建智能座舱场景。

1. 智能座舱场景搭建

乘员需要休息时，可以通过语音指令让座舱进入休息模式。如图 2-10 所示，座椅会根据车主的习惯，调节靠背、脚托、腰托至最佳的睡眠姿态。在环境光方面，车辆会主动展开遮阳帘，降低玻璃和天窗的透光率，并调低车内照明灯和发光表面的亮度，以获得睡眠所需的较暗环境光和隐私环境。环境音方面，舱内主动降噪系统（ANC）开始工作，主动过滤车外的嘈杂声音；此外，车辆会降低整车音响的音量，其他乘员可打开各自的头枕音响，实现互不影响。环境温方面，车辆可以获得乘员周围的温度，通过控制空调的风量大小和吹风方向、座椅的加热和通风来实现智能分区调温。

乘员对于娱乐的需求是多样化的，下面主要以看电影、玩游戏、唱歌、视频聊天、航拍为例，介绍几个典型场景。

1）乘员想看电影时，可以让座舱进入影院模式，如图 2-11 所示。此时，车内显示屏会主动打开，氛围灯的颜色会切换成蓝紫色，以营造影院氛围；车辆会主动展开遮阳帘，降低玻璃的透过率，关闭内部照明灯；同时，座椅靠背和脚托会根据乘员的需要，自动调整到舒适的位置；座椅扶手里的吧台会主动打开，为乘员提供酒水饮料。在电影播放过程中，氛围灯可以根据电影情节，实时变换颜色和亮度，座椅还可以根据剧情的需要进行振动，为乘员带来沉浸式的观影体验。

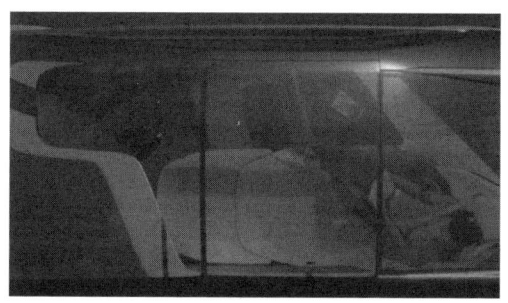 

图2-10 睡眠舱　　　　　　　　图2-11 影院模式（见彩插）

2）乘员想玩游戏时，可以将PS4或Xbox等游戏机与娱乐主机连接，通过车载屏幕和游戏手柄体验游戏的快乐，也可以将手机里的游戏投屏在屏幕中，满足乘员个性化的游戏需求。

3）乘员想唱歌时，座舱可切换成KTV模式，屏幕中会播放乘员选择的MV；整车音响会提供立体环绕音效；仪表板、门饰板、地毯、座椅、顶棚上的发光包覆会随着音乐的律动变换颜色和亮度，配合内顶灯投射的彩色光束，共同营造K歌氛围。

4）乘员需要视频聊天时，座舱还可以变成直播室。乘员可以通过座椅头枕上的音响与传声器（俗称麦克风）进行语音通话，还可以用车内摄像头和车载屏幕进行视频交互。这种方式既保证了隐私，又能获得良好的通话体验。

5）乘员遇到美丽风景时，可以控制车载无人机进行航拍，如图2-12所示。无人机会飞到设定的高度，并自动跟随车辆飞行，乘员只需在车内调整无人机的高度及镜头角度进行拍摄。无人机拍摄的画面会实时传输到车载屏幕中，让乘员体验航拍的乐趣。

乘员有会客需求时，可以让座舱进入会客模式。此时，座舱的布局会发生变化，前排的多功能中控台会向后移动到预设位置，并展开桌板，前排乘员座椅会向内旋

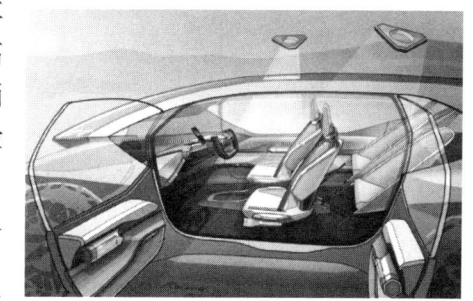

图2-12 车载无人机

转180°，让乘员可以实现面对面的交流。后排的氛围灯会切换成浅绿色，ANC会过滤车外传进来的噪声以营造轻松、安静的氛围；车辆会提高车窗和天窗的透光率，打开内部照明灯，以提供必要的照明。

2. 智能座舱功能分析与控制

智能座舱场景所需要的主要功能包括：语音指令的位置识别功能、车内摄像头人脸识别功能、车内主动降噪功能、头枕音响的独立声场、座椅旋转功能、智

能调光玻璃功能、多功能中控台、氛围灯音乐随动功能、车载无人机等。

语音指令的位置识别功能是通过传声器阵列实现的，经过计算每个传声器接收到声音的先后顺序，判断说话乘员的具体位置。车内摄像头人脸识别功能可以同时捕捉多个人脸图像，娱乐主机结合传声器判断乘员方位，准确识别说话乘员的身份。

主动降噪功能由车内音响与传声器系统共同完成。传声器监听乘员耳旁的噪声，整车音响播放与之相位相反、频谱一致的声音来实现主动降噪。头枕音响根据布置的位置及声场设计，可以实现乘员头部局部独立的声场。

智能座舱的控制架构如图2-13所示。

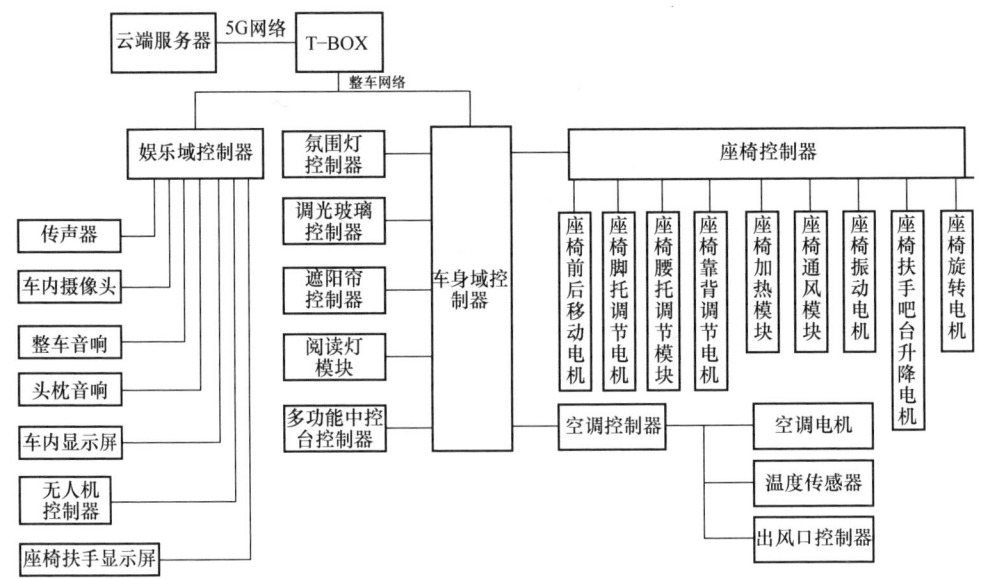

图2-13 智能座舱控制架构

车身控制系统负责整个座舱的智能联动，通过CAN/LIN通信对座椅控制器、智能调光玻璃控制器、多功能中控台控制器、氛围灯控制器等发送指令，实现智能座舱各种模式下的切换与联动。

车辆娱乐系统可支持整车多个屏幕的独立视频播放，并实现多屏联动。在无人机模式下，娱乐主机能够与无人机遥控器进行通信，可实现一键起飞、飞行高度调节、跟随飞行、摄像头角度调节、拍照、摄像、一键返航等功能。

五、泊车欢送

车主在到达目的地后，往往有寻找停车位的需求，尤其是在市区地段，车位很紧缺，会浪费不少时间；遇到尺寸紧凑的车位时，许多新手还会出现泊车困难的情况。根据以上需求，泊车欢送的场景搭建如下。

1. 泊车欢送场景搭建

车辆驶入停车场后，可连接停车场的管理系统，停车场会将空位的位置坐标发给车辆，车载导航指引驾驶人前往。如果停车场不具备智能系统，则车辆可通过环视摄像头、雷达等传感器自主寻找空车位。找到空位后，车辆可进入自动泊车模式，车辆自主控制转向盘与加速踏板，将车辆缓缓停进车位，如图2-14所示。

图2-14 ADAS-自动泊车

熄火后，解开安全带，座椅侧翼的包覆松开，座椅主动后移，转向盘前移，行车助手会通过语音提醒车主不要遗漏物品。开车门时，盲区监测系统会检测后方来车，如果有快速接近的物体，则门饰板上的氛围灯会快速闪烁，车内语音系统也会提醒乘员小心开门。

下车后，后视镜上的照地灯会在地面上投出光毯，照亮车辆周边环境。车上锁时，智能系统还会探测车内空间，如果检测到有人员或动物存在，则会通过鸣笛和手机信息的方式主动提醒车主。随后，前照灯、尾灯会进入欢送模式，通过灯光的动态点亮欢送车主，并照亮车主离去的道路。

2. 泊车欢送主要功能分析

泊车欢送场景所需要的主要功能包括：自动泊车功能（APS）；开门警示功能；车外智能灯光功能；座椅、转向盘智能控制功能；车辆生命检测功能。

APS也是ADAS系统的一部分，一般包括环境数据采集系统、中央处理器和车辆策略控制系统，可实现可用车位自动识别，并自行完成停车入库的动作。

开门警示功能是盲区检测系统的一部分，通过侧向辅助雷达传感器监测车辆侧后方是否有汽车、非机动车或行人快速接近。

车辆生命监测功能是将摄像头、微波传感器或者红外感应装置装至车内，对车辆进行实时监测，一旦发现有儿童或宠物遗留在车内，就会启动相应的提醒机制，提醒车主将儿童或宠物从车内带出来，避免事故的发生。

伴随着第四次工业革命的到来，一些当前最热的科学技术如自动驾驶、5G通信、AI人工智能、大数据和云计算的发展与普及，势必会大大影响未来的汽车出行。自动驾驶可以颠覆车内布局，彻底解放驾驶人；5G技术可以让万物互联，V2X将变得更加丰富；AI人工智能和大数据会让汽车更加善解人意，通过行为预测提供更为贴心的服务场景；云计算可以让汽车的算力大幅提升，从而实现更加复杂的系统应用。汽车在未来不再仅仅是一个交通工具，而将演化成一个智能的移动空间，汽车的应用场景也会更加令人期待。

内外饰人机交互设计开发

汽车行业的新四化发展推动着内外饰系统的数字化转型，使传统内外饰向着智能交互方向发展。近年来，智能交互内外饰在不同场景下的功能越来越丰富，满足了用户更多的潜在需求。同时，随着通信技术的革新和万物互联的普及，车辆的社交功能也越来越强大，极大地提升了用户体验。智能交互内外饰的发展已然影响着人、车、环境之间的关系，推动着人机交互方式的变化，人机交互设计必将成为智能交互内外饰的核心要素。

第一节　人机交互概述

一、人机交互发展概述

随着智能交互技术的导入，汽车人机交互正在不断升级和变革。从最初的"人适应汽车交互系统"渐渐转向"汽车交互系统适应人"，其发展过程主要经历了如下几个阶段。

1. 物理用户界面操控阶段

汽车发明的早期阶段，汽车只有基本的驾驶操控，人机交互仅停留在机械结构的反馈上。随着微型单片机在汽车上的应用，汽车各个子系统才有了"大脑"。但汽车的人机交互方式仍然采用开关按键、拨杆等物理界面形式。

2. 图形用户界面流行阶段

随着车载电子显示屏幕、仪表的普及应用，结合人机交互的内容与功能，图形用户界面逐步出现并流行。图形用户界面的使用使人机交互方式发生了巨大变化。它简单易用，减少了实物按键操作，使复杂多样化的车载功能得以简易使用，拓展了人机交互的运用范围。

3. 多通道用户界面融合阶段

当前，虚拟现实、移动计算等技术的飞速发展，对人机交互技术提出了新的挑战和更高的要求，同时也提供了新的机遇。这一阶段，自然和谐的人机交互方式在汽车交互系统的应用中得到了一定的发展。基于语音、手势、视线追踪等多通道输入交互是其主要特点，其目的是使人能以声音、动作等自然方式进行交互操作。

二、人机交互基本概念

1. 人机交互

人机交互，是指人与机器之间的交互。广义地说，机器可以是各种各样的机械与电子集成部件，也可以专指计算机化的系统和软件。人机交互的主要内容包含人到机器和机器到人的两部分信息交换。

2. 人机交互界面

人机交互界面（Human-Machine Interface，HMI），主要是指人与机器之间的通信媒介，主要基于人机双向信息交换的软件和硬件实现。

人机交互过程中，人机交互界面是联系人与机器的纽带和媒介，如图3-1所示。人机交互界面通常是指用户可见的部分，小至收音机的播放按键，大至飞机上的仪表板或是发电厂的控制室。用户通过人机交互界面与机器交流并进行操作。人机交互界面设计是人机交互设计中的重点。

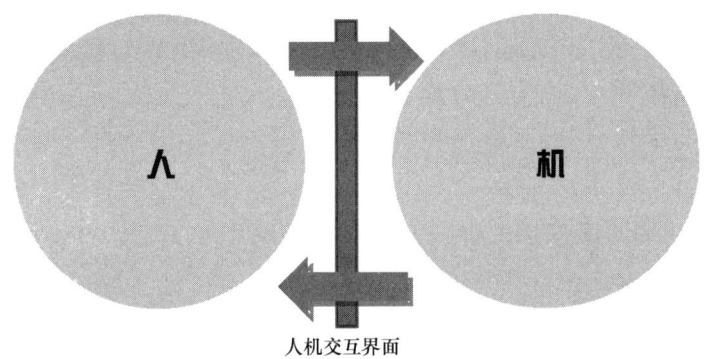

图 3-1 人机交互界面示意图

三、交互过程与认知机制

1. 交互过程

人机交互过程中主要的对象是人和机器，如图3-2所示。人和机器通过人机交互界面实现信息的传递和交互。

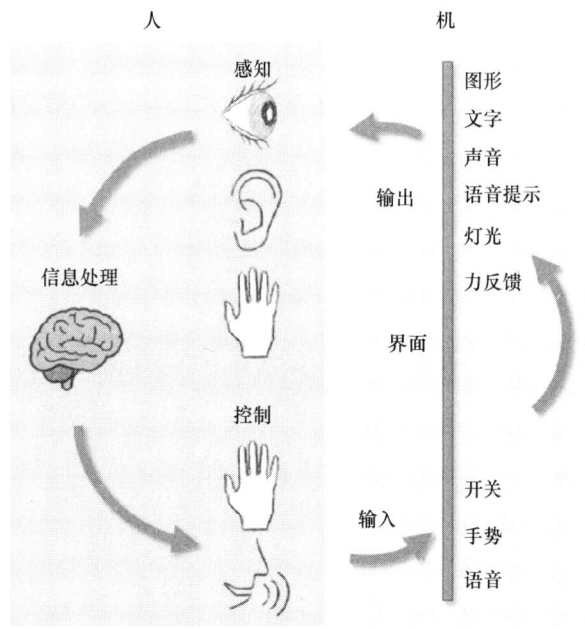

图 3-2 人机交互过程与认知机制

从人的角度看，人的输出端和输入端主要包括眼睛、耳朵、四肢及皮肤等。人的指令可以经过手的点击、手势或者语音等形式进行输出，通过人机交互界面输入机器中。机器经过计算处理后，再通过人机交互界面输出信息，经过人的输入端进入大脑感知层进行处理。

从机器的角度看，人机交互界面的载体包括屏幕、物理按键、红外传感器、超声波雷达、摄像头、传声器、投影模块、灯、扬声器、振动组件等。通过屏幕软开关、物理按键、红外传感器、超声波雷达、摄像头、传声器，可以将人的点击、手势、语音等信息输入系统；通过屏幕、投影模块、灯、扬声器、振动组件，分别向界面输出图形、文字、灯光、声音及语音、力的反馈、振动等信息。

2. 认知机制

人的认知机制是由特定的生理特征决定的，机制是固定不变的。在认知机制不变的情况下，人机交互界面的设计优化可以提高人机交互的效率，改善用户体验。

人类认知是由感官感知外界刺激信息，经过感知处理器和思维处理器进行信息处理，由短时记忆器和长时记忆器进行信息存储的过程，如图3-3所示。在短时记忆器和长时记忆器起作用之前，首先是被人感知的视觉、听觉、触觉、嗅觉等信息被感知处理器处理。在感知处理器中进行的理解通常只限于模式识别和上下文理解，信息处理的层次是相当表面化的。

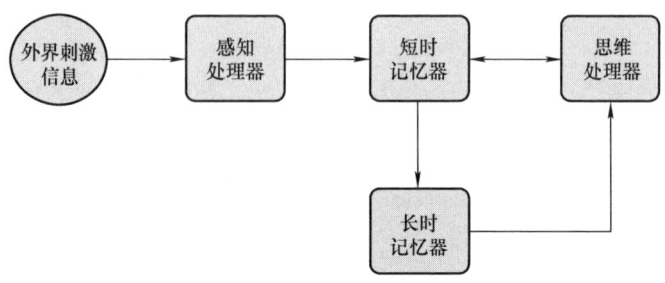

图 3-3　认知过程

　　感知处理器处理结束后，信息会有选择地被传送到短时记忆器中。短时记忆器的储存容量小，仅可以同时记忆若干个内容单元，保持时间也相对较短，一般仅几秒时间。短时记忆器将信息传递给长时记忆器或思维处理器后，将不再保留该信息。例如短时记忆器处理完一段话中各个词的发音后，将不再记忆这些发音信息，转而处理后续对话的发音信息。此外，短时记忆器的效率和能力比较容易受到噪声和其他分散注意力因素的影响。

　　短时记忆器存储信息后，将信息传递到思维处理器中。思维处理器在与短时记忆器交互的过程中，可以进行各种复杂的思维操作，如处理各种信息的内在含义、推理及逻辑关系等，其操作水平远远高于感知处理器。

　　同时，长时记忆器也会接收到短时记忆器有选择发出的部分信息。长时记忆器的特点是容量大，储存时间长，并且主要以结构化联系的方式储存内容。长时记忆器的内容和提取能力就是人们平常所说的记忆力。长时记忆器具有"用进废退"的特点，也就是说，经常用到的内容记忆更加准确，同时也越容易被提取，很少被用到的内容容易在记忆中"变形"或丢失，这就是人们平时所说的遗忘。同时，某内容在记忆中与其他内容联系越丰富，其特征越明显，表现方式越形象，就越容易保持和提取。长时记忆器中的内容与人所感知的信息吻合越完全，这些内容也越容易被发现和提取。长时记忆器中的信息通过思维处理器提取，进而传递到短时记忆器中。这些信息与感知处理器提供的内容一同在短时记忆器进行处理，以便对感知内容进行比对。

　　人类短时记忆器和长时记忆器的特点为人机系统设计提供了一些设计指导，具体如下：

　　1）应当尽量将信息按照相互关系进行分类组织。例如，在中控屏幕的界面中，将汽车相关功能控制界面分为车身控制、娱乐、导航等几个部分；在车身控制子界面中，又将所有灯光控制界面划为一整块。这样用户在使用相关功能时，短时记忆器在任何时刻只需要处理总体信息的一小部分。这种"分块"的方法也适用于没有明显关联的独立信息的记忆。

　　2）应当通过简单明了的人机交互设计提高长时记忆器信息存储和提取的效率，避免在用户面前显示与任务无关的信息导致注意力分散。较复杂的用户界面功能可以考虑拆分为不同的部分或步骤来实现，这样可以减轻短时记忆器的负荷，使用户获取关键信息更快捷。个性化的设计也能够显著增强用户对于设计细节的印象，便于长期记忆和信息提取。

四、人机交互界面

狭义地划分，汽车人机交互界面包括物理用户界面和图形用户界面两类。广义地划分，还应包括语音交互、手势交互、声音交互、灯光交互等界面。尤其是语音交互，已经成为汽车上成熟使用的交互界面。

1. 物理用户界面

物理用户界面（Physical User Interface，PUI）指与用户交互的实体元素，包括机械按钮、滚轮、旋钮以及触控按键等，是传统的人机交互通道，其优势是操作简单、安全感强。机械按钮、滚轮和旋钮都属于传统物理用户界面，常见的有转向盘开关、座椅开关、中控开关、顶控开关和换挡旋钮等。近几年，随着智能表面技术的出现，触控按键被大量应用，成为新一代的物理用户界面。常见的界面载体有触控饰板、车载屏幕等。

2. 图形用户界面

图形用户界面（Graphical User Interface，GUI）是指采用图形方式显示的人机交互界面，通过显示窗口、图标、菜单等图形表示不同功能，用户通过触控屏进行点击操作。图形用户界面是电子化、信息化时代人机交互的主要通道，其优势主要体现在：

1）通过视觉通道，感知文本和图形信息，直观清晰。
2）可长时间显示，且能平铺多层级架构信息，是复杂信息交互的有效途径。
3）结合按键、触控等技术，使人机交互更加简单快捷。

目前，车辆常规的图形用户界面主要集中在组合仪表、屏幕以及抬头显示等。通过直观的文字或图形，实现信息的显示与交互。随着智能表面技术的迅速发展，未来车内的每一个表面都可以是智能表面。智能表面将变成人机交互的主界面，为图形用户界面提供更大的发展空间。

如图 3-4 所示，上汽荣威 Vision-i 概念车门饰板上的智能表面就是未来图形用户界面应用的典型案例。该图形用户界面可以为乘员显示旅途进程以及舱内操控界面。

近几年，随着电动汽车的发展，格栅功能逐渐弱化，取而代之的是贯穿式车灯、Smart Led 或屏幕等，可给用户带来更直观的交互和更友好的体验。这一发展趋势进一步拓宽了图形用户界面的应用前景，车外的每一个表面也将会是图形用户界面的载体，推动着人、车、环境之间的交互发展。

图 3-4　上汽荣威 Vision-i 概念车门饰板智能表面

3. 语音用户界面

语音用户界面（Voice User Interface，VUI），是通过声音或语音实现人与机器之间交互的界面。语音交互有诸多优势，主要包括：

1）释放乘员双手。

2）学习门槛低，贴近人的本能。

3）无界面界限，可直接操作。

4）具有同理心，通过语气、音量、语调、语速等就可以获知用户情绪变化。

语音交互作为最自然、最亲切的交互方式，将会成为未来主流的交互方式之一。

语音交互主要包含自动语音识别、自然语言理解、自然语言生成与文字转语音等技术，如同真人在进行对话时的"聆听"、"理解"与"回复"三种能力。因为是基于人类的听学系统，这样的交互方式也被定义为对话式人机交互界面（Conversational User Interface，CUI）。

目前，实时语音识别技术日趋成熟，语音识别在较好的环境中正确率可达 97%。但是基于自然语言理解、声音语调和说话内容，对情绪的识别分析还在研究中。相信通过大量的训练以及算法的改进和创新，语音交互会变得更加自然，语音交互界面也将会在汽车上得到更广泛的应用。

4. 其他用户界面

其他用户界面主要包括通过提示音、灯光、手势等方式进行人机交互。一般通过扬声器、蜂鸣器等可以完成提示音的反馈；通过按键背光、氛围灯、提示灯的灯光实现信息的传递；通过红外传感器、雷达、摄像头实现手势识别交互。

在众多用户界面中，手势交互符合人类自然心智模型，已具备成熟的技术基础，无论是单独使用还是多模态交互，都将是未来具有较大潜力的一种交互方式。该交互方式是基于手势检测与识别技术之上的新兴交互方式。手势交互设备更多地基于传统内外饰顶控制台进行开发，布置在前排顶控上，用于前排驾乘人员的交互操作。目前，基于汽车环境下常见的手势交互主要应用于控制环境系统、调节座椅位置、开关车窗以及选择立体声播放和音量大小等,代替以传统按钮式操作和触控屏操作为主流的交互操作模式。手势交互能够让驾驶人在开车时减少分心,创造全新的交互体验,实现人车互动的全新驾驶体验,提高行驶的安全性。

第二节　内外饰人机交互设计

目前,内外饰功能不断丰富,人机交互方式层出不穷,面对多元且复杂的交互环境,良好的人机交互设计必然是未来的发展趋势。本节主要从设计原则与开发步骤、用户研究与任务分析、界面设计和设计评估等维度进行介绍。

一、设计原则与开发步骤

1. 设计原则与目标

人机交互设计开发应始终遵循以用户为中心的设计原则,其目标是为了给用户提供一个可用性高、友好性强的交互设计,满足用车过程中的交互需求。了解用户及其用车过程中的需求,是人机界面设计的首要工作。在人机交互系统开发过程中,对用户的研究和理解应当被作为各种决策的依据。同时,产品在各个阶段的评估信息也应当来源于用户的反馈。因此用户是整个设计和评估的核心。

2. 开发步骤与内容

人机交互的开发是由抽象到具体、由粗略到详细的长期开发过程。其开发步骤主要包括从调查研究、方案创意再到详细设计,最终到原型验证的完整过程,如图3-5所示。

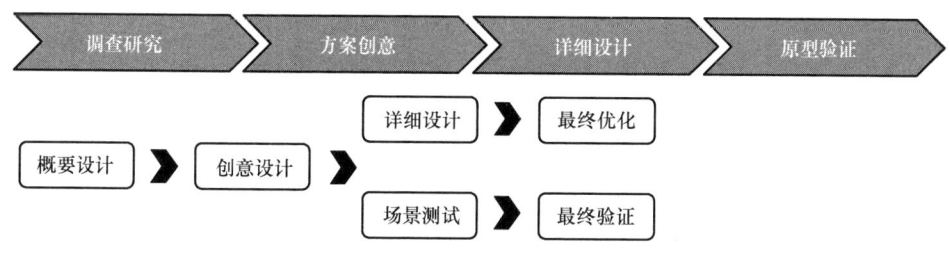

图3-5　人机交互设计开发步骤

（1）调查研究阶段

调查研究阶段主要对用户用车过程中场景与功能的人机交互需求进行分析。从宽泛的角度来看,需求包括用户在不同场景下所需的功能。从具体的角度看,包括实现某场景下功能的人机交互需求。通过用户研究和场景任务分析,在概要设计中确定用户特征及所要实现的场景功能,分解功能中的交互信息,决定人机交互设计的方向和预期目标。

（2）方案创意阶段

根据用户特征和场景功能、交互信息以及人机交互设计的方向和预期目标，制定总体创意方案，在创意方案的设计中确定交互信息输入的具体形式和界面、信息反馈采用的具体形式和内容等。另外，在创意方案中应着重针对人机交互方案存在的效率低等问题，进行创意优化和问题解决。

（3）详细设计阶段

基于方案创意阶段输出的交互形式、界面和内容，进行详细设计，主要包括交互界面详细设计和场景测试。交互界面详细设计是将人机交互创意方案落实为概念开发过程的具体细节，包括物理界面的操作反馈形式、图形界面的软开关定义以及操作、语音交互中的关键词和对话形式、信号表的确定等。同时通过场景测试对调查研究阶段的设计目标进行评估，优化相关问题，逐步锁定详细的设计方案。

（4）原型验证阶段

原型验证阶段主要通过模型或样车对最终的设计进行实际场景体验与验证，并对测试评估后的问题进行最终优化。

二、用户研究与任务分析

用户研究与任务分析以用户为中心，从使用场景、环境理解开始，考虑人机交互相关用户特征，是人机交互设计的基础。项目前期通过调研收集用户信息和需求，并对其进行分析提炼，构建人物角色和分析用户需求，从而设计符合用户特征和需求的人机交互功能。

1. 用户特征研究

人机交互系统的有效性和体验感与用户生理、心理、背景和使用环境等影响因素息息相关。

1）生理因素主要包括用户群体的年龄、性别、体能、生理障碍、左右手使用习惯等。这些生理因素相互关联，共同影响人机交互系统。例如，用户年龄的分布意味着用户界面风格的相应变化，以适应随着年龄的增大，人类视力、听力和记忆力减弱的规律。

2）心理因素主要包括用户执行交互任务的动机和态度。这对完成人机交互的质量和效率起着非常关键的作用。强烈的动机和积极主动的态度是完成任务的重要心理基础。交互过程的趣味性强，可以对用户起到激励作用；良好的外观与易于操作的界面设计可以增强用户的动机，提高完成任务的效率。在人机交互界面设计过程中，应当尽可能全面细致地考虑各个方面的用户体验，任何一个小的问题都可能对用户造成情绪上的影响，进而影响用户的综合满意程度。

3）用户背景包括用户使用产品所需各方面的知识和经验。以车载系统的设计为例，用户背景一般包括教育背景、读写能力、操作系统的熟练程度、是否有使用与产品功能和实现方式类似系统的经验等。这些知识和经验都直接或间接与用户使用系统的情况相联系，因此产品设计过程中要充分考虑这些因素。

4）用户使用产品的物理环境和社会环境也对使用效率有明显影响，主要包括光线、噪声、操作空间的大小和布置、参与操作的其他用户的背景与习惯、人为环境造成的动力和压力等。例如，在噪声较强的环境下，用户界面就不能依赖以声音的方式输出信息。因此，设计人员应当仔细、全面地了解和预测用户在使用待设计产品时遇到的各种环境因素。

2. 交互任务分析

人机交互贯穿了用户在用车过程中各种场景下要执行的任务，而对交互任务进行详细分析才能选择最有效的用户界面及操作过程，帮助用户高效地完成任务。

交互任务分析包括人机交互过程中操作用户、任务动机、起止时间、任务步骤、任务结果以及下一个任务等，如图3-6所示。

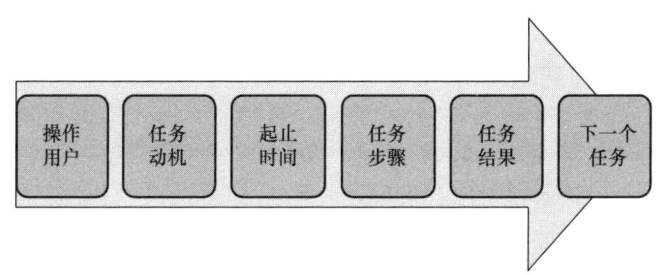

图3-6　交互任务分析

交互任务分析还需要研究交互方式和用户思维模式的符合性以及使用的合理性或局限性。如果某种局限性严重影响产品的可用性，就应当突破这种单一交互技术的局限。

三、物理用户界面设计

物理用户界面操纵反馈感相对较强，易于直接操作，适用于需要快速操控、高频使用的交互需求，如远近光调节与转向灯操控，如图3-7所示。

1. 布置设计

物理界面的布置应靠近用户，可视或可触，同时应尽量减少布局密度以减少误触。以门窗和外后视镜操控为例，相应开关布置在对应侧门饰板上，符合就近原则，便于理解和操作，如图3-8所示。

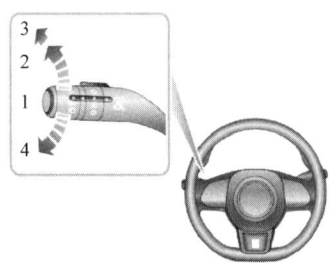

图 3-7 位置灯日行灯操控界面　　图 3-8 门窗和外后视镜操控界面

此外,新增关联功能操控应该与传统功能的操控布置在同一物理界面上。以刮水器清洗功能操控为例,应该与刮水器开启及档位控制的组合开关拨杆布置在一起,方便用户寻找对应控制界面,减少分心,如图 3-9 所示。

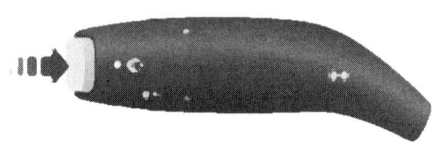

图 3-9 刮水器清洗开关布置

2. 操作设计

物理界面的外形设计应便于识别界面的操控功能,并将复杂的操控开关简化。以座椅位置操控为例,如图 3-10 所示,座椅开关 1 与 2 的形状和布置与座垫及靠背位置关系相同,开关前后、上下、旋转的操作功能也与座垫或靠背的调节方向一致;开关 3 的旋转操作也和腰托顶出运动对应。该设计方案更易于用户理解,也简化了物理界面。

对于有盲操作需求的物理界面,应该使界面易于触及,且不易误触其他界面。以转向灯和远近光操控为例,在驾驶过程中需要进行盲操作,如图 3-11 所示,较长的组合开关拨杆相对容易定位,且周围无其他按键干扰造成误触,同时四个切换方向也利于盲操作,1、2 上下拨动可以实现转向切换,3、4 前后拨动可以实现远近光切换。

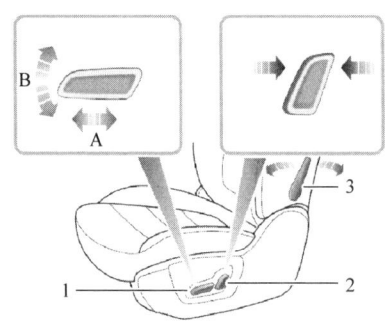

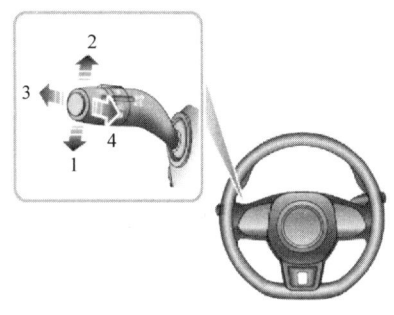

图 3-10 座椅位置操控界面　　图 3-11 转向灯和远近光灯操控界面

物理界面设计还需考虑操作反馈、背光指示和防滑要求,以便用户操作。对于无行程反馈的触控按键,必要时需要设计振动反馈。

四、图形用户界面设计

图形用户界面设计包括交互框架设计、视觉框架设计和视觉详细设计,主要以视图的形式输出。交互框架设计是指从顶层定义框架布局、交互过程、结构关系,通过抽象视图来表现。视觉框架设计是对最高层次视觉体验特征、视觉语言风格的定义。视觉详细设计是基于视觉框架的设计,定义详细的视觉元素、组件属性,如形状、大小、位置、纹理、颜色、版式、动效等,是交互设计的可视化结果,即最终的具体视图。

视图设计主要包括抽象视图设计、关联设计和具体视图设计。视图主要表达人与系统交互的过程中某一时刻系统的状态,以及用户在这一时刻可能改变系统状态的方法。视图从概念上分为抽象视图和具体视图,这两种视图也代表着视图设计开发的两个重要阶段。在抽象视图完成后,还要进行视图之间的关联性设计,才会进入具体视图的开发阶段。

(1)抽象视图设计

抽象视图是指在人机交互界面设计最终完成之前的不同设计阶段所产生的不同抽象程度的视图。抽象视图更利于逻辑分析,其目的是为了确定各个图形用户界面的具体内容和布局。抽象视图是通过交互功能模块的总结和划分,并在视图上进行对应布局得到的。

在抽象视图设计中需要考虑:

1)功能模块的完整性。
2)界面的整体性及和谐性。
3)应当尽量减少用户不必要的眼球移动,设计易于浏览的格式和布局。
4)注意提供便于用户理解的上下文信息等,有效地避免感知的重要信息过早消失或被误解。

如图3-12所示,氛围灯设置页面的抽象视图设计草图体现了氛围灯所有可供用户调节的功能,包括开关、颜色及亮度调节、面发光效果选择和模式调节等。此外,还体现了此抽象视图的外部接口信息,如上级目录等。

(2)关联性设计

抽象视图都是相对独立的视图,相

图3-12 氛围灯设置抽象视图

互之间没有逻辑关系。关联性设计就是构建这些抽象视图之间的逻辑关系,以实现完整的用户功能。任何人机系统图形用户界面都包含若干视图状态,用户根据不同任务目标,切换到相应视图下进行操作。因此,根据用户的操作需求,对视图进行合理的关联设计是必要的。以氛围灯视图关联性设计为例,氛围灯属于整车附件设置版块,需将氛围灯抽象视图与整车附件设置抽象视图关联,并在此视图上设计氛围灯开关按钮,通过点击进入氛围灯设置视图,如图3-13所示。

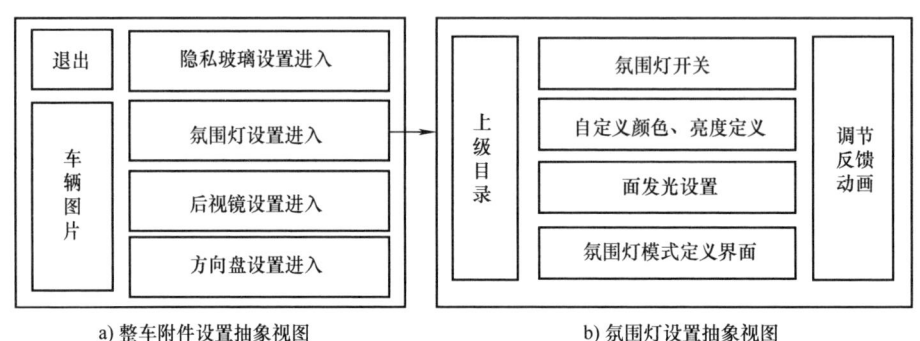

图3-13 氛围灯关联性设计

在这一阶段,需要充分考虑用户所有可能的操作需求,进而明确各抽象视图之间的关联关系,以避免部分功能的缺失。

(3)具体视图

在完成各个视图的关联性设计后,就可以进入视图的全面设计阶段。具体视图可以理解为图形界面的最终设计。用户能看到任何一个图形用户界面的状态就是一个具体视图。这种视图体现图形用户界面设计的所有细节,主要包括:

1)软开关的形状、大小、位置、颜色等。
2)文字的大小、字体、格式等。
3)背景的底色、明暗、纹理等。
4)图像的大小、分辨率等。
5)视图的排版。
6)操作的动态反馈效果。

以氛围灯设置具体视图为例,如图3-14所示,除了要确定各个软开关形状、布置、所有字体格式,还应考虑氛围调节的具体色系与灯光颜色的一致性、动态效果图颜色及律动模式与软开关中颜色及模式的一致性。这些都是具体视图中的细节,属于视觉详细设计。

五、语音用户界面设计

在内外饰相关零件功能实现中,涉及语音用户界面的设计主要包括语音控制输入和语音提示输出。语音用户界面设计的关键在于对话模式的确定。

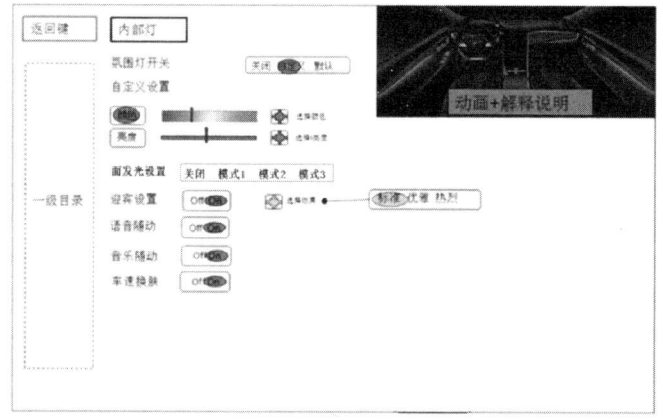

图 3-14　氛围灯操作界面具体视图（见彩插）

1. 单轮或连续对话

在日常生活中，人们的对话沟通按对话的回合数可以分为单轮对话和连续对话。语音交互也可以分为这两种模式，根据要传达的信息内容和情景选择合适的对话模式。

（1）单轮对话

单轮对话是指对话内容不包含情景，没有关联上下文内容。这种对话模式导致语音交互更偏向于简短的操作任务，过于复杂的操作任务则需要分解成简短的口令。

例如，"打开座椅加热"这句话大多数语音系统是可以识别的，并且根据声音定向回复"主/副驾座椅加热已打开，马上就会暖暖的"。以上只要单论对话即可完成相应功能。然而如果说"将座椅加热到我喜欢的温度"，此类描述需要上下文关联，通过单论对话是无法完成的。

（2）连续对话

连续对话通常是指由人和机器进行至少一轮以上的问答。例如，搭载自然语言处理系统的聊天机器人，可以打破单轮对话的限制，与人进行连续对话。在汽车语音人机交互上使用的连续对话，通常为单论对话和引导式对话的组合模式。

2. 引导式对话

引导式对话是指引导用户正确使用简短语音的对话。目的是在单轮对话或有限的连续对话中，提高语音交互的效率和准确性。引导式对话通常分为以下几种模式。

（1）确认模式

语音交互的确认模式可以分为显性确认与隐性确认两种类型。

显性确认。显性确认是一种强制用户确认的方式，主要用于涉及支付或者会给任务结果带来影响的操作行为中。例如，车辆导航时，用户通过语音搜索目的地，系统列出与之匹配的地点，并通过语音反馈，确认最终导航目的地，避免出现导航错误。

隐性确认。隐性确认是指根据识别的可信度进行弱确认的方式，系统对语音内容进行打分评级。

1）当可信度等级为高时，确认是可信的命令，直接执行对应的操作。例如，对车载系统说"播放音乐"，系统会直接进入播放页面，提示"音乐播放中"。这个过程不需要用户再去确认，因为这是一个可信的操作。

2）当可信度等级为中等时，系统执行对应的操作后，还需要对操作进行隐性确认，让用户知道为什么会执行当前的操作。例如，在下雨天对车载系统说"打开天窗"时，车载系统会拒绝打开天窗，并告知"现在下雨哦，不建议打开天窗"。

3）当可信度等级为低时，系统会明确向用户表达无法识别有效的语音内容。例如，"您说的我有点不懂哦，请换个说法"。

总体来说，显性确认是需要用户明确确认的过程，而隐性确认是让用户知道汽车即将运行的功能，完成对用户的语音提示。

（2）错误引导

现阶段语音系统无法避免错误识别或无法识别的情况。当系统无法识别或识别的内容属于低可信度时，系统需要引导用户去用正确的语句结构来对话，不能盲目地尝试回答，盲目的回答很容易给用户带来负面感受。例如，与车载系统对话时，如果超时没有检测到语音，则可以通过界面进行文字反馈"你可以让我播放音乐、导航……"的引导页。

六、设计评估

1. 评估方法

人机交互设计的评估方法主要包括用户测试法与专家评审法。

1）用户测试法是指将交互系统展现在目标用户面前，通过让用户模拟使用或讨论等方法获得用户反馈的数据。用户测试法可以有效反映用户的需求。

2）专家评审法是指组织专家团队来评估人机交互系统的可用性。专家评审法又可以分为启发评估法与设计准则评估法。

① 启发评估法是指让评审专家根据一些通用的可用性原则和自己的经验来发现系统内潜在的可用性问题，进行可用性评估。

② 设计准则评估法是指根据事先拟定好的人机交互设计准则进行对照打分。不同的准则按照重要性不同可以分配不同的权重，最终进行加权。

用户测试法能够直接发现用户使用的问题，但是往往成本相对较高，周期较长。专家评估法容易管理，用时较短。但是，由于专家的背景从根本上不同于用户，所以研究结果可能与用户的直接反馈意见有不同程度的偏差。

2. 评估准则

从重要程度由高到低来排序，人机交互评估准则依次包含如下几个方面：
1）防止用户驾驶过程中分心：平衡驾驶安全与交互需求是首要原则。
2）交互界面直观简洁：用户可快速获取信息，减少认知复杂度。
3）限制给精神、身体、视觉带来负荷：人机交互界面反馈给人的信息或所需的输入不应该是难以理解的或者是持续的高信息量负荷。
4）用户主导并有实时反馈：能够由用户主导交互过程，并且系统应能通过文字和非文字的形式快速反馈，让用户知道正在发生什么。
5）交互界面保持可视性和操作的可及性：图形及物理用户界面在可视范围内，并在驾乘人员的操作范围内。
7）交互界面反馈的信息及其优先级应保持合理性：交互界面根据反馈信息的重要性和优先级采取不同等级的反馈形式与响应时间。
8）连贯性与一致性：人机交互的内容、形式、风格应具有连贯性和一致性。
9）低密度：图形用户界面、物理用户界面的软硬开关保持一定密度，以保持简洁和防止按错。
10）容错：系统设计对于错误的操控应有一定容错能力。

第三节　内外饰数字化交互界面

内外饰零件分布于座舱内外，离驾乘人员近，且容易接触，作为人机交互界面的补充，可以拓展全车交互界面，也可以有效改善交互体验。因此，内外饰作为人机交互界面更容易融入整车各场景功能的应用中。

一、用于车内的交互界面

座舱内的人机交互，一直是汽车人机交互设计中的重点。内外饰零件用于车内的交互界面主要呈现出显示数字化、触控一体化、灯光功能多样化的发展趋势。

1）显示数字化是指"屏显化"发展趋势，赋予传统内外饰智能交互的功能，主要涉及流媒体后视镜、显示饰板、显示玻璃、转向盘显示屏等。以流媒体后视镜为例，如图3-15所示，在实现传统后方和侧方视野显示的同时，还可识别和标记后车方位、距离等。此外，还可以显示自动识别的车位，通过选择车位进行自主泊车等。流媒体后视镜是传统后视镜数字化的延伸，是较为有效的驾驶辅助图形界面。

图 3-15　流媒体后视镜

2）触控一体化是指传统按键和内外饰一体化集成的发展趋势，呈现出更简洁和科技感的造型效果，主要涉及以智能表面技术为基础的饰板或玻璃，如图 3-16 所示。未来，无论是织物、皮革、塑料还是玻璃，都能成为智能表面。

3）灯光功能多样化是灯光功能的拓展。除了传统的照明、装饰作用外，灯光作为人机交互界面，将呈现出信息提示和警示、动态交互等多样化的功能，主要涉及转向盘离手检测警示、开门警示和面发光动态氛围灯等。以开门警示为例，如图 3-17 所示，在门饰板上集成有氛围灯，当车辆正常行驶时，此氛围灯可以作为灯光装饰使用；而当用户打开内开拉手时，若检测到侧向和后方有车辆、行人或者障碍物，则氛围灯呈现红色点亮状态，起到提醒和警示用户的作用。

图 3-16　触控一体化饰板（见彩插）

图 3-17　开门警示示例（见彩插）

二、用于车外的交互界面

车外人机交互的需求在未来将逐渐增加。内外饰零件用于车外的人机交互界面主要呈现出数字化投影和数字化显示的趋势。

1）数字化投影是基于数字光处理技术（Digital Light Processing，DLP），投影出清晰、具象的图形界面，主要涉及照明系统、玻璃系统。以 DLP 投影灯为例，如图 3-18a 所示，通过投影的图形界面可以反馈给驾驶人必要的驾驶信息，如前方路况、转向提示、前车距离等。此外，DLP 灯还可以通过图形界面给道路参与者信息反馈，如图 3-18b 所示，当车辆停止后，为穿过马路的行人在道路前方投出斑马线，引导行人穿过马路。

a) 驾驶信息投影　　　　　　　　　　b) 斑马线投影

图 3-18　DLP 前照灯投影效果

2）车外数字化显示是指外饰件的"屏显化"发展趋势，实现迎宾、欢送或交互信息的显示，主要涉及保险杠、格栅、前后灯、玻璃和 AB 柱饰板等零件。得益于电动汽车的发展，格栅功能逐渐弱化，为车外交互界面带来了更大的发展空间。显示保险杠的概念源于 Smart 等概念车型（图 3-19），通过保险杠区域的数字显示屏展示迎宾等交互信息。

图 3-19　Smart 显示保险杠效果

总体来说，内外饰零件作为人机交互界面有其独特的优势，在用车的各个场景中传递信息更为直接，同时与整车各场景功能更加融洽互补。在未来汽车的人机交互设计中，内外饰零件将成为人机交互界面中不可忽视的重要部分。

第四章
智能交互内外饰电气架构

近年来,科技、智能正重新定义着未来汽车的人机交互,内外饰因其得天独厚的位置正加速从传统装饰领域转向智能交互领域,相应地,内外饰电控需求也越来越复杂。为了提升智能交互的体验感,智能交互内外饰电气架构的开发显得格外重要。

第一节　智能交互内外饰电气架构概述

目前,汽车上有许多电子控制单元(ECU)和微控制处理单元(MCU)通过CAN总线(Controller Area Network,控制器局域网络)、LIN总线(Local Interconnect Network,本地内联网)等通信方式相互沟通,实现整车的各项功能。为了合理而高效地协调传感器、控制器和执行器之间的通信,需要对整车电气架构进行合理的规划。

整车电气架构是汽车上所有电气系统的有序集合,包括所有电气系统的接口、信息交换、硬件统筹、软件功能分配以及运行环境的介绍等,在整车正常工作中担当"大脑和神经网络"的职责。智能交互内外饰电气架构属于整车电气架构的一个子集,是整车电气架构必不可少的一部分。

基于目前主流的整车电气架构,智能交互内外饰电气架构主要通过CAN总线、LIN总线、硬线等方式实现交互通信和信号传递;此外,在音频和视频传输方面,可通过MOST总线与车载以太网进行通信。当前,CAN总线仍然是智能交互内外饰电气架构中最重要的主网络。

一、智能交互内外饰主网络规划

基于目前主流整车电气架构开发,智能交互内外饰电气架构规划如图4-1所示。在整车网络上,智能交互内外饰的电气零件主要涉及动力CAN(PT CAN)、车身CAN(Body CAN)、娱乐CAN(Info CAN)等,这些CAN网络组成了主干通道。各路CAN网络上的信号通过网关转发后形成实时通信系统,各个智能交互内外饰零件的控制器通过直接或间接的方式连接到主网络来获取对应的信号,达到智能控制的目的。

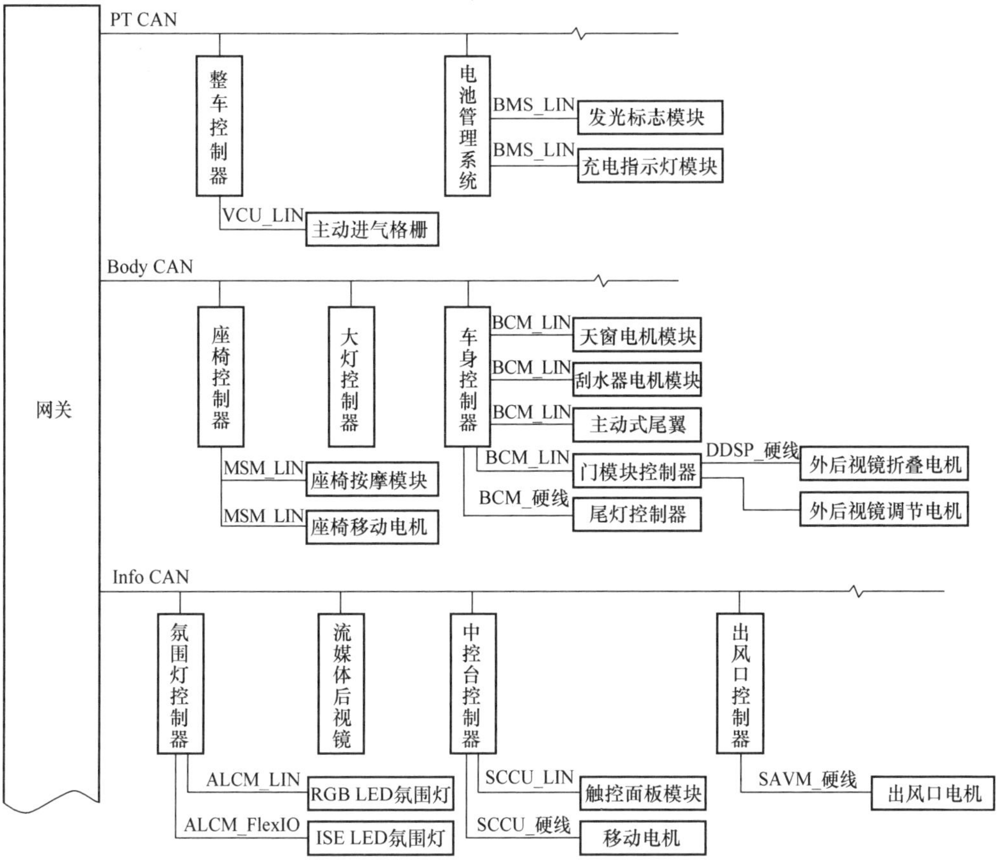

第四章　智能交互内外饰电气架构

图 4-1　智能交互内外饰电气架构

以前照灯控制为例，前照灯控制器直接连接车身 CAN，可实时获取前照灯开关、转向开关、车速、光线、前方车辆等信号，实现自身功能。虽然前照灯控制器处于车身 CAN 总线上，但仍然可以通过网关转发一部分娱乐 CAN 的信息，接收中控屏幕的交互指令。又如天窗控制器通过 LIN 线连接车身控制模块（Body Control Module，BCM），BCM 连接车身 CAN，天窗控制器可以通过 BCM 选择性地接收天窗所需的 CAN 信号，以间接获取天窗控制器需要的信号。此处的 BCM 充当了 CAN-LIN 信号转换器的角色，使天窗实时获取开关、车速、加速度、温度、雨量、颠簸情况等信号，实现自身功能。下面主要介绍与智能交互内外饰相关的三条 CAN 总线。

1. 娱乐 CAN

娱乐 CAN 负责控制整车娱乐系统，以中控屏幕为控制中心，该总线上主要的控制器有中控屏幕（Information Control Module，ICM）、数字仪表（Instrument

Pack，IPK）、氛围灯控制器（Ambient Lamp Control Module，ALCM）、空调出风口控制器（Slim Air Vent Module，SAVM）、移动中控台控制器（Smart Console Controller Unit，SCCU）等。

娱乐 CAN 上涉及大量人机交互的控制信号与处理，驾乘人员可以通过物理按键、触控饰板、触控屏幕等直接控制汽车的前后灯、车内氛围灯、刮水器、天窗、座椅、影音播放等功能。例如氛围灯控制器 ALCM 作为娱乐 CAN 上的 CAN 节点，会实时获取整车的解锁、起动、驾驶模式、氛围灯开关等信号，这些信号可以是来自于同网段的控制器，也可以是网关转发一些来自其他网段的信号。驾乘人员可以在中控屏幕上进行氛围灯开闭、氛围灯效果选择、颜色和亮度自定义等设置。中控屏幕将触控信号处理后发送给氛围灯控制器，氛围灯控制器经过优先级排序与逻辑处理运算后，实时通过 LIN 线控制氛围灯的颜色与亮度，实现车内灯光装饰的效果。

娱乐 CAN 是智能交互内外饰系统最重要的一条 CAN 网络，也是未来智能座舱最主要的通信大动脉。

2. 车身 CAN

车身 CAN 负责对车身的控制，以车身控制模块为控制中心，该总线上主要的控制器有车身控制模块、自动空调控制器（Air-conditioning Controller，ATC）、无钥匙启动模块（Passive Entry Passive Start，PEPS）、前照灯控制器（Headlamp Driver Module，HDM）、座椅记忆控制单元（Memory Seat Module unit，MSM）、胎压监测控制系统（Tire Pressure Monitoring System，TPMS）、电子转向柱锁（Electronic Steering Column Lock，ESCL）等。

车身 CAN 上涉及大量与行车相关的数据交互与处理，是一条重要的行车信息总线。与车身 CAN 连接的内外饰零件主要包括前后灯、座椅、天窗、刮水器、主动尾翼等。以车身控制模块为例，作为 Body CAN 上的 CAN 节点，会实时获取整车的各种信号，并通过 LIN 总线转发部分 CAN 信号给与之相连的天窗、刮水器等零件，使其获取整车的上锁和解锁状态、电源状态、起动状态、车速、光线传感器信号、全局时间、开关信号等信息，实现自身功能。

3. 动力 CAN

动力 CAN 负责车辆动力的信号通信，是整车 CAN 网络信号优先级及信号传输速率较高的一条 CAN 总线。该总线上主要的控制器有发动机控制单元（Engine Control Unit，ECU）、整车控制单元（Vehicle Control Unit，VCU）、电池管理系统（Battery Management System，BMS）、变速器控制模块（Transmission Control Module，TCM）、安全诊断模块（Safety Diagnosis Module，SDM）、电子驻车系统（Electric Parking System，EPB）等。

目前，与 PT CAN 关联的内外饰零件主要有主动进气格栅、车前标识灯和充电指示灯等零件。主动进气格栅因行车过程中控制风阻与散热的需求，VCU 会在动力 CAN 上获取车速、发动机温度、前舱温度、车内外温度等信号，并通过 LIN 总线来控制主动进气格栅的多档位开闭，以实现调节风阻、降低前舱温度的效果，达到智能行车的目的。对于电动汽车，电池管理系统在充电过程中需要状态灯来显示充电状态，一些车辆会有单独的充电指示灯或车前标志灯作为充电状态显示灯，BMS 会实时计算自身的充电状态，并通过 LIN 总线传递自身的充电状态与电量，控制对应的 LED 灯状态（如全亮、半亮、呼吸、闪烁、关闭等），来显示整车的充电状态与电量状态。

二、智能交互内外饰总体架构

智能交互内外饰在发展初期受到技术水平和成本等多方面因素的制约，无法让用户感知到智能交互内外饰带来的完整场景体验，即表现为各零件功能单一且场景独立。近几年，随着技术的不断成熟落地，逐渐呈现出场景化的功能联动，营造出智能交互的体验感。内外饰作为用户直接感知的系统，正向着智能交互的方向发展。

智能交互内外饰总体架构如图 4-2 所示。在这个大体系中，每个智能交互内外饰的零件都直接或间接地与整车主网络相连接，各零件提供各自传感器收集到的信息共享到主网络上，并从主网络获取自己需要接收的信息进行本地计算处理。大体系中的每个功能可以分配到不同的子系统中，子系统的控制单元包含传感器信号、信号通信、控制器本地计算、驱动输出、执行器执行等过程，智能交互内外饰体系由多个子系统共同组成，且彼此关联。

智能交互内外饰总体架构的设计思路是对电动化、智能化、网联化发展方向的充分体现。在电动化方面，智能交互内外饰总体架构一方面将传统手动操作的部分功能实现电动调节，如电动出风口、电动座椅调节等，另一方面将传统由机械原理或结构实现的功能电子化，如流媒体后视镜、触控顶控台等。电动化发展丰富了人与车的交互内容，也提升了用户体验。在智能化和网联化方面，智能交互内外饰总体架构采用多节点分布式架构，CAN 总线控制器通过 CAN 总线经网关转发的方式进行相互通信，其他的子节点控制器采用 LIN 总线、FlexIO 或硬线逻辑等方式与上位的 CAN 控制器通信。若需通信的 CAN 控制器与需要通信的另一个 CAN 控制器位于同一条 CAN 网络，则直接通过该条 CAN 总线通信，否则需经网关转发。因此，智能交互内外饰总体架构是以网关为主节点、多路 CAN 总线并用作为整车通信的主干网络，LIN 总线、FlexIO、硬线通信等作为 CAN 总线网络的补充，是整车通信的分支网络。

在汽车"新四化"的发展趋势下，整车电气架构中控制器的数量也将随着不断涌现的新功能而持续增长。如果仍然采用当前总线的连接方式，则必定会造成

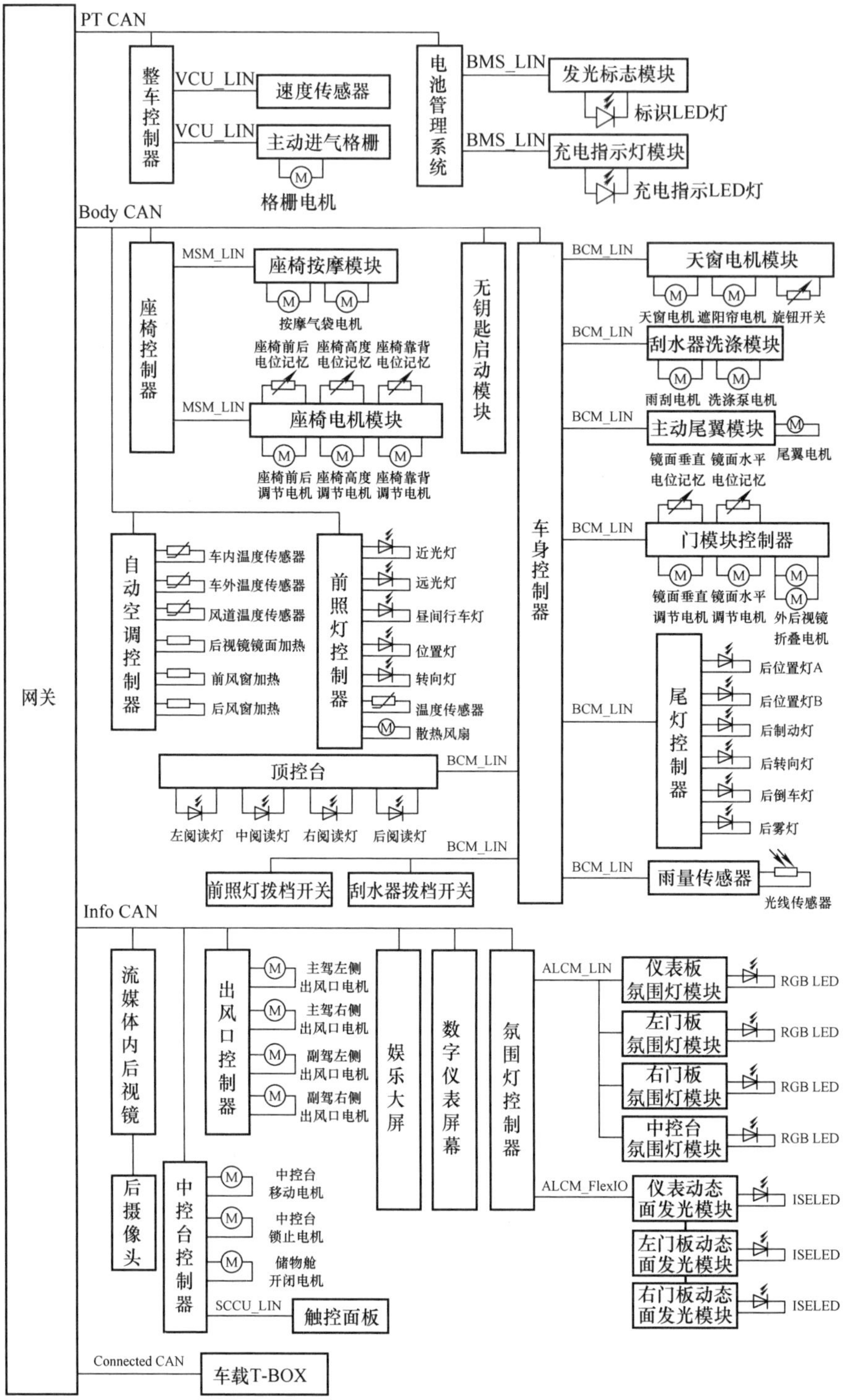

图 4-2 智能交互内外饰总体架构

整车电气架构复杂化，同时也不利于整车总线长度的控制，随之可能会带来节点信息处理速度变慢、效率降低等诸多弊端。为了解决上述问题，域控制器的概念应运而生。拥有更为强大运算能力的域控制器，将该功能域内较为零散的控制器集成为一体，这样不仅减少了总线长度，还提高了整车信息交互的速度和效率。域控制器已逐渐成为下一代整车电气架构的核心。

第二节　智能交互内外饰通信技术

在汽车电子技术飞速发展的今天，车用电子设备不断增加，对整车综合布线和信息交互提出了更高的需求。由于汽车传感器和电子控制单元分布在车内外各个位置，大量的数据与控制信号需要通过线束进行传递与交互，各类总线的通信技术便应运而生。

整车电气架构通常会采取多种总线与通信形式相结合的方式，以确保功能和信息可靠、延时短、成本低的综合目标。

一、硬线通信技术

硬线通信的逻辑较为简单，通常使用铜芯导线，对于不带负载的信号线，使用 $0.35mm^2$ 及以上的导线即可满足通信需求。导线上的高、低电位可以传递两种信号，通常用于开关、通断等简单信号的传递。该方式传递信号可靠性高，对基础硬件要求低，在传递简单的控制信号方面是非常有效且常用的方式。

硬线通信在智能交互内外饰系统中应用广泛，是一种最基础的方式。例如在前转向灯诊断功能中通常会使用一根硬线反馈转向灯的工作状态。软件逻辑约定在工作状态下，低电平为前转向灯正常工作，高电平为前转向灯非正常工作（即出现故障）。刮水器系统的复位信号线通常也为一根硬线，当刮水器停止在初始位置时复位线为高电平，刮水器在工作转动时复位线为低电平，用高低硬线电平实现刮水器复位位置的通信。

脉宽调制（Pulse Width Modulation，PWM）是利用微处理器的数字输出对模拟电路进行控制的通信技术，也是一种硬线的通信技术。PWM 从处理器到被控系统，信号都是数字形式，不需要进行数模转换，能有效降低噪声。

在智能交互内外饰的通信中，通过 PWM 传递信号的方式有两种：一种通过固定频率下的不同占空比；另一种通过固定占空比下的不同频率。其中，占空比是指每个脉冲周期内，高电平脉冲时间占周期总时长的比值。

在不同占空比 PWM 通信的方式中，采用固定的频率（如固定 200Hz），通过改变占空比来传递信息。例如，控制尾翼的打开角度就可以通过这种方式实现。上位控制器（如车身控制器）通过设置不同的占空比，如 0、40%、70%、100%，分别对应尾翼打开角度 0°、6°、12°、18°，来向尾翼控制器传递四种不同的信号，通过 PWM 信号实现传递尾翼打开角度的功能。

在不同频率 PWM 通信的方式中，通过固定占空比（如固定 50%）下不同频率代表不同的信号供对方的控制器传递信号。例如，电池管理系统可以设置不同的频率，如 20Hz、60Hz、100Hz、140Hz、180Hz 等，分别向充电指示灯与车前标识灯传递五种不同的信号，具体对应逻辑见表 4-1。

表 4-1　电池管理系统 PWM 与充电指示灯的控制信号

PWM 频率	占空比	对应状态	充电指示灯	车前标识灯
20Hz	50%	故障状态	红色常亮	熄灭
60Hz	50%	预约状态	蓝色常亮	白色常亮
100Hz	50%	插枪状态	绿色常亮	白色常亮
140Hz	50%	充电状态	绿色呼吸	白色呼吸
180Hz	50%	驻车状态	熄灭	白色常亮

使用 PWM 通信的方式，对接收 PWM 的子控制器的硬件要求较低，通常只需要使用一个 8 位单片机处理接收 PWM 信号，并控制电压输出或电路通断进而实现控制功能。在智能交互内外饰系统中，一些指示灯的工作状态通常不超过 6 种（如熄灭、半亮、全亮、闪烁等），非常适合使用 PWM 通信的方式控制，具有明显的综合成本优势。

二、CAN 总线通信技术

CAN 总线技术是博世公司于 1985 年发明的一种总线通信技术。该技术具有极强的抗干扰和纠错能力，可以将汽车上众多的控制单元和传感器进行总线数据通信与管理控制。汽车的各种行驶数据会被发送到"总线"上，这些数据不指定唯一的接收者，凡是需要这些数据的控制单元都可以从"总线"上读取。CAN 总线技术的应用可以大量减少车体内线束的数量，并通过网络协议降低故障发生的可能性。当网络长度小于 40 m 时，CAN 网络数据的最大传输速率为 1Mbit/s，如需更长的信息传递距离则可通过降低数据传输速率来实现。高速 CAN 具有更高的传输速度。

目前几乎所有的车辆都配置有 CAN 网络系统。CAN 总线的数据通信采用多主方式工作，通过非破坏总线仲裁技术解决多个节点信号冲突的问题，并且 CAN 节点在错误严重的情况下具有自动关闭输出的功能，保证总线上其他节点的操作不受影响，具有良好的可靠性、实时性和灵活性。

在智能交互内外饰系统中，座椅控制器、前照灯控制器、氛围灯控制器、流媒体后视镜、移动中控台、空调出风口控制器等都会采用 CAN 总线通信技术来交互信息，并实现相关功能。面对汽车中数量日益增长的电子模块之间的通信要求，CAN 总线有着独特的优势和良好的表现。但是随着汽车中所需的节点数持续增加，CAN 网络通信的复杂性，特别是低层设备间的通信复杂性也随之增加。此外，考虑到成本因素，CAN 总线在性能要求不高的应用情况下，性价比相对较低，因此作为 CAN 总线的子总线 LIN 总线应运而生。

三、LIN 总线通信技术

LIN 总线是一种低成本的单线串行通信网络技术，旨在为现有汽车网络提供辅助功能。LIN 总线的出现使得人们可以采用更低成本的解决方案来补偿汽车 CAN 总线的不足。LIN 通信是基于 SCI（UART）数据格式，仅使用一根 12V 信号线，传输速率可以达到 19.2 Kbit/s。在汽车应用中，LIN 总线的数据通信采用一主多从的方式工作，主控节点通过控制信号的传递与信息调度周期来实现信号的有序传递。通常将 CAN 节点作为 LIN 的主节点，下设多个 LIN 的从节点，使 CAN 节点起到 CAN 和 LIN 信号转换的作用，以满足汽车低速网络的需求。

通常，CAN 总线和 LIN 总线配合使用，形成分层结构网络。智能交互内外饰 CAN-LIN 架构如图 4-3 所示。对于信息传输数据量较小的子系统，可以通过在 CAN 节点下设 LIN 节点的方式通信，由 CAN 节点选择性地转发一部分 CAN 信号内的信息给 LIN 节点，使 LIN 节点实现自身功能。使用 LIN 通信的内外饰系统有天窗、座椅、刮水器、主动尾翼、氛围灯等。CAN 总线与 LIN 总线之间的信息可以通过 MCU 处理之后相互转化，达到控制器之间沟通交流的目的。

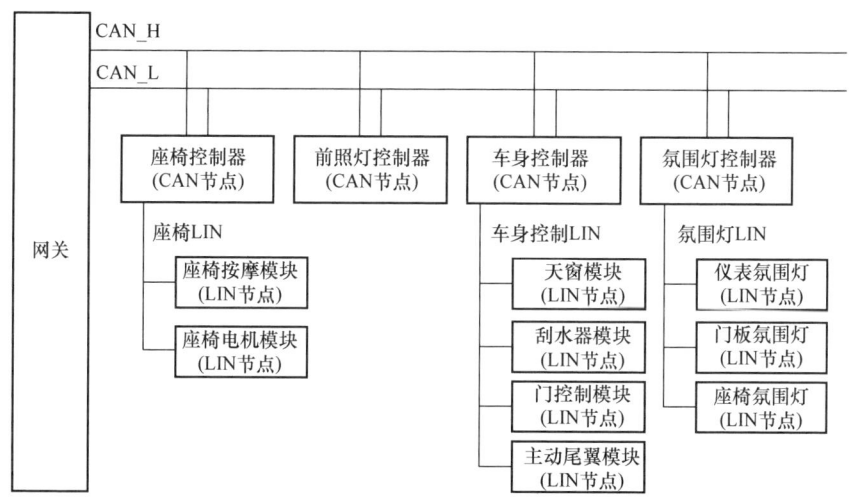

图 4-3　智能交互内外饰 CAN-LIN 架构

四、FlexRay 总线通信技术

FlexRay 是一种时间触发协议的串行通信网络技术。该协议可以支持同步和异步的数据传输，使用时分多址技术（Time Division Multiple Access，TDMA）使网络中单独的一个节点利用全部带宽来传输事件。该通信具有高速可确定的特点。由于 CAN 总线采用仲裁机制，实时性在出现竞争时，通信中一些优先级较低的信号可能会有较大的延时，因此 CAN 网络是一种不确定网络。FlexRay 不使用仲裁机制，主节点可以保证信号的及时性，是确定性网络。此外，FlexRay 带宽大，可用作车内主干网络连接多个子网络。

由于 FlexRay 总线成本较高，目前还没有在汽车上大范围地应用，不过 FlexRay 总线通信技术未来将有机会应用在汽车上传输速度要求较高的场合，以代替 CAN 总线。

五、MOST 总线通信技术

MOST 总线（Media Oriented Systems Transport，MOST）是一种被设计为传输多媒体信息的通信总线技术，是很多车载数字媒体所使用的传输协议。MOST 网络因带宽高、抗干扰能力强、重量轻、扩展性好等优势获得广泛关注。目前 MOST 技术已经发展到第三代，速度由第一代的 24.6Mbit/s 提升到第三代的 147.5Mbit/s，并且可以与以太网络进行连接。但 MOST 的开发成本较高，在一定程度上限制了其使用。

MOST 总线主要用于传输声音和视频的车载娱乐系统，如车载 DVD、车载电话、车载 Internet、车载收音机、行车录像、倒车影像和座椅后显示屏等。

六、车载 Ethernet 通信技术

以太网（Ethernet）是一种局域网技术，也是目前使用范围最广的局域网通信技术。汽车电子技术快速发展使车内传感器数量不断上升，随之而来的带宽需求也在不断上升。传统 CAN 总线技术已经不能满足激光雷达、高清摄像头等零件的通信需求，而以太网则可以满足汽车电子通讯的发展需求。车载以太网是使用以太网连接车内各个电子部件的一种总线通信方式。传统以太网使用总共四对非屏蔽双绞线来传输信号，而车载以太网使用一对非屏蔽双绞线来传输信号，可实现 100Mbit/s 甚至 1Gbit/s 的数据传输速率，同时满足高宽带、高可靠性、强抗干扰能力、低延迟、高同步性的要求。

汽车未来要实现自动驾驶功能与更多的智能交互功能，需要主网络进行大量的数据传输，汽车各电子部件之间通信需求会越来越频繁，数据传输量也会飞速增长，传统 CAN 总线技术已经难以满足进化的需求。车载以太网具有高数据传输速率与高可靠性的优势，未来可以作为整车主网络的骨架网络，连接各个子系统进行实时通信，实现高速的数据传输。

第三节　智能交互内外饰控制系统

智能交互内外饰的每个功能通常都会以一个子系统为主、多个子系统协作的方式去完成。每个子系统的控制单元主要包含传感器、控制器和执行器等，实现信号通信、本地计算、驱动输出和功能执行等。

一、智能交互内外饰传感器

智能交互内外饰电气架构中，通常需要传递的信号有触感、光强、温度、压力、位移等，常用于信号检测的传感器有触控传感器、光线传感器、温度传感器、压力传感器和位置传感器。

1. 触控传感器

触控传感器是一种捕获和记录物理触摸的设备。当手指触碰传感器表面时，手指和传感器会通过覆盖层形成简单的平行板电容，使电流流过面板，从而产生电压或信号的变化。这个电压或信号变化将被触摸控制器识别，从而确定屏幕上的触摸位置。

触控传感器可替代传统机械开关，被广泛应用于智能交互内外饰中。通常，触控传感器被布置在驾乘人员便于触碰的核心部件上，如转向盘、仪表板和门饰板等。近年来，随着智能表面技术的成熟落地，触控传感器在智能触控饰板和玻璃中大显身手。如图4-4所示，集成了电容触控传感器的多功能触控转向盘，取代了仪表板上原有的部分机械开关，实现了控制信号对整车的输入。

图4-4 智能触控饰板

2. 光线传感器

光线传感器是一种检测光照强度的设备，其工作原理基于光电效应。光线传感器主要由投光器和受光器两个部件构成，传感器感光点起到透镜的作用，能够将环境中的光线聚焦，并经由投光器传送到受光器之上。受光器根据光电效应，能够把各种光信号转换为相应的电信号，再进一步处理成各种开关及控制动作，以实现感光调节。在环境光线传感器的芯片上，如图4-5所示，往往还会增加一个红外截止膜，以排除红外光线的干扰，使得光线传感器能够准确地感知环境中的可见光线强度。

图 4-5　光线传感器

光线传感器常用于前照灯智能开关控制或自动刮水器控制等，一般布置在前风窗玻璃上。光线传感器通过探测环境光强度判断白天或夜晚，以控制自动前照灯的开与关；通过探测雨量大小来调节自动模式下刮水器的刮刷频率。

3. 温度传感器

温度传感器是一种将温度变量转换为可传送的标准化输出信号的元件，主要用于温度参数的测量和控制。各类温度传感器如图 4-6 所示。温度传感器通常由传感器和信号转换器两部分构成。传感器主要是热电偶或热电阻；信号转换器主要由测量单元、信号处理和转换单元组成。

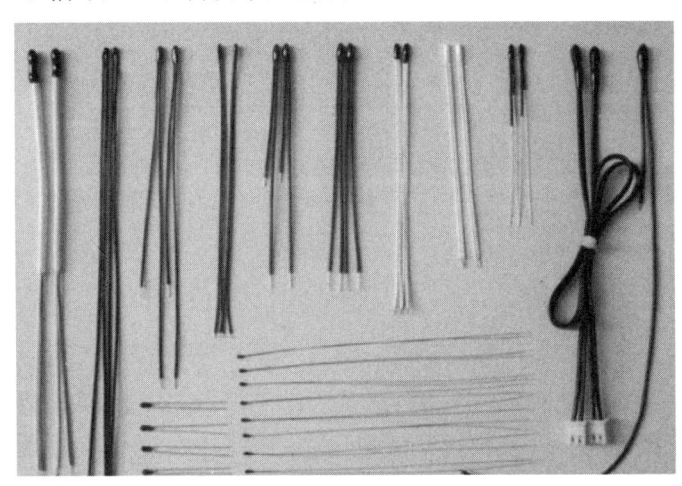

图 4-6　各类温度传感器

温度传感器在智能交互内外饰中的应用主要包括加热座椅、自动控温座椅、LED 照明系统等。以自动控温座椅为例，通过温度传感器实时监测座椅的温度和乘员的体温,在适当的时候自动开启加热、制冷或通风等功能,保证座椅的恒温性,从而有效提高驾乘人员的舒适感。又如,LED 照明系统通过温度传感器实现过温保护。LED 照明系统在工作的过程中对温度等外界因素的变化较为敏感,为了维持其稳定的工作状态,就需要温度传感器实时监测 LED 照明系统温度的变化,并把该温度检测信号发送给温度控制电路。当 LED 照明系统温度高于警戒值时,温度控制电路将减小工作电流的命令发送给其照明系统驱动电路,驱动电路减小其电流,从而降低其温度,保证 LED 照明系统正常工作。无论是座椅还是 LED 照明系统,对温度测量精度和测量范围的要求都不高,因此结构简单、成本较低的热电阻被广泛应用于上述两种工作场景中。

4. 压力传感器

压力传感器是可以感受压力信号并能按照一定规律将压力信号转换成可用的输出电信号的器件或装置。压力传感器通常由压力敏感元件和信号处理单元组成。

压力传感器主要用于座椅的占位传感,并关联安全带警告系统和无人驾驶系统,起到安全警示的作用。座椅占位传感器是一种薄膜接触型压力传感器,其接触点均匀分布在座椅的受力表面之下。当有人坐在该座椅上时,汽车座椅表面受到压力,使座椅传感器的上下电路层相互接触,电路回路导通,发出占位信号,从而判断出有人坐在该座位上。座椅的占位信号通常和安全带锁扣的状态关联,在获知座位没人乘坐时,安全带警告系统检测到安全带未系,但不会引发警示。通常座椅占位传感器会根据汽车座椅形状、硬度和皮肤接触性的不同,采用不同的外形设计,如图 4-7 所示。

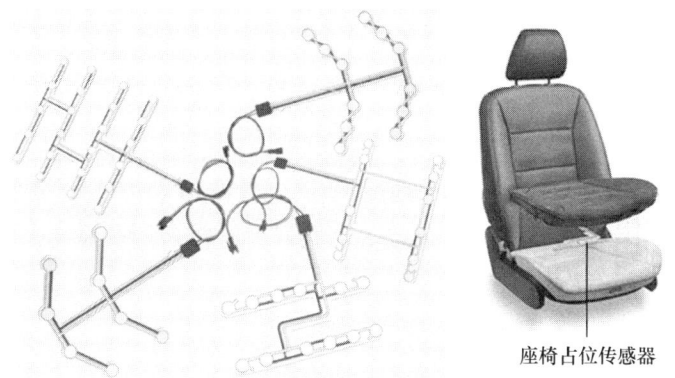

图 4-7　座椅占位传感器与安装位置

5. 位置传感器

位置传感器是一种能感受被测物的位置并转换成可用输出信号的传感器,可用于检测物体转动与滑动的位置,或反映某种状态的开关(如打开与闭合的状态）。位置传感器按照工作原理可分为接触式传感器和霍尔传感器两类。接触式传感器的触头由两个物体接触挤压而产生感应，常见的有行程开关、二维矩阵式位置传感器等。霍尔传感器利用霍尔效应，当半导体置于磁场中在一个方向通以电流时，在其垂直的方向上会出现电位差。将小磁体固定在运动部件上，当部件靠近霍尔元件时，便产生霍尔效应，从而判断物体是否到位。

霍尔传感器的外形如图4-8所示，在智能交互内外饰系统中主要用于检测刮水器、天窗和尾翼等电机的位置，其特点是非接触式采样，对原电路影响小，功耗较小，可测量直流或交流信号，精度和线性度较好。通常可在单向转动的电机上布置一个霍尔传感器来确定电机的实时位置；对于双向转动的电机（如天窗电机、尾翼电机等），则需要布置双霍尔传感器来计算出电机的实时位置。

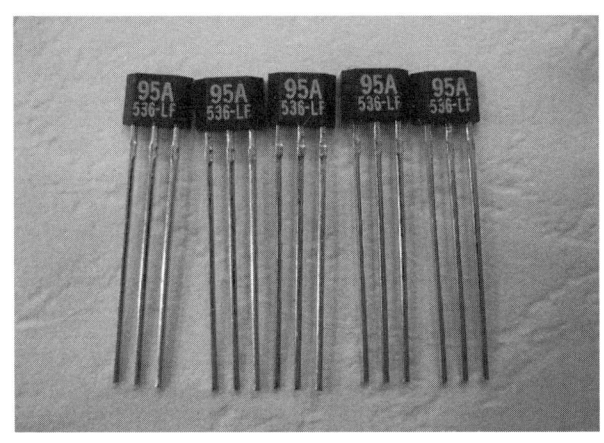

图4-8 霍尔传感器外形

二、智能交互内外饰控制器

为了有序协调众多复杂的功能，整车网络中需要多个独立的控制器协调工作。它们是整车电气架构中重要的通信节点，就像是遍布整车全身的神经网络。智能交互内外饰控制器按照功能分类，主要分为灯光类控制器、电机类控制器和视频处理类控制器三类。

1. 灯光类控制器

灯光类控制器主要包含阅读灯控制器、氛围灯控制器、前照灯控制器、尾灯控制器等。未来，内外灯光的联动迎宾欢送将是一个重要的场景，所以将灯光类控制器的功能进行整合，形成整车灯光域控制器也是技术发展趋势之一。

控制器的开发一般从功能需求出发，以确定具体的输入口与输出口，进而设计硬件、软件等一系列的系统方案。下面以前照灯控制器与氛围灯控制器为例，说明这类控制器的工作方式。

（1）前照灯控制器

汽车前照灯从最早单纯的照明功能，逐渐成为各个汽车主机厂体现设计能力和展示设计风格的重要窗口，正朝着智能化和多功能化方向不断发展。为了适应前照灯的多重功能需求，前照灯控制器也变得越发重要。基于目前主流的整车电气架构，前照灯控制器通信逻辑如图4-9所示。

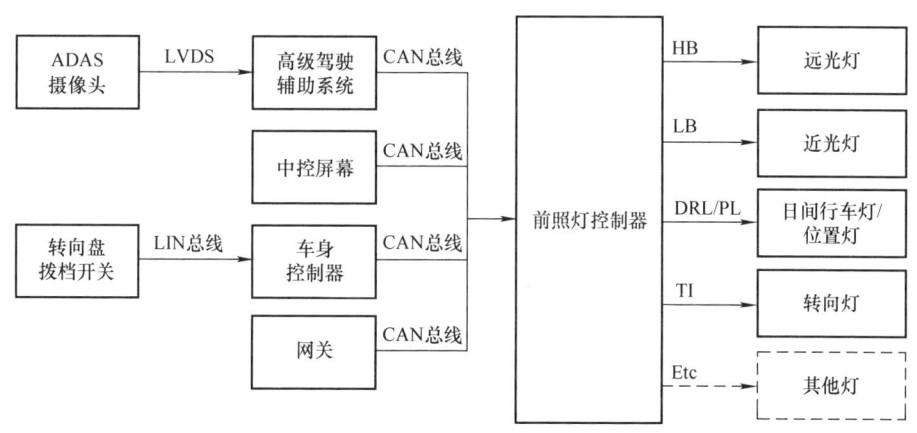

图4-9　前照灯控制器通信逻辑

前照灯控制器接收高级驾驶辅助系统（Advanced Driving Assistance System，ADAS）、中控屏幕、转向盘拨档开关、网关信号，开关状态、车速、解锁状态、发动机状态、光线状态、行车前方状况等CAN总线信号，控制前照灯的近光、远光、日间行车灯/位置灯、转向灯，以及较为高端的智能前照灯、转向辅助灯、激光远光灯、轮廓装饰灯等。

前照灯控制器的功能原理如图4-10所示。前照灯控制器接KL30（蓄电池正极）与GND（整车地）获取电能。因前照灯功能涉及行车安全，并与车身控制模块强相关，通常由Body CAN接收CAN信号来获取整车解锁、起动、转向盘开关、车速、时间等相关信息。为了保证行车的安全性，通常会将近光的诊断线LB_SIG和转向灯的诊断线TI_SIG单独分立，以做备份。图4-10所示的前照灯控制器为四通道控制器，四个独立的通道分别为近光灯（LB）、远光灯（HB）、日间行车灯（DRL）/位置灯（PL）、转向灯（TI）供电。NTC为温度传感器信号，判断前照灯内部温度状况。RBIN接受各LED的

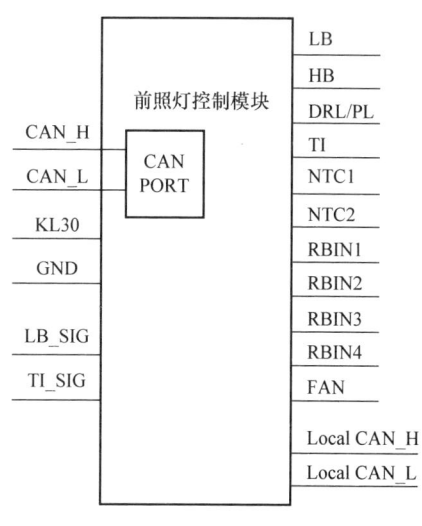

图4-10　前照灯控制器功能原理图

BIN 值电阻，以确定恒流电路的电压值。FAN 是为前照灯散热风扇准备的驱动接口，以控制风扇的开关。Local CAN 是为前照灯后续可能拓展的功能做接口的预留，如激光远光、自适应远光、辅助弯道照明、智能前照灯系统等功能的控制信号传输。

随着汽车高度智能化发展以及自动驾驶功能与算法的进步，智能前照灯系统中的自适应远光功能（Adaptive Driving Beam，ADB）逐步成为智能车灯的新趋势。ADB 功能基于视频传感器（通常会复用 ADAS 的前置摄像头）的信号，由前照灯控制器接收前方车辆的位置后，通过 CAN 总线传输到智能前照灯系统控制器，并控制远光的照射范围。当摄像头检测到同向或对向的车辆实时位置后，系统自动改变远光灯光型。远光灯光型通过矩阵式 LED 实现，矩阵式 LED 的通道通常少则数十个，多则近百万个，每个通道独立控制 LED 的亮灭，实现了光型的控制，避免了本车的灯光照射到其他车辆驾驶人的眼睛。其工作情况如图 4-11 所示。当摄像头未检测到同向或对向的车辆时，系统开启全光型远光，这种前照远光灯系统可以大大提高夜间驾驶安全。

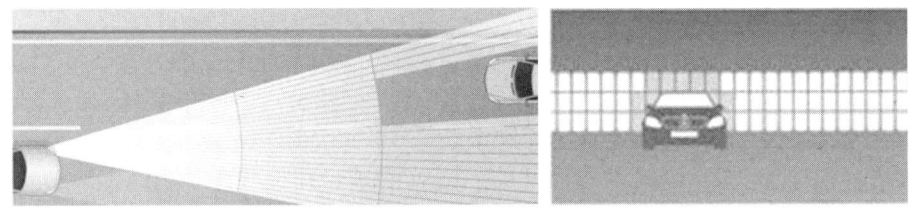

图 4-11　矩阵式远光灯的自适应远光功能

（2）氛围灯控制器

近年来，氛围灯作为车内装饰件，逐渐从高端车型向中档车型普及。氛围灯的展现形式也变得更加个性化和多样化，其布置位置也从仪表板、中控台和门饰板扩展至车内外更大的区域。当前，氛围灯主要通过中控屏幕实现颜色、亮度、动态效果等的调节。随着氛围灯智能化进程的加深，近年来氛围灯增加了很多"被动触发"类的功能，可实现通过预设动作触发特定氛围灯效果。氛围灯控制器通过接收整车其他 ECU 发送的信号，经过逻辑处理后，控制氛围灯呈现特定效果，如提醒类功能（车速提醒、开门警示）、仪式感类功能（迎宾模式、欢送模式）和娱乐类功能（音乐律动、节日提醒）等。

基于目前主流的整车电气架构，RGB LED 通信逻辑如图 4-12 所示。

图 4-12　RGB LED 通信逻辑

第四章 智能交互内外饰电气架构

除了常规的彩色氛围灯，目前已经有越来越多的高端车型开始推动面发光动态氛围灯效果的技术运用。为了保证通信延时可控、多区域协同、整列 LED 程序编辑可行性等，采用 ISELED（Integrated Smart Ecosystem Light Emitting Diode）联盟的智能 RGB LED 技术是一个未来发展的趋势。基于目前主流的整车电气架构，ISELED 的通信逻辑如图 4-13 所示。

图 4-13　ISELED 通信逻辑

为了满足各个发光区域的灯光效果控制，对于氛围灯控制器的基本接口要求为：CAN 接口、LIN 接口、12V 供电接口（供 RGB LED 与其他用电器使用）、5V 供电接口（供 ISELED 使用）、FlexIO 通信接口（供 ISELED 使用）、接地端等。其功能原理如图 4-14 所示。

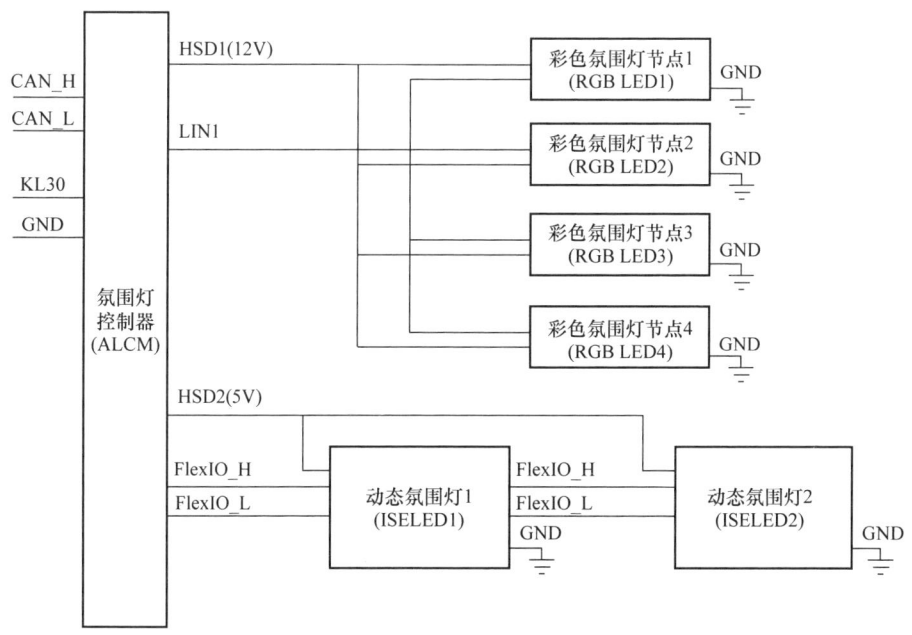

图 4-14　氛围灯控制器功能原理图

氛围灯控制器接 KL30 与 GND 获取电能。由于安全等级较低且与中控屏幕强相关，通常连接娱乐 CAN（接收 CAN 信号）来获取整车解锁、起动、中控屏幕开关、驾驶模式、车速、日期等相关信息。氛围灯控制器可以通过 LIN 总线传输颜色、亮度、功能诊断等信息给 RGB LED 的子节点，控制氛围灯的颜色和亮度。

67

控制 ISELED 灯带需要使用 ISELED 联盟的专属通信协议，通常第一颗 ISELED 会置于氛围灯控制器内，第一颗 ISELED 与第二颗 ISELED 通过双绞的差分信号连接，氛围灯控制器发送实时的信号控制整条 IESLED 灯带，实现氛围灯的动态效果。氛围灯的子节点电源（即 HSD 接口）由氛围灯控制器来控制，下属的子节点可以不做电源管控，由氛围灯控制器（CAN 节点）统一完成休眠/唤醒的工作，因此可以在一定程度上降低整个氛围灯系统的成本。

2. 电机类控制器

智能交互内外饰电机类控制器包含移动中控台控制器、主动格栅控制器、空调出风口控制器、天窗控制器、座椅控制器等。电机控制器在设计过程中，主要需要考虑电流负载、堵转、过压欠压、过流欠流、过热保护等逻辑，以确定具体的输入与输出，并对硬件、软件等系统方案进行设计。下面以天窗控制器与刮水器控制器为例，说明这类控制器的工作方式。

（1）天窗控制器

基于目前主流的整车电气架构，天窗控制器的通信逻辑如图 4-15 所示。

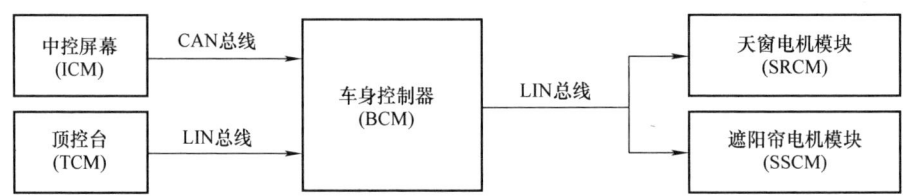

图 4-15　天窗控制器的通信逻辑

驾驶人可以通过中控屏幕与顶控开关来控制天窗和遮阳帘的开闭。天窗和遮阳帘的开度通常设计为多级调节，并且信号负载量较小，对信号的实时性要求较低，因此使用 LIN 通信较为合适。天窗电机模块和遮阳帘电机模块的基本接口要求为：LIN 接口、电源接口（通常为 KL30）、接地端等。其功能原理如图 4-16 所示。

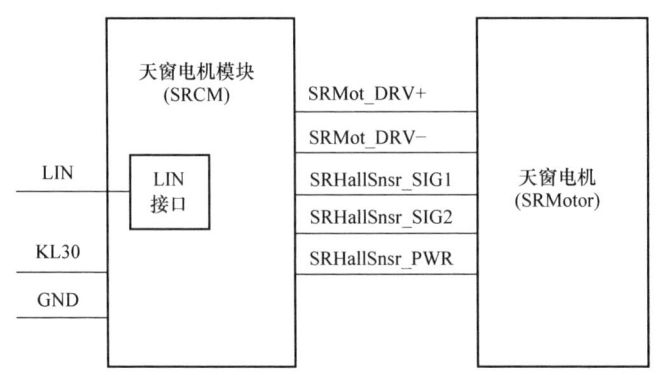

图 4-16　天窗电机模块功能原理图

天窗电机模块接 KL30 与 GND 获取电能，接收 LIN 信号（通常上位控制器为 BCM）来控制天窗的打开、关闭、起翘。天窗电机模块通过控制 SRMot_DRV 的正向通电、反向通电、断电来控制电机的正转、反转、停止；通过霍尔传感器的信号 SRHallSnsr 实时获取电机转动的位置，计算出对应的天窗玻璃位置，以此判断天窗是否运转到位。

遮阳帘电机模块的硬件设计与天窗电机模块的类似。当天窗电机打开时，为了防止行车过程中车内气压低而影响遮阳帘的开闭，通常遮阳帘电机模块也需要接收天窗电机模块的位置信号，把遮阳帘运动的逻辑设定为天窗玻璃打开的时候不可关闭遮阳帘，或是天窗玻璃打开的时候关闭遮阳帘会使天窗玻璃一同关闭。

（2）刮水器控制器

基于目前主流的整车电气架构，刮水器洗涤控制器的通信逻辑如图 4-17 所示。

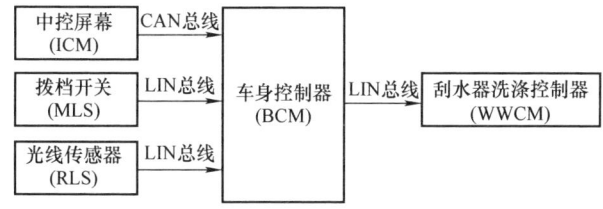

图 4-17　刮水器洗涤控制器的通信逻辑

驾驶人可以通过中控屏幕设置自动刮水器功能开闭与自动刮水器的敏感度，通过拨档开关控制刮水器的高速刮刷、低速刮刷、间歇刮刷、自动刮刷，以及洗涤系统的喷水功能。刮水器有多档位（高速、低速、自动、关闭）的调节，并且信号负载量较小，对信号的实时性要求相对较低，因此使用 LIN 信号通信较为合适。为了实现刮水器洗涤系统的控制，对于刮水器控制器的基本接口要求为：LIN 接口、电源接口（通常为 KL30）、接地端、刮水器电机驱动电路、刮水器电机角度传感器、洗涤电机驱动电路等。其功能原理如图 4-18 所示。

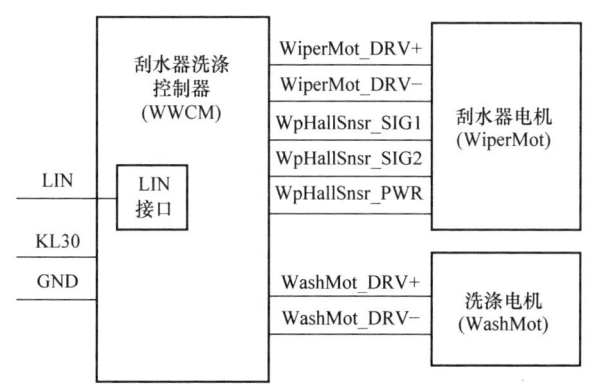

图 4-18　刮水器洗涤控制器的功能原理图

刮水器控制器接 KL30 与 GND 获取电能，接收 LIN 信号（通常上位控制器为 BCM）来判断控制刮水器和洗涤喷水的开闭。刮水器控制器通过控制 WiperMot_DRV 来控制电机的正向通电、反向通电、断电来控制电机的正转、反转、停止；通过霍尔传感器的信号 WpHallSnsr 实时获取电机转动的位置，计算出对应的刮水器刮杆位置，进而判断刮水器是否运转到位。由于刮水器刮臂不是完全刚性的，所以在不同风阻下电机位置和刮杆的位置并不是完全相同的。因此除了需要电机的实时位置信号，还需要结合车速、机械组阻力（电机负载）、温度等参数共同计算刮水器的位置控制。

刮水器控制器通过控制 WashMot_DRV 来控制洗涤电机的正向通电、反向通电、断电，实现前风窗玻璃喷水清洗、后风窗玻璃喷水清洗和停止功能。传统的洗涤喷水通过处理拨档信号直接控制即可，而对于目前逐渐开始流行的喷水刮水器系统，为了保证喷水过程中驾驶人依旧能获得清晰的视野，通常会设置为在刮水器向上刮刷的过程中喷水、在向下刮刷的过程中停止喷水，这时就需要结合刮水器电机的实时位置信号来控制洗涤电机。

3. 视频处理类控制器

智能交互内外饰视频处理类控制器包含流媒体内后视镜控制器、流媒体外后视镜控制器、像素投影灯控制器等。在视频流的输入/输出过程中，主要需要考虑系统的延时性、可靠性、安全性、失真率等问题，以确定具体的硬件、软件等系统方案。下面以流媒体内后视镜控制器为例，说明这类控制器的工作方式。

目前在许多高档车上已经配备了流媒体内后视镜，而流媒体外后视镜受到国内法律法规的限制并未实现量产。基于目前主流的量产方案与整车电气架构，流媒体内后视镜控制器的功能原理如图 4-19 所示。

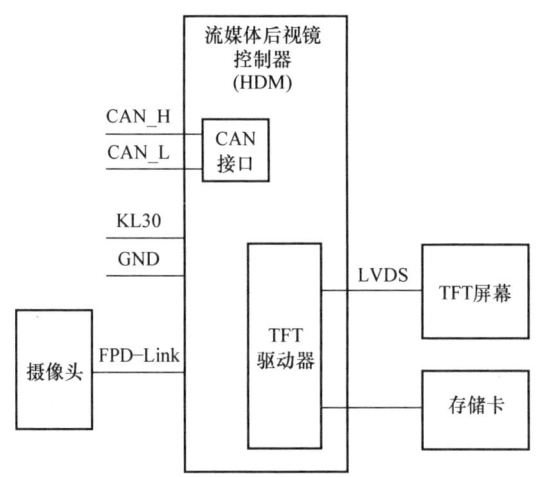

图 4-19　流媒体内后视镜控制器功能原理图

驾驶人可以通过中控屏幕按键传递对应的 CAN 信号给流媒体内后视镜控制器，来控制流媒体内后视镜的功能开关、屏幕亮度调节和记录画面调用。摄像头感光元器件负责收集光信号，将光信号转换为电信号，通过 FPD-Link 发送到流媒体内后视镜的控制器上，经过解串、处理成图像，图像通过 TFT 驱动实时发送到 TFT 屏幕上，完成流媒体的显示功能，同时把图像存储在本地，以供驾驶人调用回看。内后视镜需要兼具功能性与安全性，故流媒体内后视镜系统在硬件选型上需要保证有较高的可靠性和较低的延时性。

三、智能交互内外饰执行器

智能交互内外饰执行器的任务是根据控制器给出的控制指令，完成规定的执行动作如推力、位移、光亮、显示等，以达到控制目标。按照工作用途，可分为电机类执行器、灯光类执行器和加热类执行器等。

1. 电机类执行器

电机类执行器主要用于天窗、刮水器、后视镜、前照灯升降、主动进气格栅、电动出风口等，其常见类型有直流有刷电机、直流无刷电机和步进电机。

（1）直流有刷电机

直流有刷电机扭力高，结构简单，容易维护，价格相对便宜。目前天窗电机、刮水器电机、后视镜折叠电机、后视镜镜面调节电机、前照灯升降电机和主动尾翼电机等都采用的是直流有刷电机，尽管这些电机的转矩、转速和控制策略有所不同，但它们的原理都是相同的。在简单的工作环境下，电机可以通过设计机械结构限位使电机堵转，检测到电流瞬间提高后停止供电，从而控制电机的停止位置。在稍复杂的工作环境下，电机控制器通常会使用霍尔传感器与电流检测并用的手段，通过检测电机的位置与工作电流判断电机的实时位置与堵转情况，来控制电机的启停。

以主动尾翼电机为例，尾翼控制器接收来自上位控制器的 LIN 信号，以接收并处理尾翼开闭的指令、车速、驾驶模式、电源模式等相关信号，同时反馈电机的电压（过电压）、电流（过电流）、温度（高温保护）、堵转（异物卡滞或人员防夹）信号。当接收到尾翼打开指令时，尾翼控制模块向尾翼电机正向供电，电机转动，同时不断检测电机电流大小与霍尔信号的反馈。当电机电流大于堵转电流时，不再向电机供电，电机停止转动；当霍尔信号反馈电机转到设定位置时，电机停止转动。当接收到尾翼关闭指令时，与上面逻辑相似，只是尾翼控制模块通过反向供电实现电机反转。

（2）直流无刷电机

直流无刷电机具有低噪声、超长寿命、高可靠性、无级变频调速等优点。在控制方面与直流有刷电机相似。

在智能交互内外饰中，主动进气格栅通常会使用直流无刷电机，通过直流无刷电机带动格栅气门的旋转，控制进气格栅的打开角度，控制方式与直流有刷电机相似。主动进气格栅对行车的影响如图4-20所示。当主动进气格栅关闭时，行车空气阻力降低，可以提高燃油的经济性；当主动进气格栅打开时，进入的空气可以迅速降低前舱温度，达到良好的散热效果。

（3）步进电机

步进电机是将电脉冲信号转变为角位移或线位移的开环控制电机，其结构简单、可靠性高、价格低廉、应用广泛。步进电机由直流电流供电，将电脉冲信号转变为角位移，一般步进电机的精度为步进角的3%~5%，且不累积。

图4-20 主动进气格栅的关闭状态与打开状态

为了提升智能座舱的美观与科技感，许多高端车型会采用仪表板隐藏式出风口设计，如图4-21所示。由于出风口是隐藏的，不能通过手动拨片调节空调出风的方向，所以会在出风口内设置一个步进电机带动出风口内部的叶片旋转。考虑到步进电机具有噪声较小、角度控制精确等特点，在电动出风口的电机设计上已获得广泛的应用。

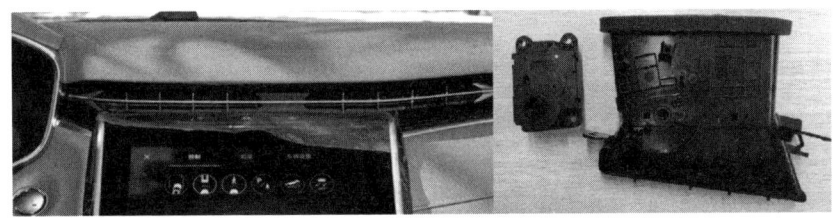

图4-21 电动出风口

2. 灯光类执行器

灯光类执行器泛指一切可以发光的元件，是汽车的一个重要部件。按其作用大致分为三种：

1）视野照明灯光，如远近光灯、车内顶灯、阅读灯等。此类灯光关系到驾驶安全，可以使驾驶人在黑暗的环境下获得照明，更容易发现行人、障碍物、车内物品等。

2）信号灯光，如转向灯、倒车灯、制动灯、位置灯等，此类灯光同样关系到驾驶安全，使对向驾驶人或行人更容易发现本车意图。

3）娱乐灯光，如仪表板氛围灯、门饰板氛围灯等。此类灯光主要起到装饰效果，提升用户感知度。目前智能交互内外饰中使用的灯光类执行器主要有卤素灯、氙气灯、LED灯、激光灯、彩色LED灯与ISELED等。

（1）卤素灯

卤素灯是一种传统的电灯，通过对灯丝通电，使炽热的灯丝产生光辐射，从而达到发光的效果。卤素灯内抽真空后会注入溴或碘等气态卤族元素，卤素与钨单质在高温与低温下的可逆反应，避免了灯丝长时间使用后变细断裂，从而延长了灯的使用寿命。

卤素灯硬件需求简单，可以通过电压通断来实现其亮灭，成本低廉，亮度易于调整控制，其驱动电路通常不需要稳压与镇流模块，直接通过蓄电池供电即可。

目前汽车内外饰中，前照灯、尾灯、顶灯、阅读灯、化妆镜灯等都是常用卤素灯的零件，卤素前照灯如图4-22所示。近几年来，随着汽车产业的飞速发展，用户对汽车车灯的光源要求越来越高，卤素灯开始逐渐被其他光源所取代。

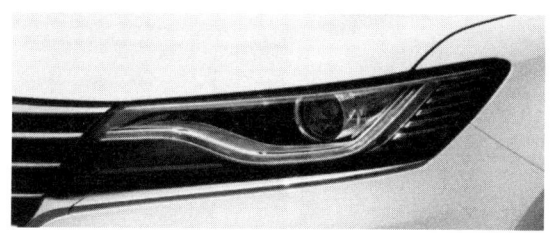

图4-22　卤素前照灯

（2）氙气灯

氙气灯的工作原理：石英玻璃管内充满氙气，由增压器将车载电源电压从12V升至23000V，氙气在超高电压和高频振荡下被电离，在电源两极间气体放电发光。因此使用氙气灯还需搭配合适的镇流器。镇流器的基本电路结构如图4-23所示。镇流器会提供较高的电压，在灯两端产生一个高电压脉冲，使灯管中产生电弧并发出可见光。

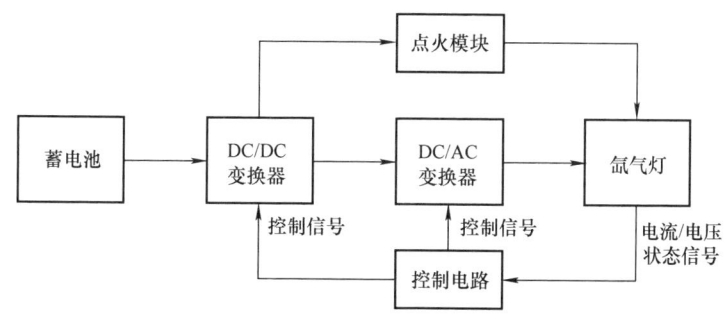

图4-23　氙气灯镇流器的基本电路结构

氙气前照灯外观如图 4-24 所示。其内部结构较复杂,镇流器在使用时具有一定的限制性,启动时间较长,需 2~5s 才达到应有的亮度。氙灯发射光的光谱中,穿透能力最强的黄光组成比例比较低,导致该光源穿透性较差,驾驶人在雨天等恶劣天气中使用时,远处路面的视线会模糊不清。通常配氙气灯的车型需要配置前照灯洗涤装置,以保证良好的光照效果。随着 LED 光源技术的发展,氙气灯在零件成本、生产工艺、发光效果、发光延时等方面已经失去优势,逐步被 LED 灯所取代。

(3) LED 灯

LED (Light Emitting Diode, 发光二极管) 属于一种电致发光半导体电子元件,拥有较高的发光效率,在相同的发光强度下能耗比卤素灯与氙气灯更少,具备良好的抗振、抗冲击性能,工作寿命通常为 6 万~10 万小时,相比于传统的卤素灯与氙灯寿命有明显的优势。LED 前照灯外观如图 4-25 所示。

图 4-24 氙气前照灯外观

图 4-25 LED 前照灯外观

在控制与驱动电路方面,为了保证 LED 的稳定工作,通常会使用恒流控制电路为 LED 供电,以保证 LED 工作电流恒定。常用的简单恒流电路如图 4-26 所示,电路由两只同型三极管和定值电阻组合而成,恒流电流 $I=U_{be}/R_1$。这种恒流源的优点是简单易行,且电流的数值可以自由控制,也没有使用特殊的元件,有利于降低产品的成本。缺点是不同型号三极管的 U_{be} 不是一个固定值,相同型号的不同个体也有一定的差异,因此不适合精密的恒流需求。该恒流电路通常用于智能交互内外饰的顶灯、尾灯、状态指示灯等电流较小的 LED 光源。LED 前照灯由于电流较大,导致电阻的发热严重且不利于电流控制,故通常不能使用恒流控制电路。

为了避免线性恒流电路效率较低、精准度不高且发热量较大的问题,通

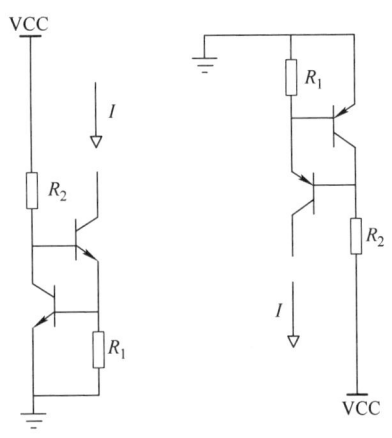

图 4-26 常用简单恒流电路

常在负载功率较大时采用开关电源电路方案。开关电源电路主要由电容、电感、电源、可控开关等组成，电路工作时，通过脉冲宽度调制或脉冲频率调制的方式实现对输出的控制。典型的开关电源电路拓扑结构有 Buck、Boost、Buck-Boost、SEPIC 等。

基于 LED 光源体积小、光效稳定、响应时间短、能耗较低等特点，汽车工程师在灯具设计过程中能够根据不同的造型设计出不同内部结构的灯具，使前照灯、尾灯、阅读灯、氛围灯等有了更多的选择性和创新性，不仅可以满足车辆照明、警示等功能要求，更为车内实现个性化氛围设计提供了更多更自由的解决方案。

（4）激光灯

激光灯中的激光由激光二极管产生，作为车灯家族的新成员，其优势十分突出，具有响应速度快、亮度衰减低、体积较小的优点，能满足人们对前照灯大部分的要求，缺点是在现有的技术条件下量产的成本较高。但随着技术进步和制造水平的提高，激光灯的成本会不断下降。激光前照灯的外形如图 4-27 所示。

图 4-27　激光前照灯的外形

（5）彩色 LED 灯与 ISELED

现今智能交互内饰中使用的彩色 LED 的数量与日俱增，消费者对亮度或色彩调节的精度要求越来越高。传统彩色 LED 灯各批次都需要进行校准，并且在不同温度下需要设定不同的温度补偿算法，对生产效率有着直接的影响。随着动态照明效果的普及以及各类新功能的不断涌现，传统彩色 LED 灯所面临的挑战将越来越大，因此需要更为智能的 LED 灯。

ISELED 联盟是一个成立于 2016 年的开放式联盟，提供支持汽车内部照明的智能彩色 LED 技术，以克服现有车载 LED 照明架构的局限性和校准、通信等众多问题。ISELED 联盟为智能彩色 LED 灯开发了完整的生态系统，包括 RGB LED 模块、LED 控制器和配套软件等。其智能彩色 LED 模块能在一个尺寸为 3mm 的封装中集成 RGB LED、LED 控制器以及通信链路。该发光模块被称为 ISELED，如图 4-28 所示。

图 4-28　ISELED 模块

传统 RGB LED 的控制是通过 CAN-LIN 网关节点，以 LIN 总线控制灯端的子节点。受限于架构和通信速率，每条 LIN 总线上的子节点数最大支持 15 个，并且会有最久 100ms 的延时，在音乐随动等功能方面会有较大的可视延时。如果车内全空间布置的节点较多，则需要多个子 LIN 总线，通过 LIN 网关节点整合管理。而 ISELED 使用高达 2Mbit/s 的差分信号传输，同时可支持的单链节点数高达 4000 个，便于整车布局，同时具备更优的性价比。RGB LED 与 ISELED 方案对比见表 4-2。

表 4-2 RGB LED 与 ISELED 方案对比

氛围灯	RGB LED 方案	ISELED 方案
芯片选型	可选范围较广，无制定 MCU	必须选用 ISELED 制定芯片（如 NXP S32K 系列芯片）
供电系统	12V 供电	5V 供电
信号需求	LIN 信号	Flex 信号
通信速率	19.6 Kbit/s	2 Mbit/s
控制信号	中控大屏 → CAN → 氛围灯控制器 → LIN → LIN 节点 RGB LED	中控大屏 → CAN → 氛围灯控制器 → Flex 信号 ISELED 专属通信形式 → Smart LED 菊式拓扑链
通信延迟	约 100ms	10ms 以内
颜色补偿	LIN 节点芯片可选择集成温度补偿功能	Smart LED 自带有温度补偿功能

3. 加热类执行器

温度是驾乘人员可直接感受到的元素，关系着整车的感知品质。车内整体调温通常以空调为主，局部调温以加热为主。智能交互内外饰系统中最常使用的局部调温有前后风窗加热、外后视镜镜面加热、转向盘加热、座椅加热等。

电阻加热是最简单也是最常用的加热方法，效率几乎可达到 100%。因其可控性和快速升温等特性，电阻加热常应用于前后风窗加热、外后视镜镜面加热、座椅加热、空调加热辅助等。

当前绝大多数车型都具备电热除霜系统，主要集成在前后风窗玻璃和外后视镜等零件上。后风窗玻璃加热丝如图 4-29 所示。电热除霜系统通常由电源、控制开关、热源组成。热源系统通常为电阻丝，电阻丝夹在两层玻璃中间，将电能转换成热能。当玻璃表面或镜面结霜甚至结冰后，驾驶人开启电热除霜系统，电阻

图 4-29 后风窗玻璃加热丝

丝通电后迅速发热,产生的热量传到霜层和玻璃界面,将固结于玻璃表面的霜融化,去除表面雾气。外后视镜镜面加热丝如图 4-30 所示,与玻璃加热不同的是镜面加热丝布置在后视镜镜面的背面。加热装置中的电阻丝消耗电流较大,外后视镜的加热电流通常约为 2~5A,前后风窗玻璃的加热电流约为 15~50 A。电阻丝电阻随温度发生变化,温度升高时电阻增大,温度降低时电阻减小。当温度越低时,电阻越小,功率越大,除霜功能也就越强。

图 4-30　外后视镜镜面加热丝

在冬天较为寒冷的地区,发动机起动后升温较慢。为了提高空调加热的速率,有些车辆会在空调风道中布置加热丝加热风道,使出风的温度提升,达到辅助加热的功能。

第四节　智能交互内外饰电气架构发展趋势

智能交互内外饰发展至今,功能越来越丰富,涵盖的零部件也越来越多。为了实现多维度的功能联动,内外饰零部件将朝着更加智能的方向发展。未来的电气架构将会朝着集成化、智能化、功能多样化的方向发展。

从开发设计角度来看,汽车"新四化"理念不断深入人心,用户对汽车的认知从"传统交通工具"向"移动第三空间"慢慢转变,智能交互内外饰电气架构正是构建"移动第三空间"的设计框架。随着 VR、AR、5G、AI、云计算等技术在车载端的不断推进,车规级芯片算力的不断提高,车载操作系统的不断迭代,人车交互模式也日新月异。网络化、智慧化正是今后交互服务系统的发展方向,高质量的智能交互解决方案将是提升用户体验与整车品质的重中之重。

从技术发展角度来看:

1)在通信方面,CAN 总线与 LIN 总线的带宽与可靠性已经可以满足目前的需求,而车载以太网也为未来的无人驾驶或远程驾驶等高数据传输速率场景提供了可能。

2)在信号输出方面,目前也有多种硬件方式可选,成本也相对合适。

3)在执行器执行方面,更智能、更静音、更可靠、更低能耗将是未来持续改进的方向。其中智能化将涵盖智能交互内外饰的部分零件,如自适应前照灯、随心氛围灯、自适应座椅、全自动空调、智能主被动安全等。其控制除了传统的人车交互输入外，应用场景联动将会是为消费者带来更智能的用户体验。

4）在信号输入方面，信号输入的发展将是未来智能交互功能发展的最重要环节，依托人工智能技术，引入意图识别、语义理解、对话判断等智能手段，融合场景化设计，将是未来智能交互内外饰电气架构的主流趋势与最好契机。

智能交互内外饰，未来可期。

第五章 智能交互照明技术

第一节 汽车照明概述

一、汽车照明系统概述

汽车照明系统是指给汽车提供照明和光信号的系统。提供照明,即在车辆行驶过程中照亮前行道路、路标、行人、其他车辆及障碍物;提供光信号,即为驾驶人或行人提供车辆存在和行驶状态的预警信号。该系统对汽车日常行驶安全尤其是夜间行驶安全有着极为重要的意义。

汽车照明系统可分为外部照明系统和内部照明系统。外部照明系统主要包含前组合灯、后组合灯、前雾灯、后雾灯、侧转向灯、后牌照灯、高位制动灯、回复反射器等,在整车中的功能布局如图5-1所示。本章主要介绍外部照明系统。

图5-1 汽车外部照明系统功能布局示意图

汽车照明系统集功能和外观造型于一体,是整车的重要组成部分,是识别整车品牌的重要特征。汽车照明系统涉及光学、电学、热学、机械学等多个学科。随着技术和审美的不断发展,汽车照明系统被赋予了越来越多的功能,如通过智能交互式灯光来提高整车照明性能和行车安全,通过创新的车灯外观设计引领新一代整车设计趋势。

二、面向智能交互的照明技术

从汽车诞生至今，得益于汽车照明光源和智能灯光控制技术的快速发展，汽车照明系统已经发生了巨大的变化。从最初的煤油灯到白炽灯，从卤素灯到氙气灯，再从 LED 灯到最新的激光灯；从最开始单一的照明功能到现在融合驾驶辅助、动态迎宾、美化品牌特征等多种功能，照明系统已逐渐成为车辆智能交互功能的重要载体，在提升照明环境质量的同时实现了人与车、车与车、人与人之间高效的信息交互。未来，智能交互照明技术必然是车辆照明系统走向环境友好和可持续发展的重要方向。

1. 汽车照明光源技术发展

光源是汽车照明系统最重要的组成部分，光源的发展很大程度上决定了汽车照明系统的发展。从 1898 年车灯诞生至今，按照光源技术进行划分，汽车照明的发展史可以分为四个阶段。表 5-1 记载了汽车照明发展史上的重大事件。

表 5-1 汽车照明发展大事件

时间	汽车照明发展大事记	主流光源
1898 年	首个汽车电灯诞生	煤油灯、乙炔灯
1906 年	首次使用蓄电池供电的电灯诞生	
1909 年	首次把乙炔灯作为变光装置	
1913 年	带螺旋灯丝的充气白炽灯问世	
1924 年	欧洲科学家欧司朗发明双光灯芯前照灯	
1925 年	车用白炽灯开始逐渐替代乙炔灯	
1959 年	卤钨灯试制成功，开始应用于汽车车灯	白炽灯、卤素灯
1960 年	海拉率先推出卤素车灯	
1985 年	开始进入 LED 车灯时代，以信号灯为主	
1990 年	氙气灯进行实车试验，开始被大量使用	氙气灯（LED 萌芽期）
1990 年	美国 HP 公司和日本东芝公司成功开发出 InGaAIP/GaAs 红色、黄色超高亮度 LED	
1992 年	奥迪在制动灯和尾灯上引入 LED 光源	
2000 年	近光/远光前照灯都开始使用气体放电灯	
2006 年	意大利玛涅蒂马瑞利发布 AFS 前照灯	
2007 年	日本丰田公司推出全球首个配备 LED 近光前照灯的车型	

（续）

时间	汽车照明发展大事记	主流光源
2008 年	德国奥迪 R8 是全球首个采用远近光全 LED 前照灯的车型，同时 R8 概念车使用了 OLED 尾灯	LED 灯、激光灯、OLED 尾灯、Micro LED 尾灯
2011 年	欧盟委员会批准将 LED 作为照明车灯在汽车上使用	
2011 年	德国宝马 i8 概念车配置了激光前照灯，并于 2014 年量产	
2015 年	宝马发布首款 OLED 量产尾灯 M4 GTS	
2017 年	欧司朗发布首款 μAFS 光源 -EVIYOS	
2017 年	艾比森提出基于 IMD 集成封装的 Mini LED 概念	
2019 年	奥迪发布 TRAIL quattro 概念车，配置飞行器照明	
2019 年	全球第一款奔驰迈巴赫 DLP 灯上市	
2020 年	三星推出 53.7in（1in=0.0254m）的 Micro LED 尾灯	

1）早期的第一代车灯主要以当时马车所使用的煤油灯为主，后来乙炔灯凭借其亮度优势逐渐走上舞台。

2）1925 年，第二代光源白炽灯逐渐应用到汽车上，随后德国制造商海拉尝试在白炽灯中充入卤族元素或卤化物，制造出卤素灯，提高了车灯的使用寿命，减小了车灯系统的尺寸，被使用至今。

3）1991 年，宝马 7 系率先使用了第三代光源氙气灯，极大提升了车灯的照明亮度。

4）1992 年，奥迪在制动灯和尾灯上率先引入 LED 光源，直到 2008 年奥迪推出第一款全部使用 LED 光源的车型 R8，标志着第四代光源 LED 时代的来临。

LED 作为汽车照明第四代光源，与其他光源相比，除了具有寿命长、响应快、光效高、节能环保等诸多优点外，还因其体积小易造型，便于车灯的灵活设计，特别是 LED 模块可操控性强，有助于实现照明系统的智能交互控制，因此迅速得到各大主机厂的青睐。进入 LED 时代后，汽车照明系统得到了快速发展，逐渐呈现出多元化和复杂化的发展趋势，同时随着 OLED、Mini LED、Micro LED、激光照明等技术的出现，更是让人们看到了未来汽车照明更多的可能性。

2. 智能灯光控制技术发展

智能灯光控制技术是随计算机、传感器、通信与自动控制技术而发展起来的综合技术，集多种控制方式、现代数字控制技术、网络技术、照明技术于一体，借助各种不同的"预设置"控制方式和控制元件，对不同时间或不同环境的光亮度进行精确设置和合理管理，既满足了多样性的照明需求，又可实现酷炫的动态点灯效果。目前，应用较为广泛的智能灯光控制技术有流水转向、动态迎宾、音乐随动、语音联动等。

智能灯光控制技术最关键的部件是内部控制系统。通过该系统对各光源的点亮时间和点亮方式进行控制，从而形成时间和空间上不同节奏的动态灯光效果。目前较常见的动态灯光效果有流水和呼吸，其最早应用在工业广告牌、指示牌等产品上，后逐渐应用于汽车照明系统中。最早出现的汽车照明产品是 2012 年奥迪在其 R8 车型上配备的流水转向灯。该产品既具备了基本转向提示的功能，又通过动态流水显示效果提升了整车的品质感。

奥迪流水转向灯示意图如图 5-2 所示。

图 5-2 奥迪流水转向灯示意图

随后，奥迪又推出了动态迎宾灯。动态迎宾灯是将前组合灯中各功能的动态灯光效果进行有序的排列组合，实现有节奏、酷炫的动态点亮效果。早期动态迎宾的效果主要是简单的单功能流水或多次点亮，随着技术进步，各主机厂推出了集成更多功能的动态迎宾灯。例如上汽荣威 RX5 MAX，车辆在接收到解锁信号的同时发送信号给车灯，车灯内部控制器在接收到信号后进行判断，确认是否需要进行动态迎宾，确认后会通过内部执行器按照设定好的程序对各功能进行控制点亮。图 5-3 所示为尾灯动态迎宾效果示意图。

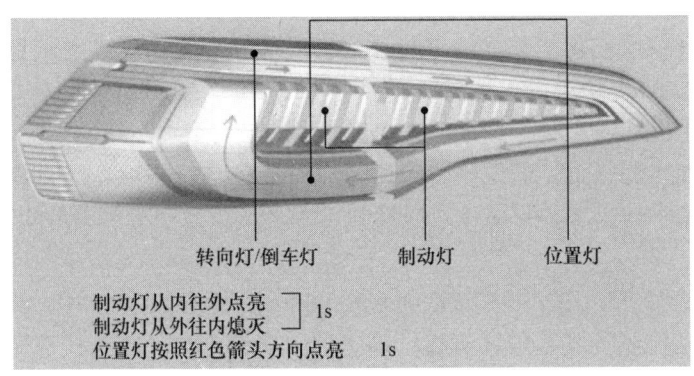

图 5-3 上汽荣威 RX5 MAX 尾灯动态迎宾效果示意图

灯光动态迎宾效果的出现，大大提升了整车的外观和品质感。该技术除了应用于传统灯具外，还有逐步向外饰件拓展的趋势，从空间上延伸了智能交互照明技术的应用领域，如图 5-4 所示。这种具有动态发光效果的外饰件，因不具备照明和信号的功能，通常统称为外部氛围灯。

图 5-4　动态迎宾效果在外饰零件上的应用

在 2017 年法兰克福车展上，奔驰发布了一款概念车 EQA，如图 5-5 所示。EQA 通过外部氛围灯动态多变的发光效果展示了不同的前脸造型，极大地提升了整车的科技感与视觉冲击力，也让我们看到了未来动态交互迎宾的无限潜力。

图 5-5　奔驰概念车 EQA

外部氛围灯动态发光效果的实现形式很多，比较成熟的方案是装饰技术与光源控制技术的融合。这里的装饰技术涵盖了 IMD（模内转印技术）或 IML（模内镶件注塑）、PVD（物理气相沉积）等工艺。通过装饰技术的应用能实现外饰件在静态外观和动态点亮时呈现出截然不同的外观效果，而 LED 光源控制技术的应用使外部氛围灯的点亮形式呈现多样化。一方面，外部氛围灯可参与整车迎宾欢送等交互环节，通过多个发光单元联控方案实现点亮模式的定制化；另一方面，外部氛围灯可有效提升信息交互承载量的维度，比如通过传递充电量、天气、车辆状态等信息，实现车与人、车与车之间的信息互动。

智能灯光控制技术除了上述应用外，在自适应照明和灯光投影显示技术上也发挥了重要作用。未来，汽车必然朝着智能化、交互化方向不断衍变。随着科学技术的不断进步，越来越多的技术难题将被攻克，并逐渐应用到汽车照明系统中，下文将从自适应照明技术、灯光投影技术、灯光显示技术和颠覆科技四个方面展开阐述。

第二节　自适应照明技术

随着人们对车辆灯光性能要求的不断提高，传统的远光和近光照明技术已经不能够满足人们对用车安全和舒适性的要求。自适应照明技术能够根据车辆所处道路类型、车速工况、天气条件等因素自动为驾驶人提供不同特性的光束。该光束能提供更良好的照明效果，同时不会对道路其他使用者带来眩目的问题。自适应照明技术根据光源控制的差异主要分为两大类：自适应近光系统（Adaptive Front-lighting System，AFS）和自适应远光系统（Adaptive Driving Beam，ADB）。

一、自适应近光技术

1. 技术背景

在实际应用中，汽车照明系统的性能可能会受到不同道路环境的影响，如城市道路、高速路、乡间道路以及天气情况等。传统的照明系统无法根据不同环境进行调整，在某些工况下其照明效果会大打折扣，对车辆行驶安全造成一定影响。为实现汽车照明的环境自调节功能，AFS应运而生。

2. 技术原理

AFS技术能够根据不同的行驶环境提供具有不同特征的光束，即具有环境适应性，以保证近光性能的最优化。与当前普遍配置的近光高度自动调节功能不同，近光高度自动调节是根据车身俯仰状态进行灯光调节的，而AFS则根据道路环境进行灯光调节。AFS技术目前共经历了两代发展：

1）第一代AFS技术仅具有左右调节照明功能，即根据车辆转向盘的旋转角度实现前照灯照射方向的左右旋转，增强弯道照明效果，提高驾驶人在弯道行驶时的安全性。如图5-6a所示，车辆在不同行驶速度下，具有不同的俯仰角度，近光高度调节能够根据车身俯仰角度自动调节前照灯高度以达到更好的照明效果。如图5-6b所示，车辆在向右转弯时，前照灯照射方向向右旋转，能够看见盲区中的行人、路况等道路特征，增加安全性。

第五章　智能交互照明技术

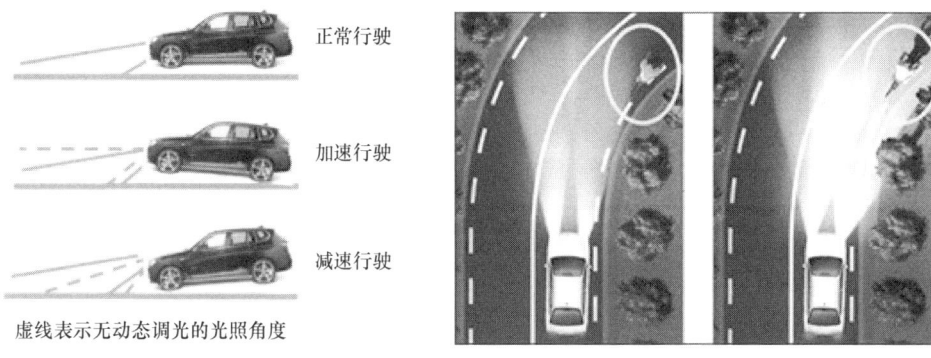

a) 近光高度自动调节功能　　　　　　　　b) 第一代AFS技术

图 5-6　高度自动调节与第一代 AFS 技术

2）第二代 AFS 又称为全功能 AFS，与第一代相比，可通过整车摄像头系统识别周边路况，从而根据实时路况来自动调整光束状态。目前光束状态分为普通照明模式（C 级）、城镇照明模式（V 级）、高速照明模式（E 级）和恶劣天气照明模式（W 级），如图 5-7 所示。第二代 AFS 可实现以上不同模式之间的自动切换，且不会对驾驶人和道路其他使用者造成眩目。

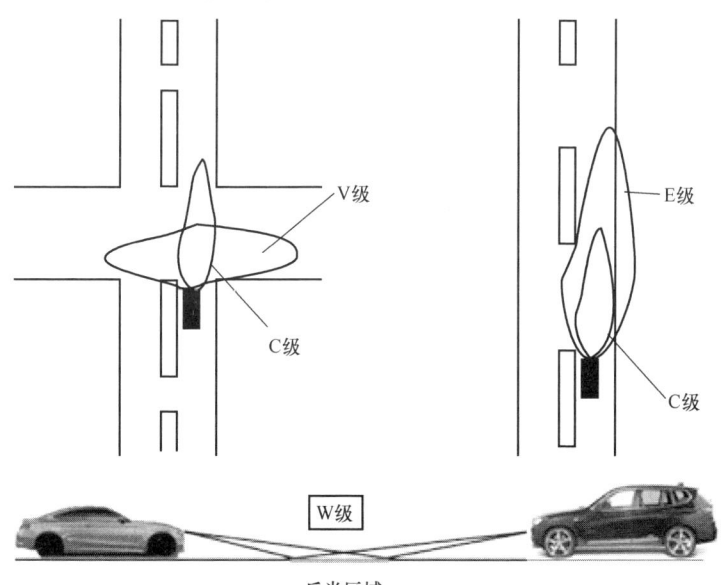

图 5-7　AFS 照明模式示意图

第二代 AFS 主要由传感器组、处理器以及执行机构组成，如图 5-8 所示。为实现不同的功能，AFS 需从各种不同的传感器上获取该车全方位的行驶信息。除了车速、车身转角和车身倾斜角等少数信息可以定量外，其他大部分信息只能做到定性的程度，如路面平行与否、雨量大小等较为模糊的环境信息，因此需要 AFS 中央处理器对采集到的信息进行处理与判断，并传达给执行机构。执行机构是由一系列电机和光学机构组成，通常包括投射式前照灯、灯光高度调节电机、旋转电机、可移动光源等，此外还有一些附加灯，如用来弯道照明补光的角灯。

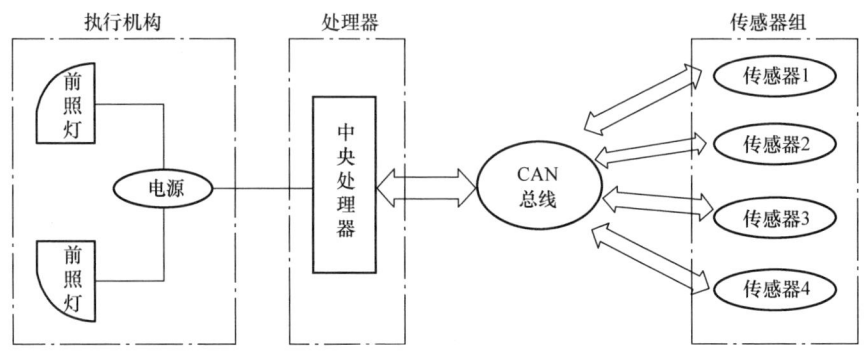

图 5-8　AFS 原理图

3. 技术应用

AFS 可应用于城镇照明、高速照明、恶劣天气照明以及弯道照明等复杂路况的照明，不同场景下具有不同的照明效果。

考虑到车辆市区行驶速度受限且城市道路复杂，该路况下 AFS 采用的光型比基础近光更宽，如图 5-9a 所示，这样可以增强驾驶人两侧的视野，提高城镇行驶的安全性。当车辆在城市道路中行驶且车速小于 60km/h 时，AFS 便会自动切换成城镇照明。

当车辆高速行驶时，需要有比基础近光照射更远的光束，如图 5-9b 所示，这样可以保证驾驶人具有更远的视野，使其在面对突发状况时有更多的反应时间，从而减少事故发生率。当车辆行驶在高速路上且速度超过 80km/h 时，AFS 便会自动切换成高速模式。

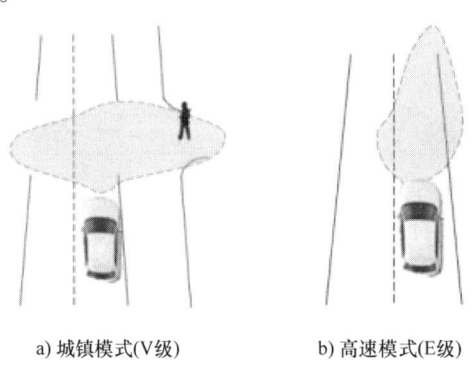

a) 城镇模式(V级)　　　b) 高速模式(E级)

图 5-9　不同场景模式下的光型变化

当遇到雨雪等恶劣天气时，照射到路面积水上的灯光会反光到其他道路使用者的眼睛里，引起眩目，给车辆行驶带来一定的安全隐患。恶劣照明模式能将经过反射后对来向车辆眩目的光线进行遮挡，以保证驾驶人视野正常。当前雾灯（若有）处于关闭状态时，通过车身传感器或自动刮水器的雨量传感器判断是否进入潮湿状态，确认后将自动切换成恶劣天气照明模式。

当车辆转弯时，弯道内侧大面积的视野盲区存在极大的安全隐患。在弯道照明模式下，前照灯光束能够自动转向弯道内侧，以提高安全性。

二、自适应远光技术

1. 技术背景

远光照明常被误用，给道路使用者带来眩目等光污染问题，而 ADB 技术能比较好地解决该问题。该技术可实现在车辆行驶时，若前方一定距离内无其他车辆或行人，则远光灯会按照原始设计状态照射出最大范围的光束，给予道路最充分的照明；但如果车辆传感器检测到车辆前方一定距离内出现车辆或行人时，远光灯会自动将照射到前方车辆或行人区域的光束熄灭，避免给道路使用者造成灯光眩目感，以提升其安全性和舒适性。

ADB 技术的发展随着远光光束控制精度的提升，先后实现了智能远近光切换系统（Intelligence High-beam Control，IHC）、机械动态前照灯系统（Mechanical Dynamic Front-lighting，MDF）和 LED 矩阵光束系统（Matrix ADB）。各系统光束控制示意如图 5-10 所示。

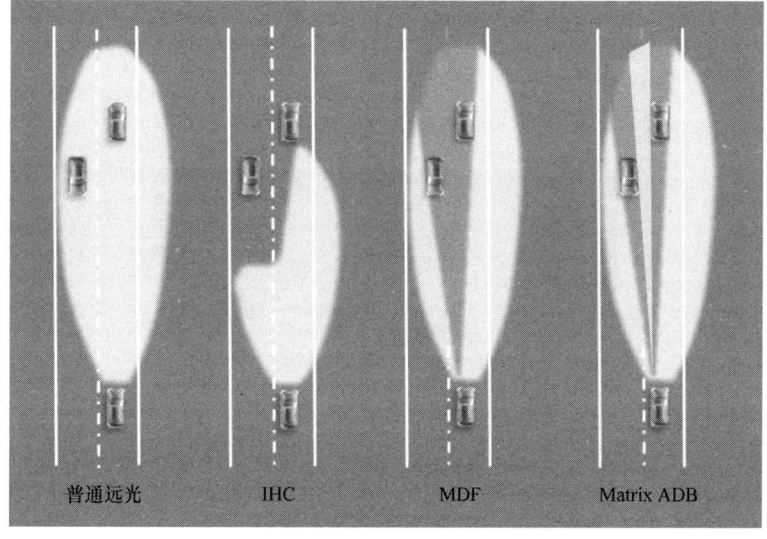

图 5-10　自适应远光不同模式

2. 技术原理

（1）光学原理

IHC 技术与普通远光技术的光学原理基本一致，灯具本身的结构也并无差异，二者的主要区别体现在整车对远光功能开闭的控制逻辑上。

MDF 技术通常是在光学模组中增加一个机械可移动的遮光板。该遮光板通过电机驱动，形成可移动或旋转的遮光机构，通过遮挡部分远光光束以避免造成道路使用者眩目。该技术采用简易的机械结构实现遮光功能，如图 5-11 所示，虽然成本较优，但只能实现纵向单排光束的遮挡，光束分辨率较低。

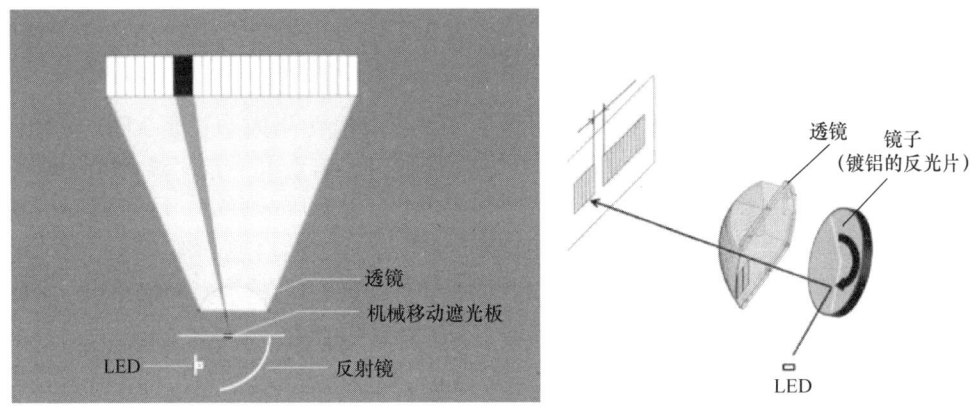

图 5-11　MDF 光学原理

Matrix ADB 通常采用矩阵式 LED 光源排布，通过接收车辆上的传感器信号（如视频信号和雷达信号）判断道路使用者的位置和距离，进而通过控制矩阵中任意 LED 的亮灭来实现光束的精准控制，避免对道路使用者产生眩目，也为驾驶人增大照明范围，提高夜间驾驶的安全性。普通远光与矩阵 ADB 技术的原理及路面效果对比如图 5-12 所示。

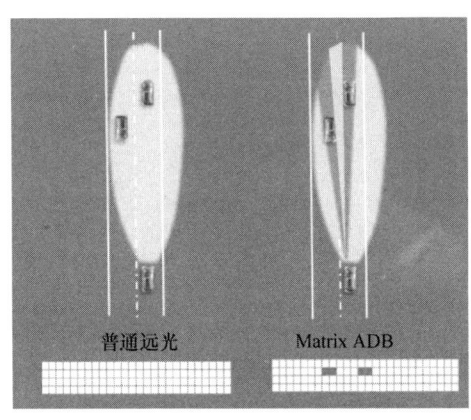

图 5-12　普通远光与矩阵 ADB 技术的原理及路面效果对比

（2）控制原理

IHC 技术利用整车摄像头侦测前方车辆和行人，在一定车速的工况下，若未检测到前方车辆或行人，则自动开启远光；当前方出现车辆或行人时，将远光切换为近光，避免给其他道路使用者造成眩目；当再次探测到前方道路无车辆或行人时，近光灯又自动切换回远光，既解决了眩目问题，又可提供充足的照明效果。该控制方式比较简单，但远光利用效率较低。

MDF 和 Matrix ADB 系统作为智能交互照明技术，其控制逻辑及算法无疑是最为核心的技术。控制逻辑的设计一方面取决于各个主机厂电气架构，另一方面要充分考虑灯光操作系统设计的简洁性和便利性。MDF 和 Matrix ADB 通过车载计算机处理道路使用者位置信号来动态调整远光光束，但计算机如何处理位置信号则需要结合自适应远光的实际使用环境进行大量的标定与调试等验证工作，才能最终设定一整套合理的算法。图 5-13 所示是一种较为常规的控制逻辑图，随着整车智能化的发展，该控制逻辑还将不断地迭代更新。

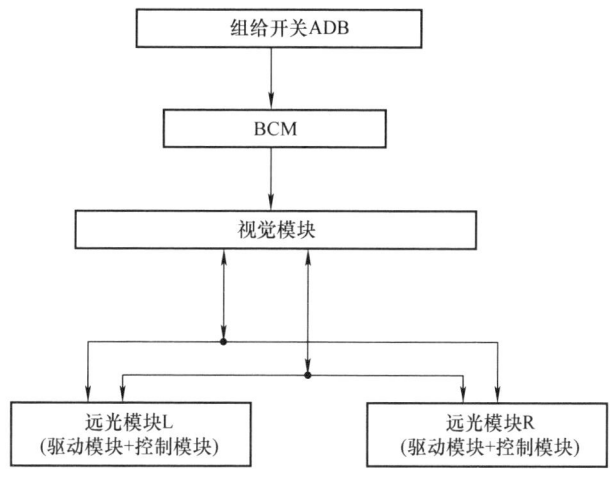

图 5-13　MDF 和 Matrix ADB 技术灯光控制逻辑图

3. 技术应用

IHC 技术已经广泛应用于配置有辅助驾驶系统的车型上，但它仅作为一项附加功能，并未对灯具本身的性能做任何的升级。因此，在实际使用过程中，由于频繁开关远光灯，降低了用户的驾驶体验。

上汽大众某款车型采用了 MDF 自适应远光技术，该技术通过视觉模块信号来控制灯内电机驱动旋转遮光机构，从而实现远光的防眩目功能。图 5-14 所示为其挡光机构在不同的遮光角度下，呈现出的不同的光学效果。

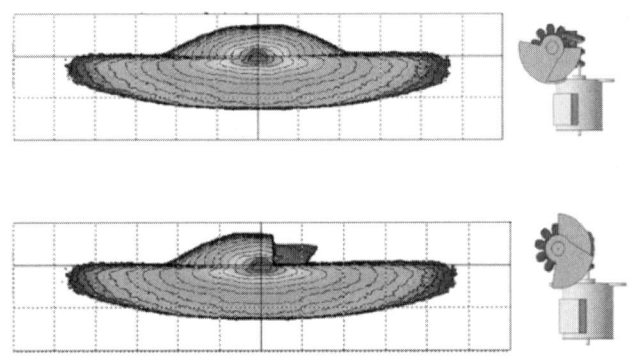

图 5-14　MDF 光型图

另外,该技术根据实车使用路况可分为会车模式和跟车模式。在不同的模式下其遮光角度会有明显的不同,而且在不同的会车距离或跟车距离下,还可调整遮光的宽度,提高光束的控制精度,进而提升照明效果。

我国自主品牌第一款量产应用 Matrix ADB 技术的车型是上汽荣威 e950,如图 5-15 所示。其矩阵 ADB 前照灯的 6 个反射单元排列成一个远光照明组件,每一个反射单元对应 5 颗 LED,左右两个灯有 12 个反射单元共 60 颗 LED,其中每颗 LED 可以独立点亮、关闭或者变暗,相互配合在一起,组成对前方区域动态照明的高分辨率矩阵远光。驾驶人可以始终开启远光,在获得最佳夜间照明的情况下,也不会造成其他道路使用者眩目,避免出现危险的驾驶情况,实现了安全舒适的夜间驾驶照明环境。

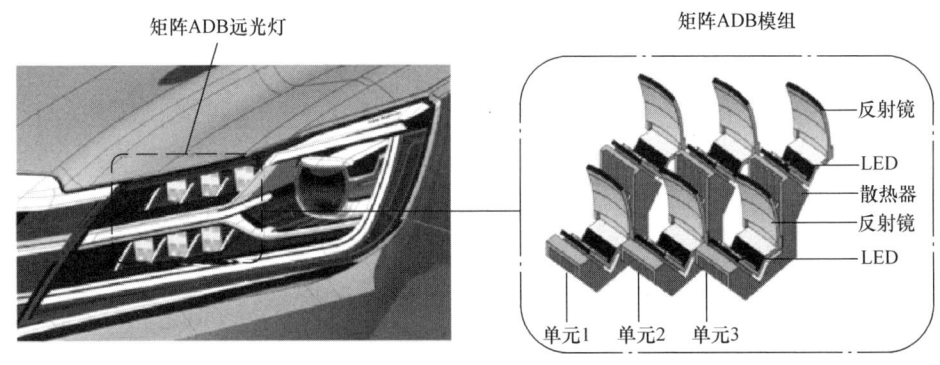

图 5-15　Matrix ADB 模块

该高分辨率的矩阵模组可在 ±14° 的远光照明宽度范围内,提供连续柔和可变化的遮蔽范围,光型的分辨率可达 0.5°。不同遮蔽角度及精度的配光效果如图 5-16 所示。

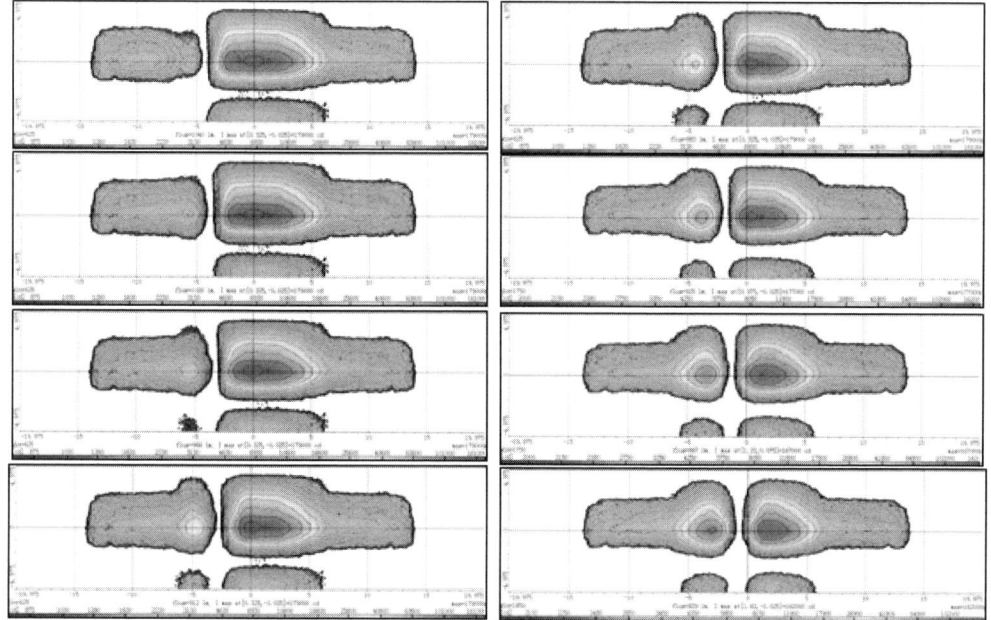

图 5-16　Matrix ADB 光型图

除了上述反射式 Matrix ADB 的应用，透镜式 Matrix ADB 的应用也越来越广泛。透镜式 Matrix ADB 一般有 8、11、16、24、64、84 等像素级别的应用，通常 24 像素的精度水平就可以达到较好的路面照明效果。如果想进一步提高像素精度，则需要综合考虑成本影响。

表 5-2 从光束控制精度、系统复杂度、客户感知、成本四个方面对比了各类自适应远光技术的一些优缺点。虽然 Matrix ADB 拥有良好的客户感知，但当前的成本仍然较高。不过随着电子技术的高速发展，成本有望进一步下降，这将有利于 Matrix ADB 的普及。

表 5-2　自适应远光技术对比

自适应远光类型	普通远光	IHC	MDF	Matrix ADB
光束控制精度	无	无	较差	高
系统复杂度	简单	简单	一般	非常高
客户感知	较差	较差	一般	良好
成本	低	低	中	高

自适应照明技术在欧洲的商业化应用较广泛，尤以 Matrix ADB 技术占据欧洲高端车型市场的主流。国内各大车灯厂也在储备和发展 ADB 技术，目前市场

应用主要集中在高端车型，总体应用量不大。国内 ADB 技术未大规模应用，除了技术能力欠缺及成本高昂外，更主要的因素是国内城市道路的路灯安装率较高，ADB 技术在照明良好的道路上，无法有效发挥其功能特点。

第三节　灯光投影技术

传统的灯光交互技术，如 AFS、ADB 等，普遍采用常规机械式设计与传统 LED 光源技术来实现灯光的动态控制。受限于整灯光学系统的安装空间，ADB 一般也仅能实现不超过 100 个像素的分区灯光控制，虽然可以支持智能灯光控制，但是无法实现车与车、人与车之间驾驶信息的有效传递。得益于微机电系统（Micro-Electro-Mechanical Systems，MEMS）和新光源技术的快速发展，新兴的灯光投影技术为该问题提供了较好的解决方案。当前主流的投影技术有数字光处理投影技术、可寻址像素矩阵式 LED 技术和激光扫描式投影技术。

一、数字光处理投影技术

1. 技术背景

数字光处理（Digital Light Processing，DLP）投影技术是 MEMS 技术的一种重要应用，其最早应用于消费与工业类领域。20 世纪 90 年代，液晶投影是投影机的主要解决方案，在家庭、影院投影等场景中得到了广泛的应用，但是因为液晶投影的技术瓶颈，其投影的亮度和对比度都很难进一步突破。基于这个背景，DLP 投影技术凭借其高亮度、高对比度的优势，逐渐成为投影领域的主流技术，目前商用投影仪、家用投影电视大多采用该技术。

DLP 投影技术的核心是数字微镜元件（Digital Micromirror Device，DMD），是美国德州仪器开发的一款芯片产品，随着车规级 DMD 芯片的技术成熟，DLP 投影技术应用到车灯领域也就成为可能。

2. 技术原理

DLP 系统包括三部分：DLP 整车电控系统、DMD 芯片和 DLP 光机系统。其系统原理是整车通过先进驾驶辅助系统（Advanced Driver Assistant System，ADAS）对外界的信息进行收集和处理，将需要与外界传递的图案信息进行光数字转化，进而控制 DMD 芯片不同微镜区域的亮灭转换，最后通过 DLP 光机系统投射出特定的图形。

基于 DLP 高亮度、高对比度的优势，该投影方式既能满足投影图案的清晰度要求，也能实现路面的有效照明。

（1）DLP整车电控系统工作原理

DLP系统为实现与周边驾驶信息的高效智能交互，需要依托于整车的ADAS，通过ADAS摄像头及时捕捉周边信息并将其准确地传递至整车的DLP控制器，或通过整车控制系统将需要投影的信息传递至DLP控制器。DLP控制器需要对图像、视频、文字等信息进行实时解析，转化为光数字信号后传递至DLP灯内部控制器，进而控制DMD芯片不同微镜区域的亮灭变换，最终实现路面图形的准确投影，如图5-17所示。

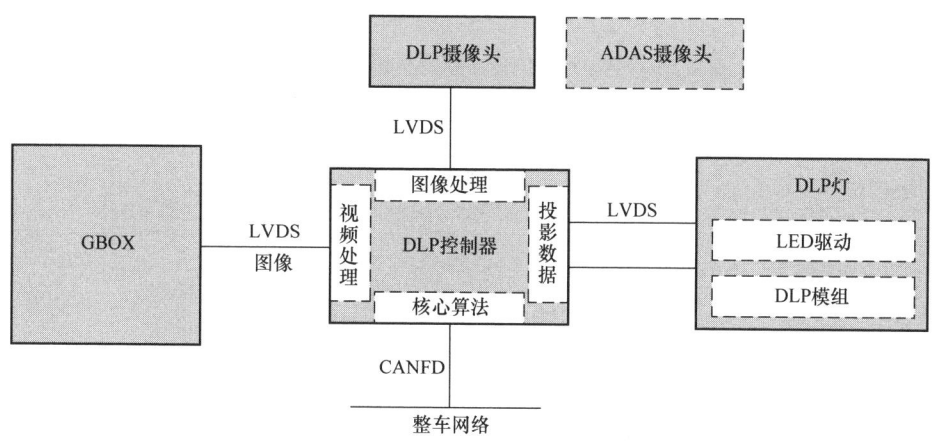

图5-17 DLP整车电控系统原理示意图

（2）DMD芯片工作原理

DMD芯片是由百万个微小矩阵镜子构成的。这些"小镜子"集成布置在指甲盖大小的芯片上，且每个小镜子可以独立实现高频度翻转（偏转角 ±12°）。当镜片呈 +12° 倾斜时，光线被反射出镜头，从而照亮路面；当镜片呈 −12° 倾斜时，光线被吸收，对应区域投射出的图案为黑色。每一个独立的小镜子代表一个像素，最终投影的图像就由这些像素构成，如图5-18所示。通过DMD芯片投影的图形，其像素可达百万级，图像平滑流畅，有较高的清晰度、亮度和对比度。

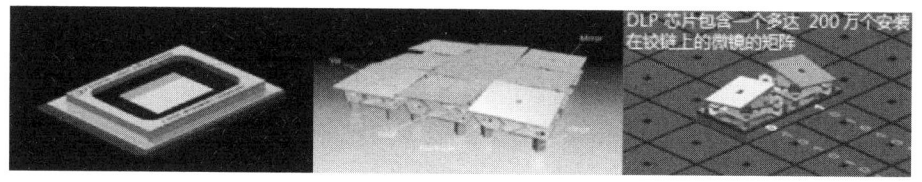

图5-18 DMD芯片构成原理示意图

（3）DLP光机系统工作原理

DLP光机系统是保证图形投射质量的关键，其系统工作原理是，LED或激光发出的光线经过聚光透镜模组汇聚，入射到反射镜平面进而改变光路方向，经聚光透镜二次汇聚，光线直射到DMD芯片；DMD芯片根据独立控制单元，控制不同区域入射光线的反射角度；反射出来的光线经过成像光学透镜模组最终投射出来，形成特定的光学图案。

该光机系统包括照明光学系统和成像光学系统，如图 5-19 所示，部件 1~6 构成照明光学系统，将光源发出的光线有效地照射到 DMD 芯片上进行反射；部件 7~10 构成成像光学系统，收集 DMD 芯片的出射光，消除像差、色差，滤掉杂散光，投影至屏幕或者路面，从而保证图像的清晰度和对比度。

为保证路面投影图案的图像质量，DLP 光机系统相对比较复杂，导致整个系统的光效较低，目前仅约为 30%。为保证路面投影图案有较好的亮度，需要尽量提升光源的性能，因此该技术一般会选择单颗超 30W 的 LED 光源，或者选择能量密度更高的激光光源来实现。

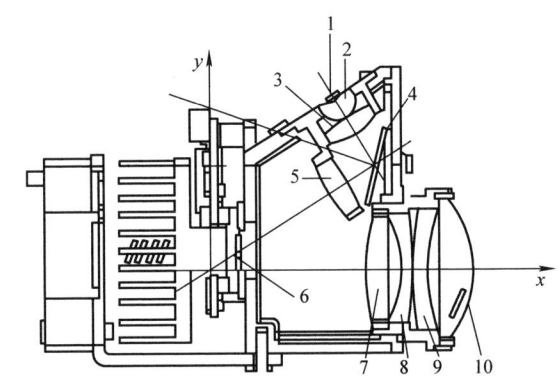

图 5-19　DLP 光机系统原理示意图

1—光源（LED/激光）　2——次聚光透镜　3—二次聚光透镜　4—反射镜
5—三次聚光透镜　6—DMD 芯片　7~10—成像光学透镜

二、可寻址像素矩阵式 LED 技术

1. 技术背景

在传统的 LED 封装工艺里，每个芯片只有单个正极和单个负极，当外部驱动供电后，整个芯片点亮；多芯片 LED 也仅仅是整合了很多个独立的 LED 芯片到同一个封装内，始终无法单独地控制每一个芯片独立点亮。

可寻址像素矩阵式 LED 技术（简称 μAFS）是针对多像素智能灯系统开发的一种 LED 技术。该技术通过在 LED 芯片层面直接形成多个独立正负极的可控像素，从而实现控制光型的目标。

目前已经面世的首款 μAFS——欧司朗 EVIYOS，单颗芯片为 1024 像素，通过对 1024 个独立像素的控制，实现照明灯光型、路面投影的多种变化；正在开发中的欧司朗二代 EVIYOS，单颗芯片将达到 25600 像素，可以实现像素更高且照射范围更为宽广的照明效果。

2. 技术原理

μAFS 通过预先在 LED 芯片的底层电路中整合矩阵式 CMOS 控制电路，结合矩阵式微结构处理，控制芯片上每一个微结构区域的独立开关及电流调节，直接让这些微结构成为照明灯光型中可独立控制的像素，如图 5-20 所示。

图 5-20　μAFS 原理示意图

μAFS 不需要增加额外的像素形成系统，因此具有较低的系统成本、较小的系统体积和更高的光效。此外，μAFS 由单颗朗伯体发光，与 LED 光型较为接近，其光型延展性、明暗对比度也相对较好。

μAFS 与 DLP 技术相比，其像素级别在千级，较 DLP 百万级像素差距较大，整个系统的对比度及可实现的光型变化相对较少。但 μAFS 整体的系统成本较低，在中高端车型中仍具有较大的潜力。

三、激光扫描式投影技术

1. 技术背景

激光扫描式投影技术在消费机械工业领域已经开始应用，并有拓展到汽车智能照明灯系统的可能性，目前已有厂家提出相关概念并进行可行性研究。

2. 技术原理

激光扫描式投影技术的基本原理是将固定方向的激光光束照射在基于 MEMS 技术制成的高精度扫描镜上，通过扫描镜周期性、不同角度、高频度地旋转反射入射的激光光线，从而投射出远高于人眼反应速率的快速刷新图像。图像的分辨率可以达到百万级别。

若该技术通过车规认证，应用在智能照明灯系统上，将有可能是像素最高、效率最高、体积最小的投影系统解决方案。但是由于照明灯高温度、强振动的整车工作环境，目前的激光扫描投影技术还远达不到车规级的应用要求。此外，扫描式的投影图像可能在真实路况中与车辆的振动形成频率叠加，产生人眼可感知的图像抖动或者闪烁，严重时可能会引起驾驶人的不适，这也是亟待解决的潜在问题。因此该项技术目前离通过车规认证还有相当长的距离。

虽然激光扫描式投影技术短期内还难以在智能照明灯上应用，但随着技术的进步和技术难点的攻克，凭借其较大的优势，将会在车载投影技术领域大放光彩，值得持续关注。

四、灯光投影技术特性对比

当前主流的投影技术，如 DLP、μAFS 和激光扫描式投影技术，由于技术原理差异性较大，技术优缺点的差异也较为明显，具体见表 5-3。

表 5-3　投影技术优缺点对比

对比项目	DLP 投影	μAFS 投影	激光扫描式投影
分辨率	高（百万级）	低（＜4万）	高（百万级）
系统尺寸	大	小	小
亮度	高	低	高
对比度	高	低	高
系统光电效率	低	高	高
功耗	高	低	低
寿命	较好	较好	较好
成本	高	低	低
成熟度	高	高	低

分辨率直接决定了投影效果的好坏。DLP 投影技术和激光扫描式投影技术都可以实现百万像素级的高质量图形投影，但是由于后者技术还不够成熟，所以 DLP 投影技术方案在当前车载市场上的应用占据主流。

五、灯光投影技术应用

未来照明灯不仅可实现照明功能，更是人与车、车与车、车与环境之间交互的重要组成。将照明灯投影技术与对外界的传感系统结合起来，车辆便获得了与其他道路使用者更多自动交互的能力。灯光能够对路上的行人、车辆甚至道路状况自动做出反馈，给予驾驶人和其他交通参与者双向的信息。图 5-21 所示为照明灯投影效果示意图。

通过照明灯投影技术，不仅能实现 ADB 与 AFS 功能，也可以在地面照射出具象的符号和标识。与驾驶辅助系统配合使用，在路面投射多种高清警告或交互图标，如道路信息投影、行人警示、防碰撞预警提示、车道保持提示、弯道路面湿滑提示、限速提示、车距提示、前方道路施工提示等，同时也可以将平面化的抬头显示（Head Up Display，HUD）信息进行 VR 展示，进一步提升信息传递效果。

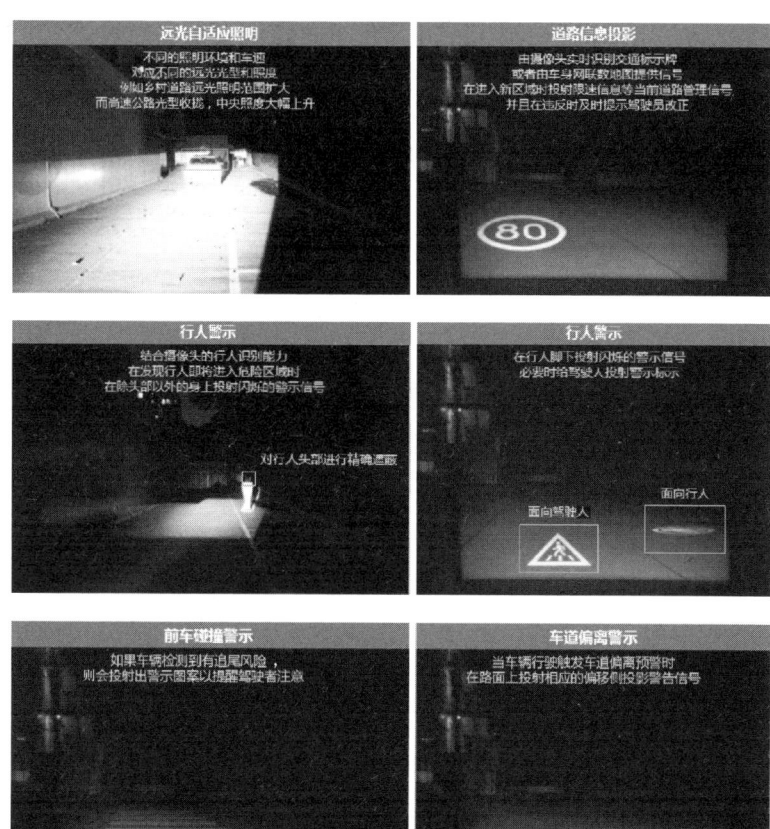

图 5-21 照明灯投影效果示意图

投影技术不仅可以应用于灯的照明和信息传递，还可以延伸拓展至信号灯的使用上，如应用至后尾灯中，可以投射制动信息、车距线信息，提醒后车驾驶人，如图 5-22a 所示；如应用至车身两侧迎宾照地灯，则可以实现解锁、上锁时的动态画面迎宾，如图 5-22b 所示。也可以根据客户的特殊需求进行定制化图案和应用场景设计。

a) 高尔夫尾灯投影示意图　　　　　　b) 奔驰迎宾灯投影示意图

图 5-22 前照灯投影效果示意图

由于投影图案丰富多样，所以可能会对其他道路使用者造成行车干扰，带来潜在的行车安全问题，目前还没有正式法规允许投影灯的使用。截至2019年，全球也就只有奔驰迈巴赫顶配限量量产。但由于投影技术的巨大优势和应用前景，随着法律法规的后续完善，投影技术将为智能驾驶提供更加安全和便捷的夜间行驶"照明服务"，增强多种场景的安全驾驶体验，让"灯语"变得更准确，体现更多的人文关怀。

第四节　灯光显示技术

传统的汽车照明系统的主要作用是提供照明和信号，而未来汽车更加注重人与环境之间的交互。当前已经涌现出不少可以初步实现智能交互的灯光技术，如有仪式感的灯光动态控制技术、具有自适应功能的ADB灯、像素级投影灯等，但这些都无法提供色彩丰富的智能交互显示效果。要实现更为复杂和更有情感的信息传递，需要借助当前主流的显示技术来实现，包括有机发光半导体技术（Organic Light-Emitting Diode，OLED，又称为有机电激光显示技术）、液晶显示技术（Liquid Crystal Display，LCD）、小间距发光二极管技术（Mini Light Emission Diode，Mini LED）、LED微缩化矩阵化显示技术（Micro LED）等。

一、有机发光半导体技术

1. 技术背景

1979年柯达公司发明了OLED并进行了深入研究。OLED最早应用于车载显示器，但彼时的市场应用十分受限。后来随着制作工艺的不断成熟稳定，OLED凭借其均匀性、可弯折性、色彩艳丽等独特优势受到了人们的青睐，逐渐扩展至手机、计算机、相机、电视以及室内照明等领域。截至目前，OLED几乎垄断了所有的高端电子显示产品。近年来，OLED显示技术在车灯领域的应用也越来越多。部分主流车厂，如宝马、奥迪、奔驰，相继在其高端车型上推出了量产的OLED尾灯。

2. 技术原理

OLED是一种有机发光二极管，主要由基板、阴极、阳极、空穴注入层（HIL）、电子注入层（EIL）、空穴传输层（HTL）、电子传输层（ETL）、电子阻挡层（EBL）、空穴阻挡层（HBL）、发光层（EML）等部分构成，其简化结构如图5-23所示。OLED的发光原理是通过在电场作用下的有机半导体材料和发光材料来实现发光，其发光过程主要有以下几个步骤：

1）电子和空穴的注入。
2）电子和空穴的传输。

3）电子和空穴的再结合。
4）电子向低能级的跃迁。

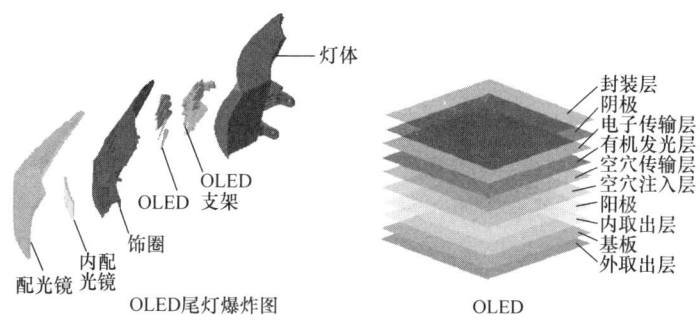

图 5-23 OLED 结构简化图

OLED 按照驱动方式的不同，可分为主动驱动 OLED（Active Matrix OLED，AM OLED）和被动驱动 OLED（Passive Matrix OLED，PM OLED）。AM OLED 一般为有源驱动，有源驱动的每个像素均配备低温多晶硅薄膜晶体管，此晶体管具有开关功能，且每个像素都配备一个电荷用于存储电容，外围驱动电路和显示阵列系统全部集成在同一个玻璃基板上，每个像素点可以被独立控制，如图 5-24a 所示。PM OLED 为无源驱动，构造比较简单，不能做到独立控制每个像素点，如图 5-24b 所示。在实际应用中，有源驱动主要用于高分辨率的产品，而无源驱动主要应用在显示尺寸比较小的显示器中。

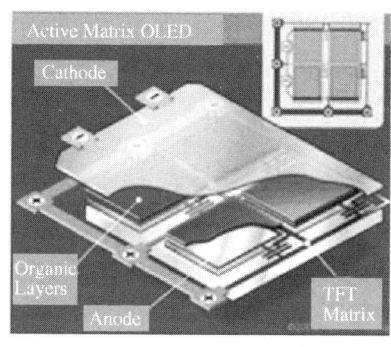 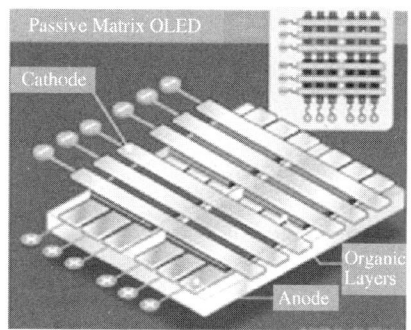

a) AM OLED 驱动原理图　　　　　b) PM OLED 驱动原理图

图 5-24 AM OLED 和 PM OLED 驱动原理图

OLED 与传统的 LED 相比，其显著区别是：

1）LED 通过控制半导体发光二极管发光，而 OLED 通过电流驱动有机薄膜来发光，可以显示出红、蓝、白和绿等单色光，也可组合成彩色光。

2）OLED 面板可以实现弯曲造型，而 LED 面板不能。

OLED 用于车灯，具有尺寸薄、功耗低、分辨率高等优点。此外，OLED 为面光源，发光均匀，色彩鲜艳，结构简单，能够实现立体的多元化造型需求。

二、液晶显示技术

1. 技术背景

LCD是液晶技术的重要应用。早在1888年,奥地利植物学家F. Reinetzer发现了一种具有液体流动性,同时也具备与晶体类似的分子结构且呈现规则排布的有机化合物。将这种液晶的分子置于电场中,分子的排布将发生变化,进而穿过此液晶分子的光线也伴随晶体排布发生变化。英国科学家利用液晶的这一特性制造出了第一块LCD显示器。

LCD显示器具有空间尺寸小、耗能低等一系列优势,被广泛应用于电脑、掌上计算机、电视、手机等家用领域。近几年来各大主机厂相继提出采用LCD技术来实现车辆外部显示。丰田在2011年东京车展上发布FUN-Vii概念车时就大胆地提出了运用显示技术给车辆换肤的概念。通过大面积使用LCD显示技术将车身变成一个巨大的显示区,用户可以通过给车辆更新内置程序来变换不同的车身颜色以及显示内容。

2. 技术原理

LCD技术的主要原理是液晶体在电场作用下呈现出不同的排列组合方式,使得通过液晶体的光线发生不同角度的偏折,从而显示出不同的图案效果。

LCD屏主要由电极层、液晶层、偏光片以及光源等几部分构成,其结构布置如图5-25所示。位于透明电极上下两侧的偏光片偏振方向相互垂直,若两偏光片之间无液晶层,光线将被完全阻隔,屏幕不显示任何内容。当电极通电之后,液晶分子发生偏转,从第一层偏光片入射的光线方向发生改变,穿过第二层偏光片发光。通过控制屏幕上每个像素点的电场实现对液晶分子排布的控制,进而控制屏幕上光线的通过,以呈现复杂多样的显示效果。

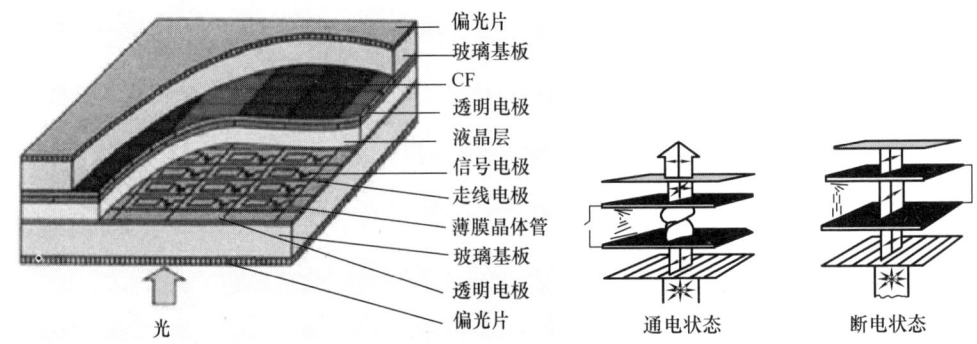

图5-25 液晶显示原理及液晶屏结构

目前 LCD 在汽车上的应用主要集中在仪表显示以及中控显示等区域，由于其光效较低，耐高温以及耐光照老化等性能较差，所以运用在照明车灯上还有诸多挑战。

三、小间距发光二极管技术

1. 技术背景

LED 显示技术是指以 LED 作为光源，阵列排布后用于信息显示的技术，如图 5-26 所示。传统 LED 显示技术的像素间距在 3mm 以上，难以满足精细显示的要求。得益于半导体技术的发展，LED 间距逐渐减小。Mini LED 技术是指像素间距在 0.2mm 以上、3mm 以下的 LED 显示技术。相较于传统的 LED 显示技术，Mini LED 技术有着对比度高、亮度高、耐候性强的优点。近年来，Mini LED 技术在户外显示屏、室内显示屏及 LCD 屏幕背光等领域发展迅速。

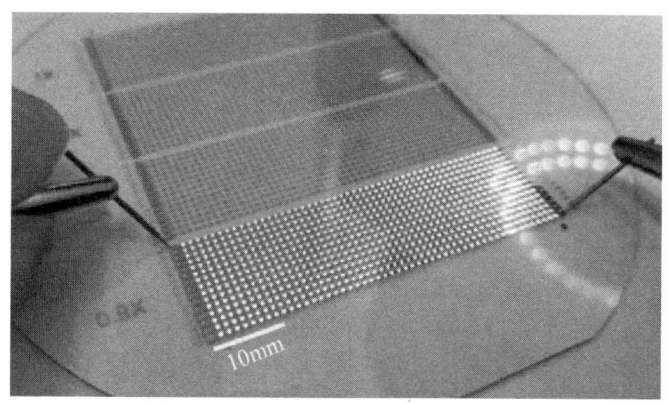

图 5-26 Mini LED 显示效果

作为显示技术发展方向之一，Mini LED 技术在汽车智能交互灯光方面的应用逐年增加，各大车企均对其产生了浓厚的兴趣。在 2019 年上海车展上，丰田、奥迪等国际知名车企均推出了基于 Mini LED 技术的概念车。

2. 技术原理

Mini LED 系统主要由 Mini LED 和驱动芯片构成。与传统 LED 相似，Mini LED 由 P 型半导体层、发光层及 N 型半导体层组成。Mini LED 由高密度的 LED 颗粒集成，若要单独控制单颗 LED，则驱动芯片需要采用诸如多层布板等微纳加工技术。

如图 5-27 所示，在电场的作用下，P 型半导体层中的空穴与 N 型半导体层中的电子在发光层复合，释放出光子，形成可见光或紫外光（紫外光通过 LED 表层的荧光粉转化为可见光）。

Mini LED 屏制造工艺主要包括晶片制作、封装和贴片三个部分。其中，晶片制作与传统 LED 工艺类似，封装和贴片为 Mini LED 制造工艺的主要挑战。传统 LED 芯片制作完成后通过封装来保护脆弱的 LED 晶片，再将封装完成的 LED 在电路板上逐个贴片，组成 LED 显示屏。由于 Mini LED 尺寸大幅缩小，单位面积的贴片数量大幅增加，

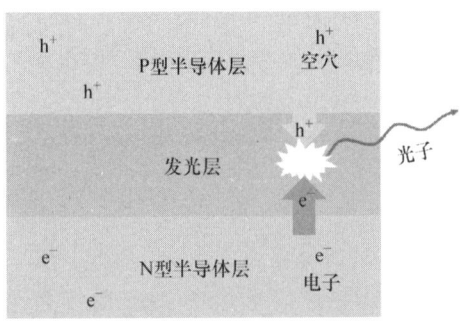

图 5-27　Mini LED 发光原理（见彩插）

传统 LED 先封装再贴片的装配方案难以保证工艺可靠性。因此，Mini LED 需要利用巨量转移技术，将规则排布的 LED 晶片集体转移至集成电路板，再进行封装保护。

巨量转移技术是指将大量的微米级芯片从基底转移至目标基板并维持其原有排列方式的技术，其示意图如图 5-28 所示。此技术的难点在于移动数量庞大的微小芯片且保持其相对位置关系不变，这就好比将一个数万片已经搭完的乐高积木全部拆散并重新组合，且整个过程不允许有一次错误，其难度可想而知。

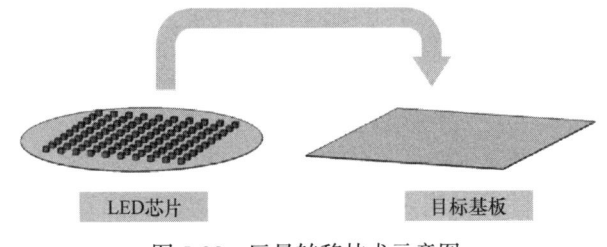

图 5-28　巨量转移技术示意图

四、LED 微缩化矩阵化显示技术

1. 技术背景

2019 年，工信部 5G 商用牌照的发放标志着 5G 技术真正进入了"将理想照进现实"的时代。5G 通信带给我们的不仅仅是通信速度的加快，更是显示技术的一种变革：智能眼镜、可穿戴显示设备、全息影像等新兴显示设备提升了我们对近距离显示设备清晰度、对比度的要求。即便高清如 Mini LED 显示，在紧贴屏幕观看时仍旧能看出明显的颗粒感，因此我们就需要一种比 Mini LED 更迷你的 LED 来满足 5G 通信下的显示设备，Mirco LED 便是最好的选择。

Micro LED 是一种将传统 LED 微缩化至微米级并排放在阵列中显示的技术。

与传统 LED 相比，Micro LED 有着低功耗、高亮度、高发光效率、快速响应等优点，而这些优点正迎合了 5G 通信高传输效率与低延迟的特性，越来越多的厂商对其翘首以待。在 2020 年的国际消费电子展（CES）上，索尼、康佳都纷纷推出了 Micro LED 显示屏，而三星更是推出了一款外部尾灯由一块 53.7in Micro LED 显示屏实现的概念车，如图 5-29 所示。

图 5-29　三星概念座舱

2. 技术原理

Micro LED 显示技术正如其名字所言，它的技术特征就在"Micro"这个关键词上，即是一种将 LED 微缩化并矩阵化排布的新技术。顾名思义，微缩化就是将传统 LED 光源进行微缩，让 LED 单元尺寸小于 50μm，达到只有原本 LED 尺寸的千分之一；而矩阵化则是将微缩化的 LED 矩阵式封装在芯片上，并实现每个像素单独驱动单独发光的效果。Micro LED 的发光原理与 Mini LED 类似，但因为其尺寸达到了微米级，生产工艺将会比 Mini LED 更为复杂。Micro LED 的结构原理示意图如图 5-30 所示。

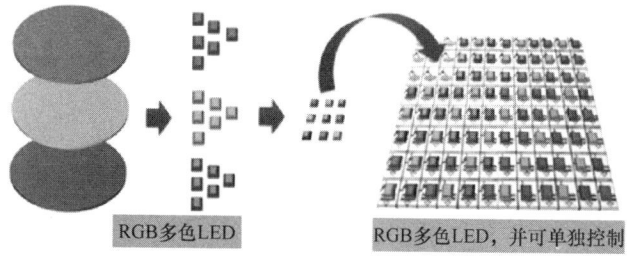

图 5-30　Micro LED 结构原理示意图

由于 Micro LED 的尺寸达到了微米级别，所以与 Mini LED 一样并不能像传统的 LED 那样直接在生产后对其进行封装，同样需要通过巨量转移技术将 LED 裸芯片直接从基底转移到目标基板或电路板上，再将 LED 电极与硅基板直连。与 Mini LED 相比，Micro LED 的尺寸更小，在同一尺寸的屏幕下，Mirco LED 的数量是 Mini LED 的千倍。如果说 Mini LED 的巨量转移是数万片乐高积木的拆装重组，那么 Micro LED 则是千万片积木的重组。

目前微米级的 LED 生产并不算难事，只是针对 Micro LED 的巨量转移技术还没有完全成熟。由 2020 年北美 CES 可以看到，各大厂商都已经在研究各自的解决方案，Micro LED 的批量化生产将指日可待。

五、灯光显示技术特性对比

灯光显示技术的整灯系统电控原理是一致的，但是这几种显示技术在其他方面的特性有比较显著的差异，具体见表 5-4。

表 5-4　显示技术特性对比

特性比较	OLED	LCD	Mini LED	Micro LED
发光类型	自发光	背光板/LED	自发光	自发光
分辨率	高	高	较高	高
柔性	可	目前无	目前无	目前无
亮度	中等	低	较高	高
对比度	∞	5000∶1	∞	∞
功耗	中等	高	低	低
寿命	中等	中等	长	长
耐候性	中等	低	高	高
耐温性	中等	低	高	高
色彩饱和度	较高	低	高	高
成本	中等	低	高	更高
成熟度	高	低	中	低

注：成熟度是指该显示技术可应用于外部照明系统的成熟程度。

六、灯光显示技术应用

得益于科技的进步和互联网的快速发展，人们在满足物质生活的基础上开始追求情感上的诉求与个性发展，开始关注人与车之间的关系。人与车之间的交互对象也从最简单的驾乘人员与汽车逐渐转变为驾乘人员与汽车、驾乘人员与外部环境成员、外部环境成员与汽车等多种交互对象组合方式。汽车外部照明系统逐渐成为实现多维交互的重要工具。

通过灯光显示技术，配合整车控制系统，可以将位置灯、转向灯等传统信号灯转化为更具象、更直接的符号或者图像，在车灯上显示多种高清的交互标识或者图像，如道路信息显示、车距显示、行人警示显示、车辆故障警示显示、开门警示显示、驾驶人疲劳显示、生物监测警示显示、自动驾驶显示、锁车状态显示、掉头显示、转向和并道显示等。

图 5-31 所示为上汽某款创新车上利用 OLED 和 Mini LED 实现掉头显示和车辆故障警示显示的智能尾灯。

a) 掉头显示模式

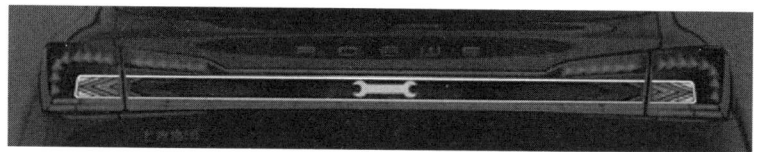

b) 车辆故障显示模式

图 5-31　智能尾灯显示

灯光显示技术不仅可以应用于上述具有提示性或者功能性的工况，还可以根据特定时间或者客户的特殊需求进行定制化图案和个性化的应用场景设计。例如用钥匙打开车门时，识别为访客模式，应用灯光显示技术的前照灯和尾灯会显示表情符号以及招呼语，并且根据不同时间切换不同招呼语；当后车或对向来车有开远光等不友好行为时，则显示警告和提示信息；当用户生日时，显示"生日快乐"字样；车辆可以通过传感器读懂车主的身体状态，在识别到车主身体出现异常时，会提醒乘员并显示就近医院，若出现紧急严重情况时，车辆会自动开启警示灯并显示出"HELP"字样；车辆在充电时，车灯会显示充电类型、当前充电百分比、预计可行驶里程以及预计充满时间等信息。图 5-32 所示是针对情人节等特殊节日的一个显示设定。通过这些特殊场景的设计，实现了人与车之间的温馨交互。

智能显示技术在照明系统上的应用，极大地丰富了人车交互和车车交互的语言和内容，在展示科技进步的同时也满足了人们情感的需求，让车不再是一种固化的交通工具，更是彰显个性的载体、情感交流的伙伴。未来，显示技术在照明系统的广泛应用指日可待。

图 5-32　个性化显示模式

第五节　颠覆科技

展望未来，自动驾驶已是公认的汽车行业发展趋势。随着自动驾驶级别的逐渐提高，车辆对外部灯光设备的功能需求会发生什么变化呢？外部灯光设备又将如何发展以满足新的功能需求呢？

在实现L5级别的自动驾驶前，仍会有用户接管车辆的情况，车灯仍需保留基本的道路照明功能，但是车灯的功能将不再局限于"照明"。自动驾驶级别的提升意味着车辆更多地依赖车载系统来判断行驶环境，而这也需要在车辆上布置大量的传感器以实现高精探测。外部车灯由于其得天独厚的"地理优势"将会集成其中部分传感器。车灯仍然是汽车的"眼睛"，不仅通过可见的灯光，也通过无形的探测信号来帮助用户识别路况。实现L5级别的自动驾驶后，完全由车辆自主驾驶，此时外部车灯的道路照明功能削弱，转而侧重于提供一些定制化、场景化的功能。

针对新的功能需求，外部灯光设备的发展趋势大致可分为两个方向：

1）在保留原有道路照明功能的前提下集成更多的传感器，逐步发展成为一个"多功能集合体"，比如下文提到的"汽车之眼"——激光雷达前照灯。

2）实现L5级别的自动驾驶后，车灯的道路照明功能将被进一步弱化。届时，车灯也可能分为两种类别：

① 自动驾驶信号灯，用于向其他道路使用者传递自动驾驶车辆当前的状态，发光图案的设计将更偏向符号化，指向性更加清晰。

② 仍具备照明功能，但由于已不需要道路照明，所以此类车灯的布置和光型的设计都会更加灵活。在日常使用时，此类车灯处于待机状态，只在特殊场景下满足用户的照明需求，比如下文提到的"天空之眼"——飞行器灯具。

以上类别的灯具在功能、形态及应用场景上都将完全颠覆现有的汽车外部照明，成为未来外部灯具发展的新姿态。

一、自动驾驶信号灯

随着智能算法、通信技术、传感设备、地图定位等关键技术的快速发展，自动驾驶系统在汽车行业的应用已经逐渐走向成熟，L3级别的自动驾驶技术已经步入量产阶段。

不过在未来20年内，传统车辆和自动驾驶车辆将一直共存，如何让所有道路使用者可以一目了然地分辨出自动驾驶车辆，并据此做出合理的驾驶判断，这是自动驾驶汽车开发的重要课题之一。

ADS（Autonomous Driving System）标志灯正是这个过渡时代的产物。通过额外新增一种特殊光色车灯表征车辆状态——自动模式/驾驶人模式，让人对车辆是否配备自动驾驶系统一目了然。图5-33所示为奔驰某款包含ADS标志灯功能的概念车。

ADS标志灯的设计需综合考虑传统信号灯特性以及自动驾驶场景的新需求。

1）首先是车灯颜色，传统汽车信号灯颜色包括红色、白色、黄色以及琥珀色；ADS信号作为车辆关键状态的表征，必须选择色域区别明显的光色，蓝色、绿色色域可作为 ADS 信号灯光色的备选，如图 5-34 所示。

图 5-33　ADS 标志灯概念车

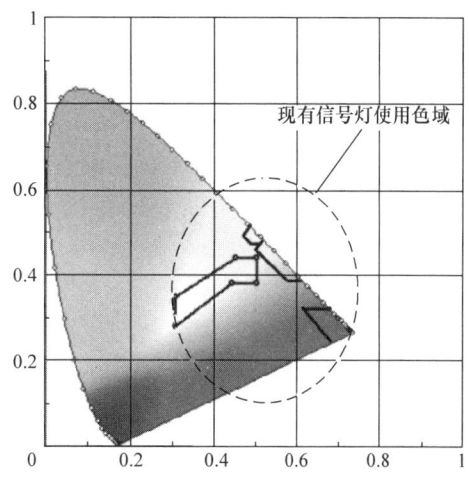

图 5-34　车辆信号灯色域分布

2）其次是 ADS 标志灯的光学要求。该车灯作为自动驾驶系统的标准配置，其使用应涵盖整车驾驶的全天候工况，同时考虑白天和黑夜不同的环境光，光强可参照日间行车灯与位置灯的关系进行可变光强设计。ADS 标志灯的软硬件控制逻辑设计也是保证车辆 ADS 信号准确可信的基础。基于目前设想的标志和信号功能，ADS 的控制逻辑应满足：

① 当车辆运行由驾驶人控制切换为自动驾驶系统控制时，车辆应自动打开 ADS 标志灯。

② 当车辆运行由自动驾驶系统控制切换为驾驶人控制时，应自动关闭 ADS 标志灯。

③ 当自动驾驶系统正在控制车辆运行时，ADS 标志灯应保持常亮，且无法手动关闭。

随着自动驾驶技术逐渐从 L3 发展到 L5 阶段，当道路上所有车辆都已经是自动驾驶控制时，车与车、车与道路可以更多地通过通信传递信息。我们是否可以期待 ADS 标志灯扩展出更为丰富的功能，甚至完全取代当前所有的传统车灯呢？海拉等灯厂已经提出了畅想——自动驾驶 L5 时代的 ADS 标志灯将不再仅仅是个标志灯，信号灯功能将更多地集成在车灯中。在此我们将它称为 ADS 信号灯（自动驾驶信号灯），如图 5-35 所示。

ADS 信号灯是一种可以向其他道路使用者表明自动驾驶车辆行驶信息的车灯。区别于

图 5-35　海拉 ADS 信号灯概念图

传统的信号灯，自动驾驶车辆信息的传递可以更为柔和，车与车之间的信息沟通可以更多地通过通信完成，而车和行人之间的交流可以运用更为简洁清晰的形式完成。比如，对于车身前方可视区域，通过外扩流水点亮表征加速；通过反向流水表征减速；通过不同区域的点亮表征静止——这些信息均可通过控制 ADS 信号灯的点亮来完成。而对于车身后方可视区域，可通过车灯快闪进行后车的防碰撞预警提示，通过像素化显示限速和车距提示，通过三角警示亮灭提醒其他道路使用者进行车道保持等功能，如图 5-36 所示。

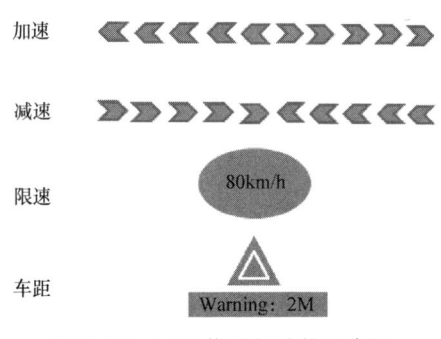

图 5-36　ADS 信号灯功能示意图

从安全角度考虑，L5 车辆自动驾驶的所有信息应准确无误地传达给道路使用者，包括后视镜角度、跟车距离、道路侧行人等。同时，为避免拥堵路况下的霓虹灯现象（即较多光源布置位置集中），较为独立的布置区域将成为 ADS 信号灯新增的特殊设计需求。如何结合整车造型美观度与空间布置将成为 ADS 信号灯的设计难点。目前可研究的方向有：

1）将 ADS 功能集成到现有车灯位置中，避免霓虹灯现象的同时也降低了整车功能布置的难度。

2）将 ADS 功能集成到车身其他零件中，如保险杠格栅、风窗玻璃、行李架、装饰条、内饰顶棚等，相当于原有装饰件的功能扩展，不过此方案对这部分零件造型设计将产生额外的限制。

3）单独为 ADS 功能新增零部件，使 ADS 车灯成为引领时尚的新造型特征。

ADS 信号灯这种新型车灯的诞生，除了可以最大程度地提升驾驶信息的传递效率外，也可以帮助完成更多用户信息的特殊化定制。自动驾驶时代的来临已经悄然为车灯的功能和技术带来新一轮的革命。

二、"汽车之眼"

目前传统灯具在行驶过程中，对于驾驶人和行人仅起到照明和警示作用，容易受客观因素的影响，如障碍物、大雾、大雨等；同时也容易受道路使用者主观因素的影响，如疲劳驾驶、视觉障碍等，无法及时、准确地识别所有状况。随着芯片（大脑）、网络（神经）通信设备等基础设施功能的不断提升，各种雷达等探测设备逐渐运用到汽车行业中，在解决了上述问题的同时赢得了"汽车之眼"这一美誉。

为了适应更多的自动驾驶工况，越来越多不同种类的传感器被应用到汽车上。目前，车载传感器主要包括超声波雷达、毫米波雷达、激光雷达、摄像头等。汽车作为各种传感器的载体，传感器的加入给整车造型设计、空间布置及性能验证都带来了极大的考验。

1）超音波雷达常用于倒车警示功能，其识别距离短，价格便宜，已得到广泛应用。超声波雷达目前主要布置在前后保险杠上，如图 5-37 所示的横向排布的小孔位置。

图 5-37　超音波雷达

2）毫米波雷达与激光雷达均可用于盲区检测、变道辅助、紧急制动、高速跟车等功能，但相比于毫米波雷达，激光雷达具有感知距离更远、精度更高等优点，可辅助高精地图使用。但与此同时，激光雷达也存在明显的缺点，如成本高、体积大、重量重、雨雾天气穿透性差等。为了减少车身对雷达的干扰，保证雷达的性能，这两种雷达目前常布置在格栅中间和特制的车标后面。图 5-38 所示为布置在格栅中间的毫米波雷达，对外观有一定的影响。

3）摄像头主要用于车周环境监控、车道偏移提醒、倒车辅助等功能。一般布置在前风窗玻璃后方。

图 5-38　毫米波雷达及摄像头

4）还有一些车型将机械式旋转激光雷达布置在车顶，如图 5-39 所示，对美观有一定的影响。同时车顶的环境较为恶劣，在没有其他保护措施的情况下对雷达自身提出了较高的要求。

图 5-39　机械式旋转激光雷达

目前传感器的车载化仍存在很多问题，如缺乏功能全面的传感器、单车需求量大、影响美观、环境适应性差、难通过车规级验证等。一方面可通过雷达技术的进步来解决以上的问题，如减小尺寸、减轻重量、集成功能、提升性能、提升稳定性等；另一方面，现在许多车灯厂给出了新的解决方案，将这些传感器集成到车灯中，让车灯成为"汽车之眼"，这不仅给车灯厂带来新的机会，同时也优化了主机厂的装配流程。

Smart Corner 是马瑞利给出的解决方案，如图 5-40 所示。该方案将毫米波雷达、摄像头和固态激光雷达集成到车灯中，实现车周 360° 覆盖，覆盖探测盲区，且保留了照明系统的原有功能。

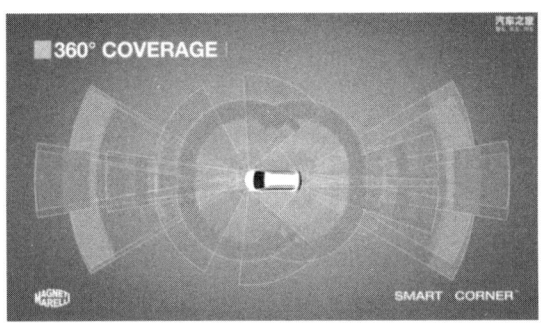

图 5-40　Smart Corner

无独有偶，汽车照明公司日本小糸和激光雷达供应商 Cepton Technologies 合作，将激光雷达集成到前后灯中，开发了激光雷达微动技术（Micro Motion Technology，MMT）。搭载 MMT 技术的激光雷达无旋转、无摩擦，从而提高了激光雷达的稳定性和使用寿命，降低了功耗，如图 5-41 所示。

图 5-41　集成 Cepton 激光雷达灯

照明系统一般布置在车辆外侧的四个角落，若在其内部布置传感器，就可以全方位地覆盖车周，提高传感器的效率，减少传感器的数量。集成到车灯中也给整车造型带来了便利，不需要单独划分空间布置传感器，解决了外观突兀、不美观的问题。此外车灯外配一般为塑料透明件，对传感器的性能无影响，且与直接暴露在外部环境中相比，传感器布置在车灯内部还能给传感器提供一个相对稳定的环境。

自动驾驶目前正处于一个起步阶段，而且会有很长一段时间的过渡，传统的汽车照明系统仍有存在的必要，因此将激光雷达的激光光源与照明灯的光源合并也是一个发展方向。

随着自动驾驶技术的进一步普及和提高，传统车灯的使用必要性逐渐降低，将"让位"于传感器，为其提供更加富余的空间、更加稳定的工作环境和更宽广的感应角度。

三、"天空之眼"

在上述章节中我们探讨了多种前沿灯光技术，如灯光自适应技术、投影技术、显示技术等，但这些技术还是依托于汽车上的车灯来实现的，虽然在一定意义上实现了革新，但是并没有完全颠覆。随着 L5 级别的自动驾驶技术的普及，车灯的照明、显示功能会越来越弱化，灯光情景化、场景化、定制化的使用将会成为关键，那未来真正意义上颠覆的灯光技术、颠覆的车灯到底是什么样子呢？在 2019 法兰克福国际车展上，奥迪发布了一款名为 TRAIL quattro 的概念车。它的灯光设计给了我们很好的启发，如图 5-42 所示。

从图中可以看到，奥迪这款越野概念车除了前卫的造型外，还配备了五架用于照明的飞行器。传统的车灯将不复存在，灯光将搭载在无人机中，用于实现不同灯光使用场景的移动照明，满足驾乘人员夜晚越野的使用需求。这颠覆了我们对传统车灯的认知，让大家看到了飞行器车灯的可能性，让车灯更加灵活，我们将之称为"天空之眼"。不妨畅想下，"天空之眼"除了用在越野车上的灯光移动照明，还可以用在哪些场景给未来的用户提供多元化的服务呢？

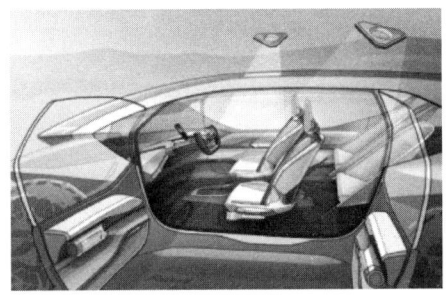

图 5-42　奥迪未来概念车灯光示意图

1. 夜晚寻车场景

当用户需要在夜晚用车，且道路能见度极差或者无法准确辨别车辆位置时，用户可开启飞行器辅助寻车模式。飞行器控制模块可以接收车钥匙的蓝牙信号，接收到辅助寻车的指令后，飞行器首先根据信号定位用户位置，接着自主起飞前往用户所在位置。到达目标位置后，飞行器打开灯光，用于路面照明并同时指示车辆所在方向。在用户移动寻找车辆的过程中，飞行器亦可以根据车钥匙的蓝牙信号实时进行用户跟随和灯光调整。当飞行器判断用户已到达车辆附近时，此时飞行器不再跟随用户，转而悬浮在车辆上方，对整个车辆轮廓进行照明，便于用户上车。当用户上车并关门后，飞行器进入正常的工作模式。图 5-43 所示为奥迪无人机跟随照明示意图。

图 5-43　奥迪无人机跟随照明示意图（见彩插）

2. 道路警示和救援场景

当发生道路事故时，传统做法是设置警示牌，但在汽车高速行驶时事故风险仍然较高。此时配置有飞行器车灯的车主则可以利用此设备，辅助交警实现较好的道路警示效果。通常情况下需要三个飞行器，主飞行器可实现较大范围的照明，用于照亮事故现场，其余两个辅飞行器则顺着道路方向，在事故现场两侧进行悬空照明，并以固定的角度和频率旋转照明设备，以起到警示其他道路使用者的作用，同时又可以起到救援现场的照明作用。图5-44所示为奥迪无人机车辆照明示意图。

3. 移动购物场景

除了照明功能外，飞行器的高机动性使得它可以在用户不下车的情况下帮助用户完成一些日常事务，如移动购物。未来商店将会向无人化发展，这类无人商店可以预留飞行器专用的停靠区域，用户可以在车内选择好意向购买的商品并远程下单，无人商店在收到订单后会进行预先拣货并打包。飞行器的每个停靠区域均配置二维码识别设备，飞行器降落后，通过扫描飞行器上的二维码即可获取对应的用户信息，并将事先打包好的货物固定在飞行器上，然后飞行器返航，并进行"卸货"操作，最终实现移动购物。图5-45所示为无人机购物示意图。

图5-44　奥迪无人机车辆照明示意图（见彩插）

飞行器车灯是一种辅助智能驾驶、灵活服务于驾乘人员的未来车灯，具有优越的灵活性和人机交互性。飞行器照明是由汽车-飞行器-照明设备组成的复杂系统，

图5-45　无人机购物示意图

涉及的技术是跨学科、多领域的，包含飞行器的固定、控制、跟车、姿态调整、续航等各个方面，同时受限于目前传统的交通体系及飞行条件，短时间内应用还存在诸多困难。

为方便使用，飞行器未工作时，须固定在车辆上。无论是直接固定在车辆外围，还是飞行器经由天窗/车门玻璃进入车辆内部再固定，都要求飞行器具备很好的耐振动性能。同时为了保证飞行器固定的可靠性，飞行器和车辆间须设计特定的机械结构来保证固定强度，随之带来的挑战则是飞行器降落时须精准地落在车辆固定的位置。虽然目前飞行器的降落精度无法满足上述要求，但相信随着传感技术的发展，终会实现飞行器车载固定所需的降落精度。

此外，飞行器车灯工作时的续航也是一个很大的挑战。飞行器和照明设备的功耗都比较大，而且存在长时间持续使用的情况。出于轻量化的考虑，飞行器几乎不会装载很大容量的电池，因此飞行器必须支持无线充电功能，而如何在车外的严苛环境下保证长距离的无线充电仍存在很大的困难。可喜的是，电池能量密度的提升以及无线充电性能的提升，在民用领域的需求也是巨大的，政府和企业也都投入了大量的人力和物力来推动相关技术的发展，相信在未来，续航问题不会成为掣肘飞行器灯具推广的因素。

从灯光技术的发展史来看，每一项具有革命性的新技术开发和应用都是挑战与机遇共存的，未来灯光技术还有诸多难题待攻克，但良好的发展前景也是非常诱人的。随着智能驾驶的快速发展和普及，对应的交通体系会发生翻天覆地的变化，传统车灯将逐步被适应智能交通系统的新型车灯所取代，车灯将和智能驾驶交通体系联系得更加紧密。"混沌之初就有了光"，未来车灯会颠覆，但灯光却不会消失，而将会以更加灵活、多彩、创造性的形式服务智能交通！

第六章 智能交互座椅技术

第一节　汽车座椅概述

一、座椅系统概述

座椅系统是汽车内饰系统的重要组成部分，给驾乘人员提供定位及支撑，并且在保证进出和驾驶便利的前提下，为驾乘人员提供安全和舒适体验。

从汽车诞生之初，座椅便是一个不可或缺的零件，并始终处于进化变革之中。最初的座椅仅仅是固定的"木板+垫子"组合，如图 6-1a 所示，只能提供最基本的支撑。随着汽车工业的发展，座椅在结构、功能、材料等多方面逐步演变，如图 6-1b 所示，其安全性、舒适性以及品质感不断升级，更全面地满足乘员的需求。

a) 早期"奔驰1号"的座椅

b) 上汽荣威MPV车辆座椅

图 6-1　座椅示例

座椅发展至今，已然成为车辆被动安全中至关重要的一员，与安全带、气囊等约束系统配合，共同保障乘员安全。座椅骨架类似于人体的骨骼，承担着绝大部分的静态负载和动态负载，是座椅安全的基础；柔中带刚的侧翼加强了座椅的包裹性和支撑性，使得驾乘人员在剧烈工况下，也能有效地固定在座椅上，有更为稳定的坐姿来操控车辆；头枕除了给乘员带来舒适之外，还能在追尾工况中减轻鞭打效应导致的乘员颈椎伤害。

另外，座椅在舒适性及便利性上也有了长足的进步。为适应不同身材的乘员，前排座椅目前已普遍具有前后、上下、角度调节等功能；一些中高端座椅还提供了后排快速进出功能、记忆及迎宾功能，为乘员上下车辆提供便利；腰托、腿托、按摩、加热、通风等功能性配置的广泛应用，可以缓解乘员的驾乘疲劳，提供适宜的温度环境，进一步提升座椅的舒适性。

座椅在体现汽车品牌定位和品质感方面也发挥着积极作用。座椅的造型风格往往与品牌定位相呼应，设计师通过座椅型面的差异设计，实现家用型、商务型或运动型等不同的驾乘感受，诠释着汽车品牌语言。与此同时，协调的色彩搭配、考究的面料选材、丰富的装饰工艺运用、低 VOC 的材料应用、精致的细节匹配等，处处彰显着座椅设计者的匠心，体现出设计品质。

近年来，电动化、智能化、网联化、共享化成为汽车行业未来发展趋势，这些趋势也激起座舱形态、座舱功能、交互方式的变化，使得汽车逐步从出行工具向舒适的移动空间转变。面对行业的巨大变革，作为与乘员接触最为密切的零件之一，座椅也在不断地进化，在未来智能交互座舱中扮演着更为重要的角色。

二、面向智能交互的座椅

自动驾驶技术的发展开启了座舱多场景的应用模式，自由的座舱空间更大地激发了人们对于智能交互的追求。智能交互的核心是人，以人为本的理念一直是座椅设计的指导思想。满足乘员在不同场景下的需求，是面向智能交互的座椅需要解决的核心问题。座椅技术的发展趋势主要有以下几个方向：

1. 灵活移动

随着自动驾驶时代的到来，汽车将从单一的出行工具转化为各种空间的延伸。相应地，座椅也需要具备灵活组合和快速移动的能力以适应不同的场景变化。通过移动、旋转、折叠等方式，座椅可实现不同的空间排布形式，形成休闲、娱乐、会晤等多种场景空间。座椅智能移动技术是实现座舱场景变换的基础，为座舱场景的多样化带来了无限可能。

2. 主动舒适

舒适性是座椅永恒的话题。由于乘坐者体征和感知的差异性，使用同一个座椅满足所有人群的需求一直都是难题。在未来，感知技术的发展为解决这一难题带来了希望。通过集成各类传感器，座椅可以主动感知乘员的身体特征并进行自主调节；可以监测乘员的生命体征，并据此启动按摩、音乐律动、香氛释放等功能，帮助乘员恢复至舒适的状态，在生命体征出现异常的情况下还可以进行健康预警。具有主动感知功能的座椅就像是一个贴心管家，给予乘员细致入微的呵护。

3. 轻量纤薄

在未来的智能座舱中，人可以从驾驶员的角色中解放出来，享受沉浸式座舱体验。座舱内的零件则应尽可能地将空间释放出来供乘员使用，因此轻量纤薄成为座椅设计的必然趋势，在满足整车轻量化需求的同时，轻薄简约的造型设计风格也更加符合人们对于未来座椅的审美诉求。

4. 安全升级

乘员安全不论何时都是车辆设计的重中之重。座椅及安全带、安全气囊作为被动安全配置，一直肩负着减少乘员伤害的重任。随着自动驾驶技术的不断成熟与普及，座舱场景将发生颠覆性的变化，座椅及其约束系统的安全需求将面临全面升级。

第二节　基于多场景的座椅移动技术

新四化的推进将根本性地改变驾乘体验。这些变化将催生在座舱内工作、休闲和社交娱乐等全新应用场景。如图 6-2 所示，为适应不同场景的需求，座椅需要相应地变换组合，而这一切都以座椅移动技术为基础。通常，座椅移动技术主要包括电动移动技术、电动旋转技术和电动折叠技术等。

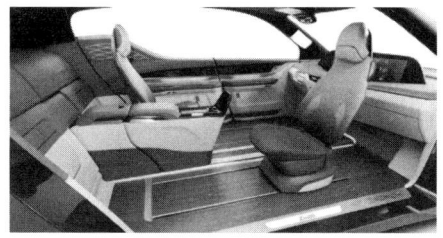

图 6-2　座椅随场景需求移动示意图

一、电动移动技术

座椅的前后移动主要基于滑轨结构。目前市面上常见的座椅滑轨行程一般为 160~260mm，滑动行程有限，且有碍于后排乘员的脚部空间。目前主要应用于 MPV 二排座椅上的手动长滑轨，其滑动行程可以增加至 400mm，甚至达到 1000~2000mm，能有效扩展乘坐空间，更好地满足功能场景的需求。但手动调节的操作便利性不足，在场景变换中难以实现自主联动。电动化能够为乘员提供更舒适便利的服务。与此同时，用户对移动效率、移动路径、空间利用等也提出了更高的要求，促进了高速电机及异形滑轨等新技术的进步。

技术原理如下所述。

（1）电解锁手动长滑轨

电解锁手动长滑轨的核心机构包括电机、手动长滑轨等。不同于传统的滑轨，长滑轨的组成部分通常有滚动轴承、防尘条、限位销、滑板、锁爪、解锁手柄、衬套等，依靠内轨上铆压的滚动轴承进行滑动，并依靠衬套消除内轨的上下间隙及左右间隙。

为了提升操作的便利性，可以在手动长滑轨的基础上增加电动解锁按钮、电机、拉索以及解锁模块，如图6-3所示，将解锁落锁的过程通过解锁模块实现电动控制，代替手动拉动解锁杆解锁的过程。以某座椅厂商的电解锁手动长滑轨为例，其控制原理如图6-4所示，当按下解锁按钮时，电机正转拉动拉索，同步杆下压，带动滑轨解锁；当松开解锁按钮时，电机反转释放拉索，同步杆回位，滑轨锁止。该方式可以提高解锁过程的舒适度。

（2）电动长滑轨

相比手动长滑轨，电动长滑轨能提升操作便利性和座椅豪华感，是实现座椅前后自动调节不可或缺的一环。电动长滑轨将电解锁与电驱动装置融为一体，用户只需轻按按钮，即可滑动至任意舒适位置。

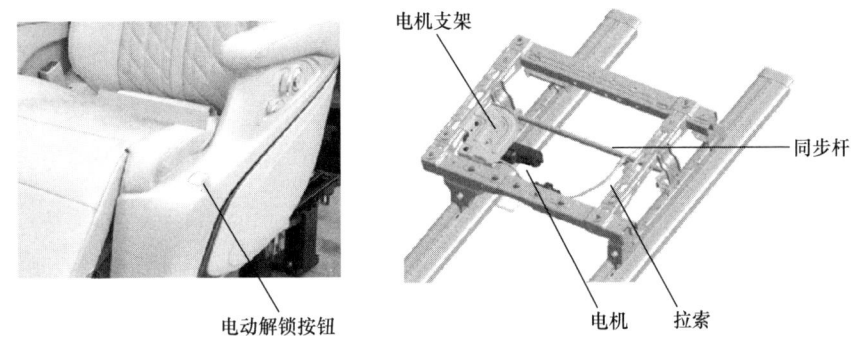

图6-3 电解锁手动长滑轨结构示意图

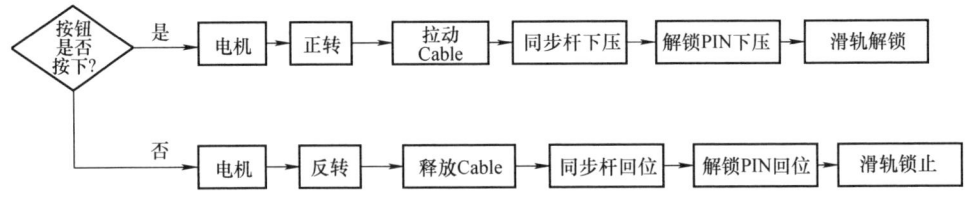

图6-4 电解锁手动长滑轨控制原理

以某座椅厂商电动长滑轨为例，如图6-5所示，驱动模块驱动传动杆转动，将驱动力传递到传动模块的驱动齿轮，然后带动输出齿轮旋转并沿着齿条前后移动，而传动模块固定在上轨的内部，齿条固定在下轨的内部，从而可以使上轨相对下轨作直线运动，进而实现滑轨位置的调节。此电动长滑轨输出齿轮与齿条传动方式取代了传统的丝杆螺母传动,以避免长丝杆在长行程传动中产生的挠度问题,从而有效避免异响的产生,扩展了滑轨调节的行程范围。

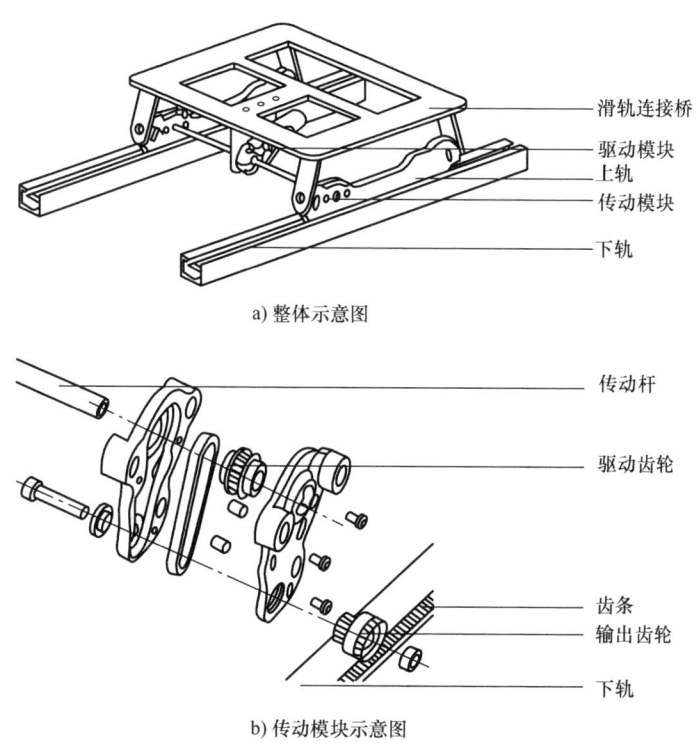

图 6-5 电动长滑轨结构示意图

（3）双速电机

为更好地匹配用户乘车的个性化需求,适应不同场景下座椅的变速调节,双速电机技术应运而生。该技术采用特殊的双速电机模块,通过调节占空比控制平均电压,实现不同的电流输出,从而达到电机的高速和低速运行。以水平双速电机为例,如图 6-6 所示,在高速移动模式下,电流值为设计值,此时座椅前后向移动速度可达 30mm/s,适用于实现场景的快速切换;在低速移动模式下,受到模块限速作用,电流值低于常规设计值,此时座椅前后向移动速度为 15mm/s,适用于乘员精准调节,找到最舒适位置。不同模式的切换通常是通过触发位触开关来实现的。

由于高转速需要较大的电流,会导致噪声变大,EMC 影响也会增强,因此该技术的难点在于提升电机高速运行的声音品质,以及提升电机模块的 EMC 性能。

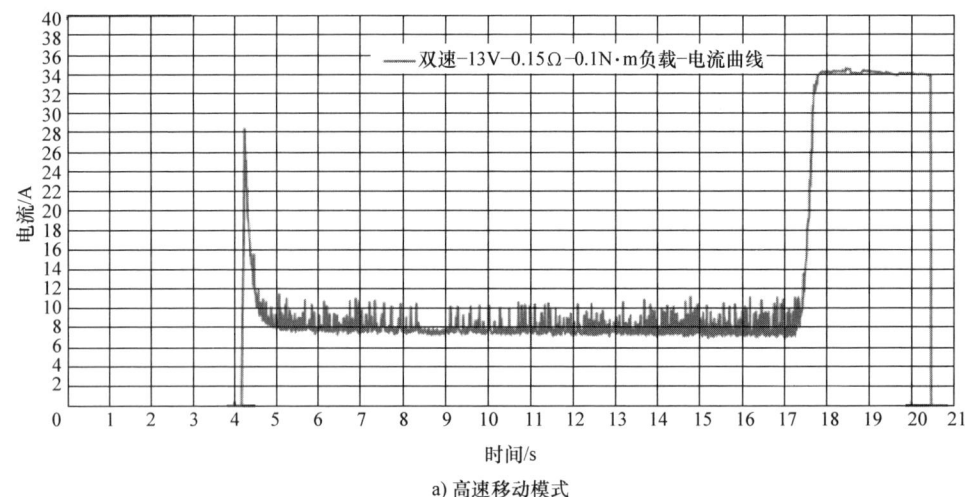

a) 高速移动模式

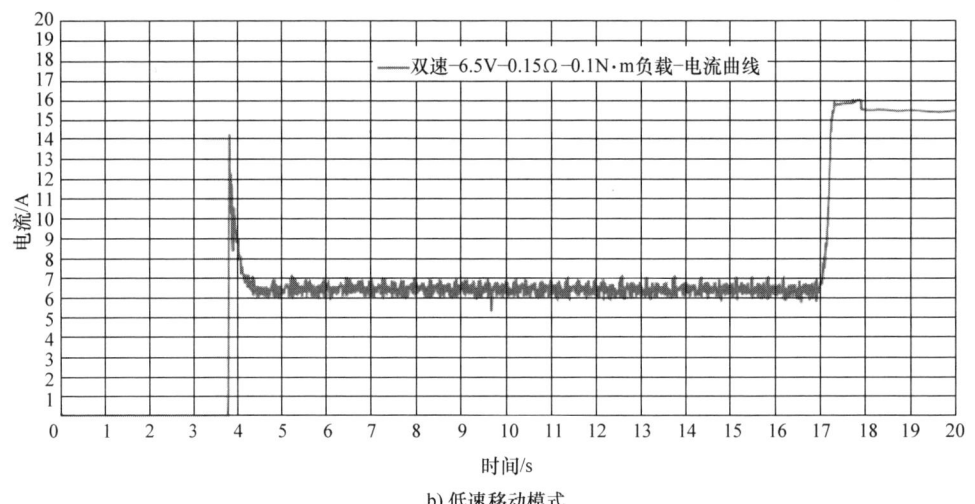

b) 低速移动模式

图 6-6 双速电机不同模式下的电流曲线

二、电动旋转技术

电动旋转技术可以实现座椅 360°自由旋转，打破现有车内空间布局的约束。乘员可以面对面交流，也可以背对背营造一个私密空间，满足座舱中乘员的办公、聚会、聊天、游戏等多场景需求，为用户带来更为舒适的出行体验。

1. 技术原理

实现座椅旋转的方式有旋转杆驱动、旋转盘驱动等。旋转杆形式以导轨为导向，通常旋转角度有一定限制；旋转盘形式可实现较大范围的旋转，是主流之选，本节以旋转盘为例进行介绍。

旋转盘通常安装于座椅滑轨和坐盆骨架之间，如图 6-7 所示。以某座椅厂商的产品为例，电动旋转盘组件主要包含三大部分：旋转盘、驱动电机组和驱动齿轮组，如图 6-8 所示。

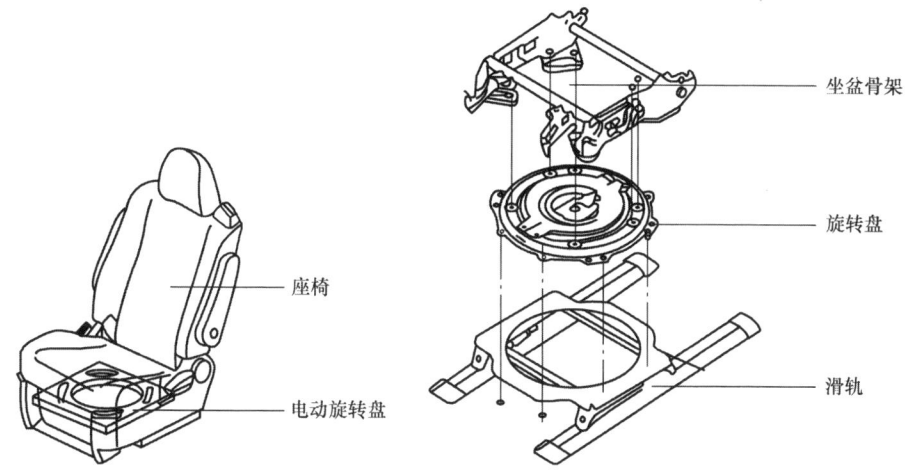

图 6-7　旋转盘组件与座椅的连接示意图

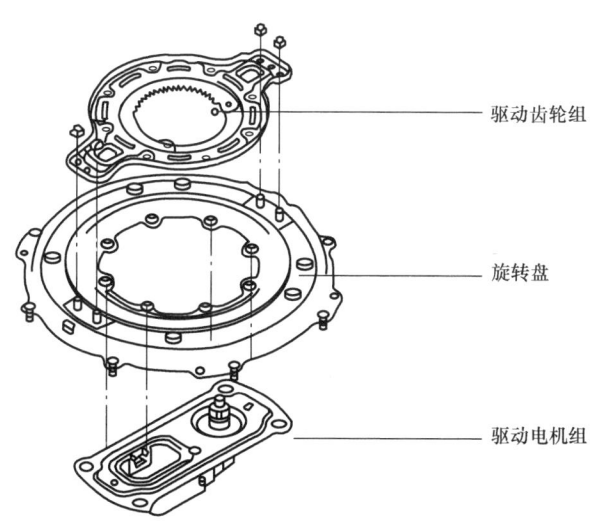

图 6-8　电动旋转盘结构

旋转盘主要包括动盘、定盘、压盘和上下滚珠，如图 6-9 所示。位于上部的动盘与坐盆骨架连接，位于下部的定盘与上滑轨连接。在旋转过程中滑轨固定不动，座椅上部随着动盘旋转。压盘位于动盘上方且与定盘固定连接。旋转盘为滚动旋转，依靠两组滚珠实现动盘与定盘的相对运动。其中上滚珠组件位于压盘与动盘支架之间，下滚珠组件位于动盘与定盘之间。

驱动电机组安装在定盘上，包含驱动电机、驱动齿轮等；驱动齿轮组上安装有半圆形齿条，半圆形齿条的圆心与旋转支架的回转中心重合，半圆形齿条与驱动齿轮啮合；驱动电机组件中的驱动齿轮通过半圆形齿条驱动旋转盘旋转。为了避免座椅线束无限制旋转而被拧断，旋转角度设定为在0°～180°之间往复转动。

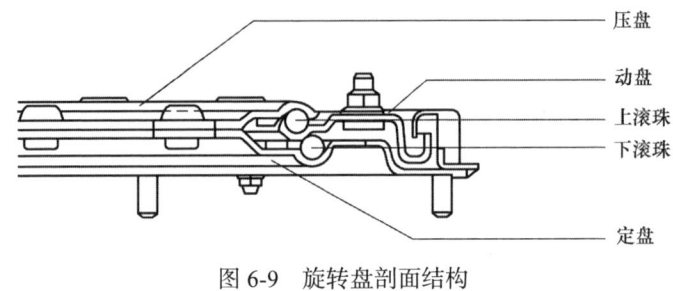

图 6-9　旋转盘剖面结构

2. 技术难点

虽然旋转座椅可以解锁很多场景模式，但是目前还存在诸多问题限制了旋转座椅技术的量产应用，主要包括：

（1）法规要求

ECE R17 及 GB 15083—2019 中要求座椅处于所有调节位置时，都需满足在前向、后向动态碰撞试验后座椅骨架及锁止装置不能失效。目前旋转座椅结构强度尚无法满足上述条件。

（2）布置需求

座椅自身旋转包络较大，有乘员乘坐时旋转包络更会进一步增大。一般车型受整体车宽、轴距等尺寸限制，座椅无法在车内有足够的空间进行旋转。

（3）头部空间的限制

由于旋转盘组件本身具有一定厚度，在原有的滑轨和坐盆骨架之间插入了旋转盘组件后，必然会导致整椅高度以及座椅 H 点相应抬升，进而影响乘员的头部空间。

（4）旋转盘速度的限制

旋转盘的转速受电机功率限制，目前主流在研的旋转盘转动 180° 需要 15～20s，旋转所用时间较长，需要使用更高速的电机提高转速。

三、电动折叠技术

近年来，由于二胎政策的放开以及家庭人口结构的变化，除了传统 5 座车外，越来越多的车企纷纷研发和投放 6/7 座车型，以满足用户的多样化需求。由于车身长度的限制，增加第三排座椅意味着行李箱空间缩小，对于家用车来说，第三排座椅放倒和抬起的需求大大提高，电动折叠的应用能够有效提升产品的便利性和品质感。

1. 技术原理

以第三排电动折叠座椅为例,目前电动折叠的实现方式主要有两种:

(1)通过电动调角器实现

靠背骨架下端布置双侧电动调角器,调角器通过同步杆连接,电机驱动同步杆转动,实现调角器的解锁和靠背翻倒,如图 6-10 所示。这种方式类似于前排电动座椅的靠背角度调节功能。

(2)通过电动齿轮机构实现

这种方式可在手动座椅骨架的基础上实现靠背翻折功能。以某座椅厂商的电动翻折机构为例,该机构包括驱动电机、解锁凸轮、行程控制齿轮、扇形齿轮、调角器解锁手柄、输出轴、曲柄等。如图 6-11 所示,驱动电机通过输出轴穿过座垫骨架下连接板上的孔安装在座垫骨架下连接板上,输出轴上同时装有解锁齿轮和翻折驱动齿轮,并分别布置于下连接板两侧,行程控制齿轮套在翻折驱动齿轮上,与行程齿轮啮合的扇形齿轮固定在调角器上连接板上。

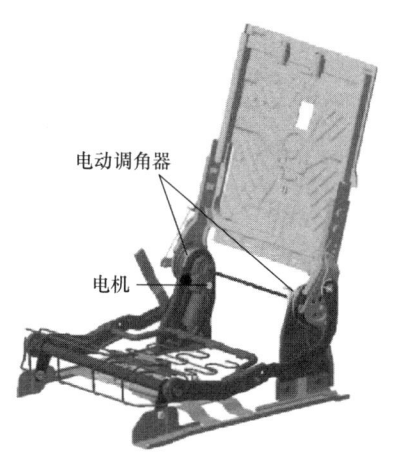

图 6-10 采用电动调角器的电动折叠座椅示意图

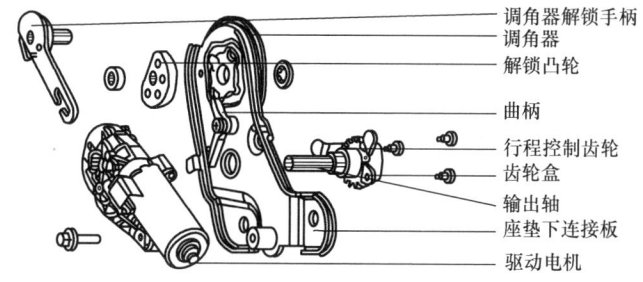

a) 电动翻折机构分解示意图

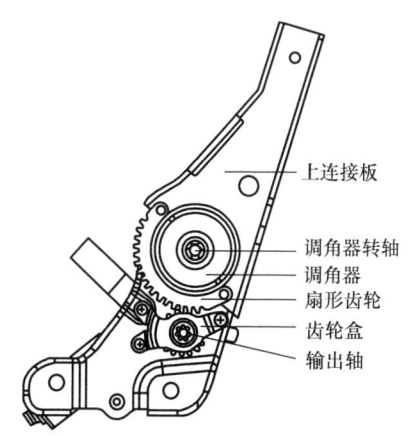

b) 电动翻折机构与骨架装配示意图

图 6-11 采用电动齿轮机构的电动折叠结构示意图

电机工作时，通过输出轴带动解锁凸轮转动，解锁凸轮转动至弧面接触曲柄，通过曲柄的转动带动手柄解锁调角器，此时靠背处于解锁状态，靠背在驱动齿轮和行程控制齿轮的转动下，绕着扇形齿轮作相对转动，即表现为靠背的翻折和抬起。此结构形式的特点是调角器的解锁和靠背的旋转均由一个电机控制，零件较少，结构较紧凑，成本较低。

2. 技术难点

目前，电动折叠技术所面临的技术难点如下：

（1）电动调节功能与翻折功能的融合

为使乘员能精准地调节靠背角度，采用电动调角器形式时，其靠背的转动速度通常设置得较慢，完全折叠一般需要 20s 左右，这与快速放倒的诉求不匹配；采用电动齿轮机构时，快速折叠的需求可以实现，但目前基本是与手动调角器配合，无法实现靠背电动角度调节。将双速电机与电动调角器配合使用是解决该问题的一种思路，目前尚在研究中。

（2）翻转空间不足

法规要求的后排头枕高度在 750mm 以上，配置了头枕的靠背长度远大于座垫，即当靠背放倒时，可能出现头枕与前排座椅干涉的情况，且一般的 7 座车二排座椅带有前后调节功能，当二排座椅位置靠后时，会加剧干涉情况，导致靠背放倒功能异常。通过增加三排头枕折叠功能，并将头枕折叠、二排座椅移动与电动折叠功能联动，实现在靠背折叠时头枕也自动折叠，前排座椅移动避让，可以避免翻折过程中的相互干涉，为乘员带来便利。当然，联动功能的增加也增大了系统的复杂性和成本。

（3）防夹及误操作

由于座椅靠背需要在直立乘坐和放倒置物两种模式间切换，当开关被货物或人误触时，可能存在夹人风险，极端情况下还可能产生安全碰撞风险。因此需要增加电控模块，并对各种使用工况进行可靠性测试。

四、技术应用

电动移动技术可以实现快捷的长距离移动，扩大了座椅的活动空间；电动旋转技术丰富了座椅活动的自由度；电动折叠技术可以贡献非常可观的舱内空间。将三者结合应用，可以实现座椅布局的自由组合变换，支持快速切换驾驶模式、娱乐模式、休息模式等，配合车辆制造出丰富的场景。

以 2017 年上海车展上延锋汽车内饰展示的"YF17"概念车为例，如图 6-12 所示，在常规驾驶模式下，车内座椅布局与传统车辆类似，前排座椅向前，后排座椅中间布置有宽大舒适的扶手。

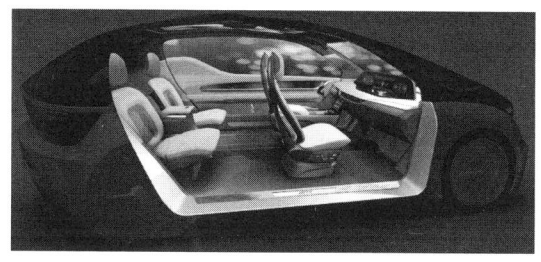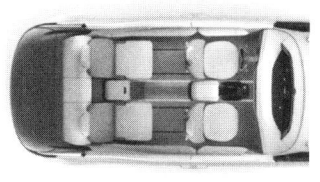

图 6-12　驾驶模式座椅布局示意图

当切换至家庭模式时，自动驾驶功能开启，前排座椅椅背相向旋转，后排的中控扶手向前移动，后排两侧的座椅并拢组合在一起，如图 6-13 所示。座舱变成了家中的客厅，全家人就像围坐在客厅沙发上，可以一起观影、娱乐、畅谈，轻松自在，尽享惬意旅程。

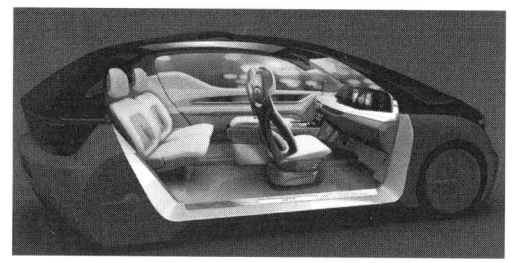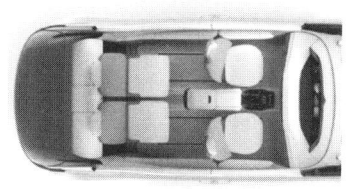

图 6-13　家庭模式座椅布局示意图

在会面模式下，如图 6-14 所示，后排座椅自动折叠收纳到行李箱内，车内座椅由四座变成两座。驾驶人座椅向后滑动到后排座椅位置，前排乘客座椅旋转 180° 面朝后方，乘员间可以面对面会晤交谈，整个座舱就像一个移动的会议厅。

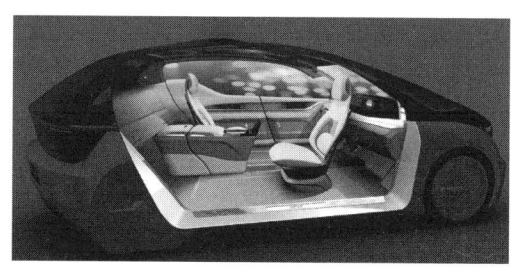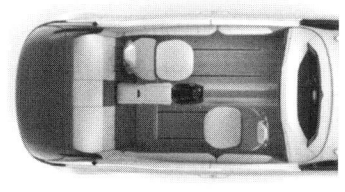

图 6-14　会面模式座椅布局示意图

在独享模式下，如图 6-15 所示，后排座椅仍被折叠收起，前排座椅全部面向前方并移动到后排位置。乘员可以尽情享受专属的独处空间，可以高效工作，也可以放松身心，享受自在旅途。同时当后排乘员疲惫时，座椅靠背在收到指令后自动调整到舒适位置，为乘员提供良好的休息环境。

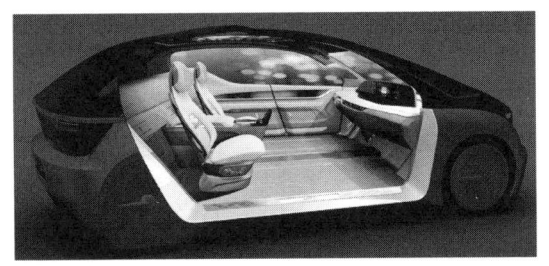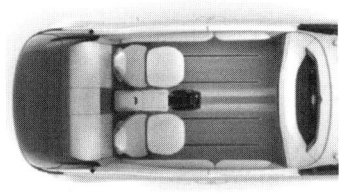

图 6-15　独享模式座椅布局示意图

第三节　主动舒适技术

在座椅的设计开发中，如何用同一个座椅去满足不同乘员在不同状态下的舒适性要求是一个巨大的挑战。每个乘员体型和个人偏好不同，对舒适性的感知也存在差异。即使同一个乘员，在不同身体状态下对舒适性的需求也不尽相同。随着智能交互技术的发展，一种理想的解决方式随之产生，这就是主动舒适技术，让座椅自主地与乘员交互，了解乘员的状态，感知乘员的需求，并据此提供差异化的服务。主动舒适技术涵盖多个方面，包括自适应技术、独立声区技术、智能温场技术、健康监测技术等。

一、自适应技术

1. 技术原理

自适应技术是一个能根据使用者和环境变化智能调节自身特性的反馈控制系统。在座椅设计中采用的自适应技术主要包括三个步骤：数据库建立、数据采集与判断以及执行器按设定执行。

首先，在采集大量样本数据的基础上建立"乘员体型坐姿数据库"，需要涵盖各种体型与坐姿的映射关系、动静态舒适性支撑数据等。其次，座椅内布置柔性传感器与 ECU，传感器用于采集乘员各部位压力信息，ECU 控制器用于将采集的信息与数据库进行对比判断，输出信号供执行器执行。执行器主要包括两类，一类是布置在座椅骨架上的带有霍尔传感器的水平电机、调高电机、调角电机、头枕调节电机等，用于位置调节；另一类是布置在发泡中块区域及侧翼区域的形状各异的气袋及气泵或者机械调节机构，用于座椅型面及软硬度调节，如图 6-16 所示。其中气袋的应用更为广泛，本节以采用气袋的方式为例进行介绍。执行器收到控制器的信号后执行相应动作，如调节座椅的位置角度、调节气袋的充气量等。执行器还可以进一步拓展，如加热垫、通风系统、头枕扬声器等，从而实现更多的功能。

第六章 智能交互座椅技术

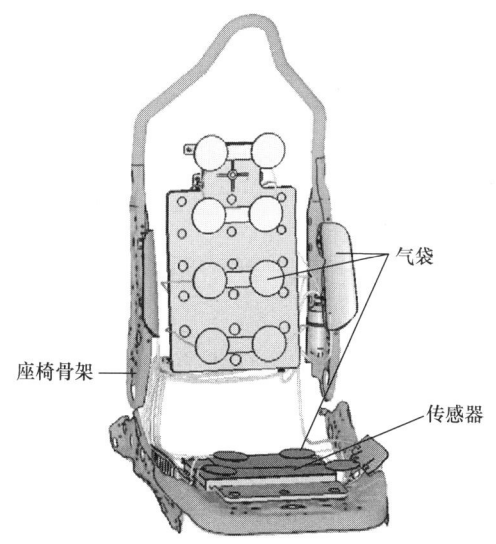

图 6-16 气袋布置示意图

座椅自适应技术的具体应用场景大致如下：

（1）开门迎宾

当乘员打开车门时，开门信号传输到座椅上的控制模块，控制模块向带有霍尔传感器的水平电机发送霍尔脉冲，启动水平电机，座椅向后调节至预设位置进行迎宾。此过程的信号传输过程为：开门信号—控制器—执行器（座椅电机）—座椅调节。

（2）位置适应

乘员落座后，座椅上布置的柔性压力传感器探测乘员身高，将身高信息和存储在控制模块中的体型数据库进行对比判断，调节电动头枕上下位置使其中部能够支撑于乘员头部正后方，调节座椅上下、前后位置使得乘员有舒适的头部、膝部空间。此过程的信号传输过程为：压力信号—控制器—执行器（座椅电机）—头枕和座椅调节。

（3）静态舒适性适应

当以上过程完成后，座椅侧翼中的传感器探测乘员施加于侧翼的压力。当压力小于设定的阈值（如 $0.34N/cm^2$）时，侧翼中预埋的气袋开始充气，直到压力达到预设值，以确保侧翼能够给予乘员有效的侧翼支撑，提供良好的静态舒适性。此过程的信号传输过程为：压力信号—控制器—执行器（气泵和气袋）—座椅形面调节—压力传感器，如图 6-17 所示。

（4）弯道舒适性适应

当车辆转向时，乘员受离心力的作用会向离

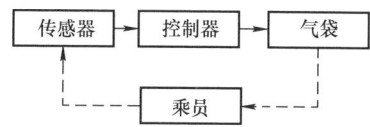

图 6-17 信号传输过程示意图

心侧偏移，影响乘坐体验。当预判到有转向需求时，可通过离心侧座垫、靠背侧翼的内置气袋充气，给予乘员主动支撑，过弯后随即恢复至原始状态。可通过多种方式实现预判，如使用车载高精度地图读取路线、检测转向盘角度变化等。以使用车载高精度地图为例，此过程的信号传输过程为：车载地图（T-BOX）—控制器—执行器（气泵和气袋）—侧翼调节。

（5）长途舒适性适应

长途驾乘的主要痛点体验是腰部和臀部疼痛。为解决长途舒适性问题，可在座垫、靠背发泡下方预埋气袋。当座椅控制模块接收到占位传感器接通（表示有乘员乘坐）的信号时长大于设定的阈值（如2h）时，气袋分别充气至预设值。气袋充气后，座垫中部Z向高度改变，进而改变乘员实际坐姿，从而起到缓解局部压力和提升舒适性的作用。此过程的信号传输过程为：压力信号—控制器（时长判断）—执行器（气泵和气袋）—座垫形面调节。

自适应技术的应用基本贯穿了整个行程，是智能交互座舱重要的发展方向。在自适应座椅调节的整个过程中，座椅各部分通过"探测—判断—调整"的过程和座椅乘员进行互动，达到"知你知行"的状态。

2. 技术难点

目前，座椅自适应技术还处于研究阶段，仍然存在很多技术难点，具体如下：

（1）数据采集

数据采集依靠布置在座椅上的压力传感器进行。传感器的精度和灵敏度影响着数据采集的准确性。同时整车不同的使用工况，如路况、温度等环境差异，也对传感器的稳定性提出了很高的要求。

（2）信息判断

判断的基础是样本量足够大的数据库以及相对准确的判断逻辑。数据库的建立需要大量全面地采集人体信息，是一个长期的过程。从采集的信息中提取相关的特征，建立人体特征与座椅舒适性参数的对应关系，也是一个复杂的过程，需要通过反复的调试才有可能达到理想状态。

除此之外，由于自适应技术是基于大数据的采集预设的最优状态，而个体的差异可能还会带来微小的偏差。未来，如果将自适应技术和深度学习功能结合，根据常用乘员的喜好自我修订设置，可能会带来更加完美的效果。

（3）执行

气泵和气袋等执行器需要在座椅有限的内部空间内进行布置。在座椅造型轻薄化的趋势下，气袋的布置变得更加困难。此外，转弯等情况需要执行器的快速响应，即侧翼气袋应迅速充气，目前气袋完全充满大约需要15~20s，充气速率还有待提高。

二、独立声区技术

1. 技术原理

独立声区技术是通过音响设计和数字信号处理系统优化扬声器的定向性能，实现车内各区间特定声音效果的技术。如图 6-18 所示，独立声区音响系统包括车内现有的音响系统扬声器、配有微型扬声器技术的头枕扬声器，以及位于车顶的电动平面扬声器。声音数字信号经过特殊的互补式处理以适应车内空间和扬声器，从而调和其他区域的音乐、语音或杂音，使得每位乘员都能开启和控制"专属音响区"。考虑到电动平面扬声器价格昂贵，可以通过整车功率放大器对头枕扬声器进行信号处理和参数调整，在行车过程中获得互不干扰的独立声区。需要说明的是，独立声区技术并不会消除全部声响和信号，而是按照乘坐者在车内的位置和当前的听觉模式进行优化调整，确保其享受独立的音响体验。

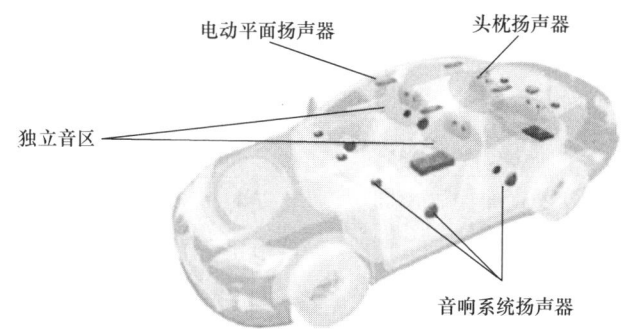

图 6-18　汽车音响系统独立声区方案

独立声区技术可以让位于不同座位的乘员享受独立的音响专区。汽车座椅头枕是汽车中最接近乘员耳朵的部分，如图 6-19 所示，将扬声器模块集成到头枕之中，可以显著提升音响系统的质量。常规布置方案如图 6-20 所示：通过固定支架将头枕扬声器固定，并提供前、后、左、右塑料罩盖对声道进行保护，最后包覆发泡、面套，其中左、右侧罩盖处需要保证一定的开孔率，音响模块通过线束与整车功放进行连接。

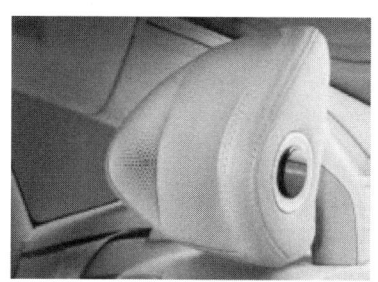 

图 6-19　集成式头枕扬声器

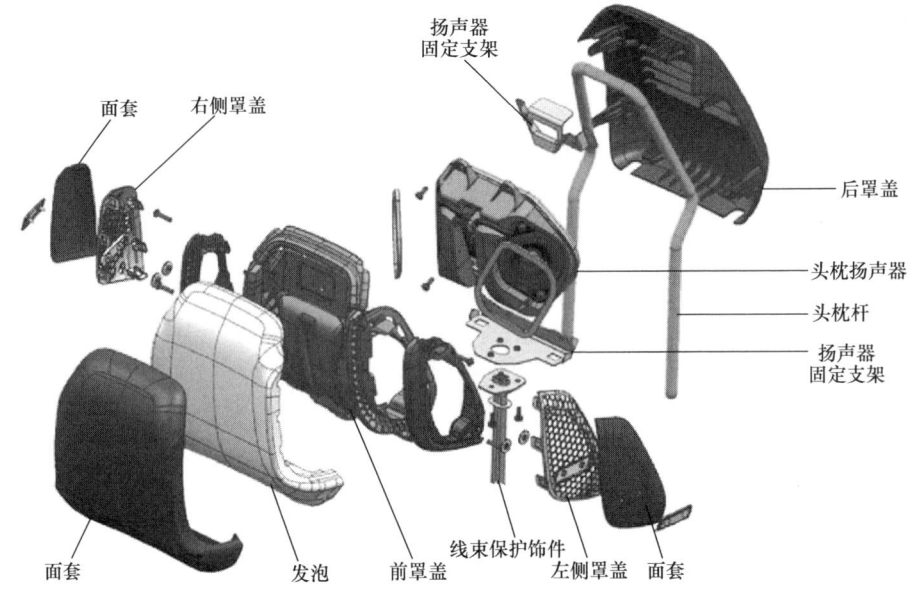

图 6-20　头枕扬声器布置示意图

头枕扬声器在带来声音品质提升的同时，对设计提出了更高的要求。首先集成头枕扬声器将会导致座椅重量增加，从而引起整椅模态的变化，可能会在某些工况下产生引起不适的振动和异响。其次，由于头枕中集成了头枕扬声器，所以可能会影响鞭打试验得分，需要在开发设计阶段重点评估风险。

2. 技术应用

共享出行使得创建车内私人空间变得尤为重要，如图 6-21 所示，独立声区技术专注于让乘员享受并管理个人的声音偏好，能够营造更具空间感的环绕音效体验，获得更个性化的驾乘体验。

图 6-21　独立声区技术应用场景

在 2017 年 CES 国际消费电子展上，宝马推出了 i Inside Future 概念座舱搭载个性化音效装置（BMW Sound Curtain），如图 6-22 所示。这种个性化音效装置应用了独立声区技术,通过在前、后排配备集成扬声器的座椅头枕,驾驶人可以播放自己的歌单并聆听导航指示,同处一室的其他乘员可以各自享受喜爱的娱乐节目,互不干扰。从用户感知角度出发,这种装置为共享同一个座舱的乘员营造出了专属的私人空间。

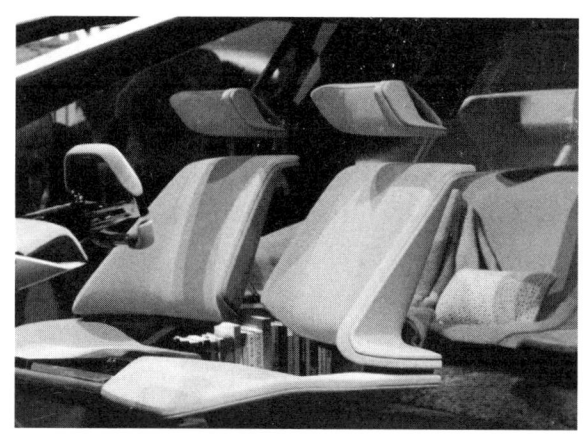

图 6-22　宝马 i Inside Future 概念座舱搭载个性化音效装置

同样是在 2017 年 CES 国际消费电子展上,音响厂商 Bose 展示了声音信号导向技术,也是对独立声区技术的一种拓展应用。利用"超近场头枕扬声器"在内的多个扬声器,配合对应的算法,可实现对非娱乐声音信号进行导向,使其置于虚拟空间中相对应的位置上。例如当导航提示左转时,导航声音会从驾驶人左侧发出;当有行人从车的右前方横穿马路时,"注意行人"的警示音会从右前方发出。该技术让原本的语音指令和提醒更加具象,用更加直观的方式帮助驾驶人更好地掌握路况信息,从而提高驾乘安全性。

除此之外,独立声区技术还可以作为车内主动降噪方案的补充,矫正传声器提供的振幅和相位反馈。整车功率放大器通过主动降噪控制软件输出反相位的降噪声波,搭载独立声区技术的集成式头枕扬声器,可以降低系统反应时间,完善降噪效果,帮助乘员过滤掉其他噪声,以提高声音体验的舒适性和私密性,有助于保持出行环境的安静。

三、智能温场技术

乘员对于温度的感知受到地域、体质以及个人偏好等多因素的影响,而通过车辆空调集中控制的方式,无法照顾到每个人的感受,甚至会引起某些乘员的不适。因此如果乘员可以根据个人需求独立调节温度,就会显著提升舒适性。此外在温度调节的执行上,传统的执行单元存在加热温度不均匀、降温效果不明显、能耗较大等问题,因此智能温场技术应运而生。

1. 技术原理

智能温场技术是指对座舱环境温度进行实时监测，并根据预设定的参数自动调节温度的技术。座椅作为与乘员直接接触的零件，其温度的变化对乘员感受有明显的影响，是智能温场技术应用的重要部件。通过自动控制加热、通风等执行单元分时分区工作来调节座椅表面温度，以达到用户最佳舒适度。

（1）温度分区控制

温度的感知是通过布置在不同区域的温度传感器探测车内各乘员位置的环境温度及座椅表面温度。温度探测结果及控制按钮可以直观地显示在中控屏幕上，并由乘员独立控制执行单元的启动及关闭，或者通过初步设定启动及关闭相应功能的温度阀值实现自动启动。同时该技术可以与大数据结合或是嵌入深度学习功能来提升系统的智能化程度，作为自适应技术的扩展，全方位地优化舒适感知。

除了每个座位的温度可以分别控制外，还可以进一步对座椅的区域进行更精细的划分，例如在座垫、靠背的中块和侧翼以及头枕的下部等区域分别设置独立的执行单元，实现更精确的分区温度管理，如图 6-23 所示。

图 6-23 温度分区控制示意图（见彩插）

（2）新型执行单元

为提升执行单元的效率，近年来发展出利用半导体制冷制热的性能特性，将常规的加热、通风两套系统集成在一个执行单元的技术，并可以实现多级调节及冷热切换。其基本原理是利用半导体的帕耳帖效应（Peltier Effect），如图 6-24 所示，在现有通风机构的基础上，将作为热电偶的半导体元件设置在风道的出风口处。当通入直流电流后，因直流电流通入的方向不同，电偶结点处产生吸热或放热现象，经由风扇吹入的气体进行能量交换后再从座椅表面吹出，从而实现制冷或加热的效果。

传统的通风机构仅仅是将车内空气经由座椅表面吸入或吹出，而应用半导体的这种技术具有制冷的效果，能实现更好的降温舒适效果。

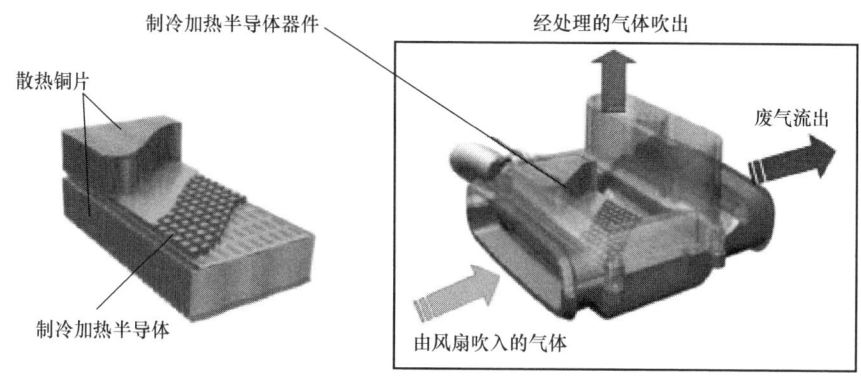

图 6-24 半导体制热制冷原理

2. 技术应用

相对于车辆空调单一的温控方式,智能温场技术能够更高效、灵活、精确地实现温度调控,以更小的能耗达到舒适的最大化。如图 6-25 所示,宝马 X8 敞篷车的前排座椅集成有颈部加热器,结合车顶开闭、车速高低等信息综合判断后,开启颈部加热功能,实现局部区域的温度调节,为乘员提供舒适体验。

座椅仅是座舱温度调节的载体之一,智能温场技术也可进一步扩展至内饰其他零件,如转向盘、门饰板、顶棚、中控扶手、杯托等。如图 6-26 所示,转向盘加热使驾驶人的手不再冰冷;在门饰板、顶棚、中控台等内饰表面集成有加热元件,将乘员温暖地包围起来;车载冰箱、可加热/制冷的杯托可以保持热饮温暖、冷饮凉爽的口感。除系统预设的温控效果外,还可以进行个性化设置,使每位乘员享受专属的舒适体验。

图 6-25 配有颈部加热器的座椅

图 6-26　智能温场技术应用示意图

四、健康监测技术

对乘员状态的了解是座椅各项功能响应的基础。在乘车过程中，通过生物传感器监测乘员的生理指标，获知其身体状态，这就是健康监测技术。监测到的信息可以作为各项功能自适应开启的依据，也可以进行乘员身体健康状态的记录，并在必要时进行预警。这个过程不会额外占用乘员的时间，也不会对驾乘活动产生影响，无声地给予乘员细致贴心的关怀，在人们繁忙又对健康日益重视的今天显得更加有意义。目前，健康监测技术主要以心率、呼吸频率、血氧饱和度等参数的研究应用为主。

1. 技术原理

心率表征的是心脏的跳动频率，它与心脏疾病、压力水平、疲劳程度、情绪等密切相关；呼吸频率表征的是每分钟的呼吸次数；血氧饱和度表征的是血液中被氧结合的氧合血红蛋白（HbO_2）的容量占全部可结合的血红蛋白（Hb）容量的百分比，它和呼吸频率均是呼吸循环的重要生理参数。

座椅上测量心率、呼吸频率、血氧饱和度的方法主要有三种：

（1）心电 ECG——测量心率

此方法利用的原理是心脏跳动时在体表产生的周期性电位效应。通过电极直接接触皮肤，可以采集电信号并据此计算出心率。此种方式虽然测量的准确度较高，但由于很难保证乘员皮肤与座椅的直接接触，因此在座椅上应用的局限性和难度较高。

（2）光电法（PPG）——测量心率和血氧饱和度

此方法利用的原理是在心脏收缩舒张过程中，外周血管中的微动脉、毛细血管和维静脉内流过的血液相应地呈脉动性变化。当特定的 LED 光射向人体后，部分会被人体吸收。如图 6-27 所示，由于人体中的骨骼、肌肉等组织对光的吸收是不变的，但血液由于心脏搏动对光的吸收有变化，这样光经过人体吸收并反射，被光敏传感器接收并转化为直流信号和交流信号，通过分析其中的交流信号即可得出心率。血氧饱和度的测试原理也是类似的，依据的是血液中氧合血红蛋白和非氧合血红蛋白对特定光线的吸收差异。

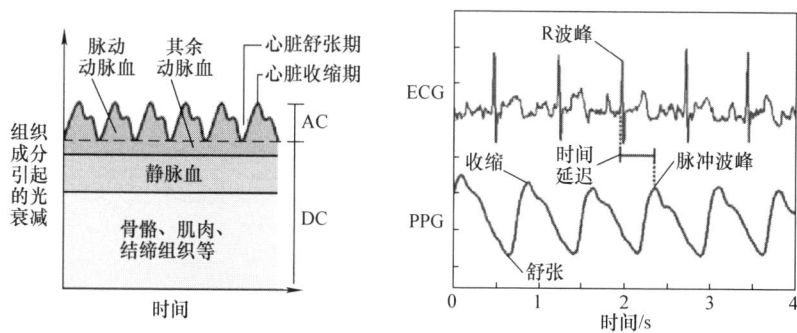

图 6-27　光电测量原理及心率信号示意图

（3）力位移法——测量心率和呼吸频率

此方法利用的是心脏搏动时血液的喷射与回流会使人体产生微弱颤动，座椅上大多采用这种方法。通过阵列式布置在座椅上的压电传感器，采集心冲击（BCG）信号，如图 6-28 所示，对 BCG 信号进行处理，获得心率信息。此技术采用压电薄膜式传感器、压电陶瓷传感器、微弯光纤传感器等。为获得更加准确的信号，在座椅上布置传感器时，建议布置在解剖学上心脏对应的位置。由于呼吸会伴随胸腔的起伏，采用同样的原理也可获得呼吸频率信息，差别在于传感器需布置在解剖学上胸腔对应的位置。

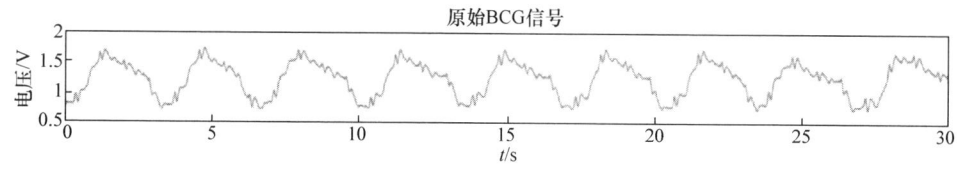

图 6-28　心冲击信号示意图

以某座椅厂商的体征监测座椅系统为例，如图 6-29 所示，其在座椅的座垫和靠背上以阵列形式布置了一系列传感器，其中生物压电传感器 1 和 2 离心脏和肺部最近，主要用于收集心脏跳动产生的心率信息和肺部收缩产生的呼吸信息，传感器 3 和 4 主要用于收集人的自主和非自主运动信息。噪声传感器布置在远离人体的接触区域，生成的信号仅指示噪声，用于信号处理时消除其他传感器中收集到的电信号噪声。

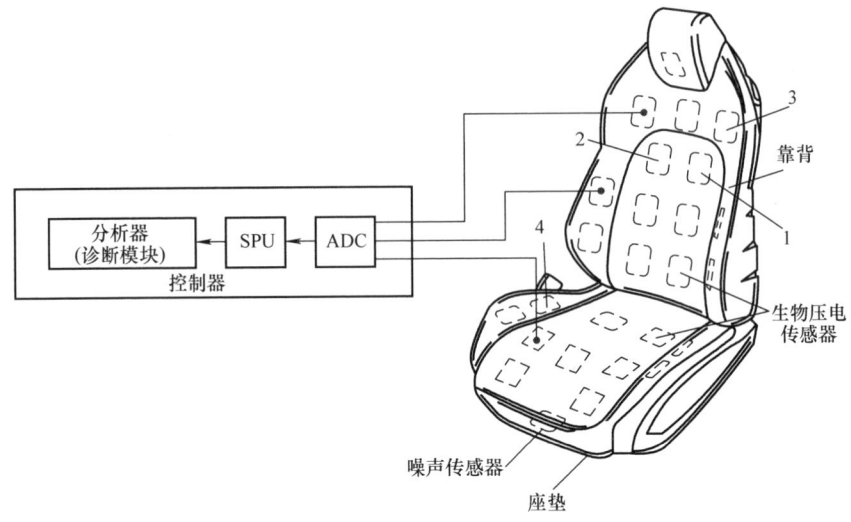

图 6-29　体征监测座椅系统示意图

2. 技术应用

车辆对乘员的了解越多，就越能为乘员提供细致贴心的服务。分析应用传感器采集的体征信息，可以实现以下功能：

（1）健康疲劳监测

当驾驶人出现情绪烦躁、疲劳、分心等行为，或突发心脏病、气喘等紧急状况时，存在严重的行车安全隐患。如图 6-30 所示，通过监测驾驶人的心率、呼吸频率等参数可以帮助车辆随时了解驾驶人的体征状态，提高驾驶安全性。例如，当车辆判断驾驶人出现疲劳分心时，可以通过座椅上的振动电机给予提醒；当驾驶人出现情绪烦躁影响开车节奏时，可以开启座椅通风功能、播放音乐、释放香氛等，舒缓驾驶人的情绪；当驾驶人突发疾病严重影响驾驶安全时，会主动呼叫医疗系统，并开启自动驾驶功能接管车辆。

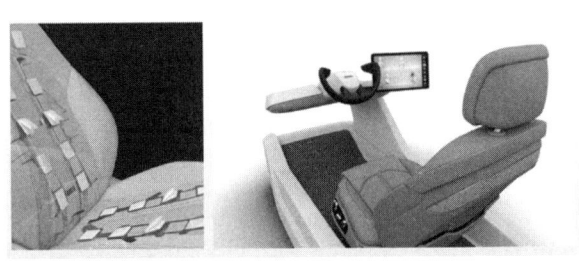

图 6-30　体征健康监测座椅示意图

（2）车内儿童遗忘提醒

每到夏天，总可见小孩被遗忘在汽车内导致其生命陷于困境的报道。如图 6-31 所示，健康监测系统通过生命体征数据的采集，可以判断座椅上是否有人就坐，结合控制器了解到的其他车辆信息，比如发动机有无动力、车窗是否关闭、车内温度等，判断车内乘员的危险程度。当危险程度高时，控制器通过触发警报器或通过 App 发送消息给车主，避免危险事件的发生。

图 6-31　生命监测智能座舱

（3）事故救护协助

健康监测数据也可用于紧急情况下的提前分诊，提高乘员生还的可能性。控制器通过车辆状态检测器检测车辆是否发生事故，并提取事故之前、期间及之后的乘员体征信息，发送给急救人员；急救人员借此评估车辆乘员的危急程度，并配置相应的救护设备。

（4）私人健康顾问

当驾驶人在车上的时间累积到一定的长度，座椅或者是车辆上的其他智能设备就能收集到更多的体征参数，即能结合健康大数据，通过云诊断平台对人的身体状况实时进行检测并给予相应建议。比如发现驾驶人心跳异常时，会提醒他及时就医，体现个性化关怀。

3. 技术难点

目前越来越多的主机厂或座椅制造商在研发健康监测座椅，但这一技术在实际运用中仍存在较多难点：

（1）数据采集的准确性

以力位移法测心率的技术为例，它可以在被测者无感情况下进行监测，但需要被测者尽可能减少身体移动，目前主要是应用在床垫上。当应用在汽车座椅上时，使用场景的变化对数据采集带来了更高的要求。路面的颠簸、车辆起动制动等动作都会引起驾驶人与座椅相对位置的变化；车辆本身的使用环境，如高温、低温、电磁干扰等会影响数据采集传感器的工作稳定性。这些情况都会对数据的准确性带来影响。将乘员生理监测信息与其他传感器采集的汽车行驶状态、驾驶行为等信息相结合，可以有效提升信息的准确性。

（2）数据分析和结果判定难度高

由于人体结构的复杂性，某一项体征参数的变化原因可能是多方面的，比如紧张、体温升高、饮酒、说谎、运动、心脏疾病等情况均可导致心率发生变化。当监测到心率异常时，往往需要结合个体过往的心率信息及大数据显示的某个人群的心率变化规律等综合判断。

（3）监测的参数单一

目前车载生物传感器能监测的体征参数比较有限，主要以心率、呼吸频率、体温为主，还难以对血压、血脂、血糖等指标进行监测，限制了体征监测的范围。

（4）隐私保护

个人健康状态被实时监测上传，也涉及个人隐私保护及法律方面的问题。

第四节　座椅轻量化技术

在 2020 年 CES 国际消费电子展上，国际知名汽车公司纷纷发布了面向未来自动驾驶时代的概念车型，如宝马的 i3 UrbanSuite、奥迪的 AI:ME 等。当聚焦到未来座椅的设计上，各大车企都不约而同地选择了更具科技感和未来感的轻量化座椅，如图 6-32 所示。可以预见，未来的座椅设计最为明显的趋势将是轻量化，这种轻量化不单单体现在重量的"轻"上，亦体现在造型的"薄"上。这是整车对轻量化的需求，也是智能交互座舱对空间的需求。

a) 宝马i3 UrbanSuite座椅　　　　　　b) 奥迪AI:ME座椅

图 6-32　新型座椅示例

通过结构优化、材料迭代以及先进工艺的应用，座椅可以实现在减重的同时"瘦身"，为整车轻量化做出贡献的同时释放车内空间，从"轻"和"薄"两个维度获得提升。本节将简要介绍镁铝合金、碳纤维材料以及面套模压成型工艺在座椅轻量化中的应用。

一、镁铝合金技术

座椅重量约占整车重量的 2%～5%，而座椅结构中重量占比最大的是座椅骨架，因此座椅骨架设计是座椅轻量化的重点。镁铝合金是目前工业生产中最轻的结构材料之一，在汽车上已有比较成熟的研究和应用。镁铝合金座椅骨架是座椅轻量化的重要手段之一，在法拉利、福特等车型上已有量产。

1. 技术原理

镁铝合金是一种轻质、可再循环、有良好铸造性能的绿色材料。镁铝合金在座椅骨架上的应用主要是替代原钢制结构框架,包括靠背骨架和坐盆骨架。其他机构件,如座椅滑轨、调角器、调高泵等,一般与传统钢制骨架相同。传统钢制结构与镁铝合金骨架对比如图 6-33 所示。

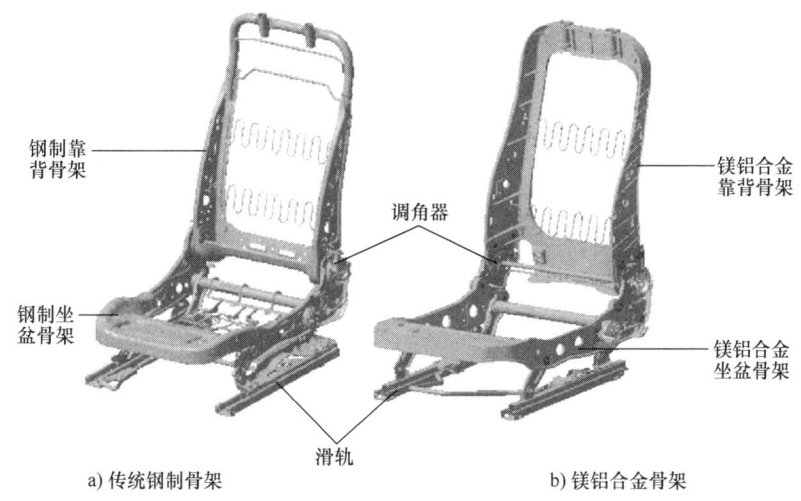

图 6-33 传统钢制与镁铝合金骨架对比

镁铝合金座椅骨架属于大型压铸件,靠背和坐盆分别一体压铸成形。基于座椅骨架高强度和高韧性的要求,推荐使用 AM 系列的铸造镁铝合金。见表 6-1,该系列镁铝合金具有较高的强度、优良的延伸性和能量吸收特性,适用于需经受冲击载荷、安全性要求较高的场合。尤其是牌号 AM60B 的镁铝合金拥有相对较高的抗拉强度,常用于如座椅框架、转向盘、仪表板横梁等安全件。

表 6-1 常用工程材料物理性能

材料类别	密度/ (g/cm³)	弹性模量/ GPa	比弹性模量	抗拉强度/ MPa	比抗拉强度	热导率/ [W/(m·K)]	减振系数 (35MPa)
镁铝合金	1.78	45	25.86	200~300	118~172	157	30~60
铝合金	2.7	70	25.9	200~350	73~128	247	2~5
塑料	1.5~2.0	15~25	10~12.5	100~250	50~167	20~50	—
铸铁	7.4	180	24.3	200~400	27~54	80	10~17

注:引自《压铸镁合金在汽车座椅骨架上的应用开发》。

由于镁铝合金具有熔点低,热导率、电导率及热膨胀系数大、化学活性强,易氧化且氧化物熔点高等特点,导致镁铝合金的焊接存在一系列问题,包括粗晶、气孔、热应力和裂纹、氧化蒸发、薄件的烧穿与塌陷等。镁铝合金零件焊接困难,接头性能较差,因此一体压铸的镁铝合金靠背和座垫与其他钢制件通常通过螺栓连接，如图 6-34 所示。在设计过程中，主要考虑在头枕静强度、靠背强度、安全带固定点强度、防下潜、正碰和后碰等试验工况下，保证靠背和坐盆结构以及关键接头满足设计要求。

镁铝合金座椅骨架是目前座椅轻量化设计中减重最明显的方案之一。以上汽集团自主研发的镁铝合金座椅骨架为例，该骨架较传统的钢制骨架减重约 3.2kg，减重比约 25%。与碳纤维等座椅骨架轻量化技术比较，镁铝合金座椅骨架的经济性较高。

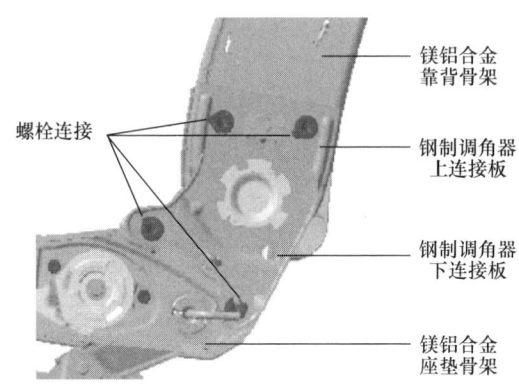

图 6-34　镁铝合金靠背、座垫与钢制件的连接方式

此外，镁铝合金骨架靠背和座垫的主体结构采用一体压铸工艺完成，相比传统钢制骨架减少了冲压、焊接等多步工序，其生产工艺更加简化，有助于提高座椅造型设计的自由度。

2. 技术难点

镁铝合金座椅骨架作为大型、复杂压铸件，结构设计和制造工艺难度很大，在设计阶段就要考虑包括性能、工艺、制造、装配、检验、维护可靠性、成本、质量等在内的产品生命周期内的所有要求。

1）汽车座椅骨架是主要受力件，对结构强度和疲劳耐久的要求都比较高。对比材料物性，镁铝合金的强度比传统钢材料要低，这对结构设计提出了很高的要求。

2）镁铝合金座椅靠背和座垫压铸模具设计和工艺要求比较高。由于镁铝合金的动力学黏度低，相同流体状态下的充型速度远大于传统铝合金，又因为其较小的比热容和相变潜热，使之在极短的时间内凝固，容易导致气孔、缩孔缩松、冷隔、氧化夹渣等缺陷。

受限于以上因素，镁铝合金座椅骨架目前仅在少量高端进口车型中有所应用。国内汽车产业轻量化技术仍与国际先进水平存在差距，镁铝合金的使用率差距较大。如何更好地发挥镁铝合金的轻量化优势，还需要不断研究探索。

二、碳纤维复合材料技术

20世纪50年代初,碳纤维连续长丝得以制备,由于其优异的比强度、比模量和耐高温特性被广泛关注,并逐步应用于航空航天领域。早期受制于工艺和成本,碳纤维作为生产原料在汽车上的运用仅局限于赛车及豪华跑车等高端车型。随着材料和工艺的不断革新,碳纤维复合材料大规模量产成为可能。在2014年日内瓦车展上,首款大批量生产的使用碳纤维车身的宝马i3正式亮相。宝马i3在座舱内运用了大量的碳纤维复合材料,如图6-35所示,使得这款电动车的整备质量较传统设计减轻了250~350kg。

图6-35 宝马i3碳纤维复合材料座舱

1. 技术原理

碳纤维是由碳元素组成的一种特种纤维,含碳量在90%以上。由于其石墨微晶结构沿纤维轴择优取向,所以沿纤维轴方向有很高的强度和模量。除此之外,碳纤维还具有导电、导热、耐高温、耐腐蚀等特点,其主要用途是作为增强材料与树脂、金属、陶瓷等复合,制造先进的碳纤维复合材料。碳纤维复合材料(CFRP)因重量轻、强度高、耐腐蚀和易吸能的特性,使其发展前景越来越广阔。与高强钢、镁铝合金等材料相比,碳纤维复合材料具有更高的比强度,在减重能力上更有优势。选用碳纤维复合材料制作联结零件、覆盖件,相比钢结构可实现减重30%左右。

使用碳纤维复合材料制作靠背骨架,不仅可以取代原有的金属靠背骨架,还可以作为外观件充当座椅背板,同时起到承受负载和外表美观的作用。

在突显动感前卫的设计理念下,采用一体式头枕的碳纤维复合材料靠背骨架能更好地满足造型的需求,如图6-36所示。设计时应重点关注与骨架强度及耐久强关联的性能要求,包括靠背强度、头枕静强度、靠背及头枕吸能、安全带固定点强度、正碰后碰性能以及骨架疲劳耐久性能要求。

使用碳纤维复合材料制作座椅骨架有以下几点优势:

(1)重量轻强度高

汽车上常用的碳纤维增强树脂基复合材料的密度为$1.5~2.0g/cm^3$,只有普通碳钢的$1/4~1/5$、铝合金的$2/3$左右,但碳纤维复合材料的机械性能优于金属材料,其抗拉强度为钢材的3~4倍,刚度为钢材的2~3倍,疲劳耐久性能为钢材的2倍。若按比强度计算,碳纤维复合材料是高强度钢的4~7倍。因此用碳纤维复合材料件替换原来的钢制件，其轻量化效果明显。各类碳纤维的性能对比见表 6-2。

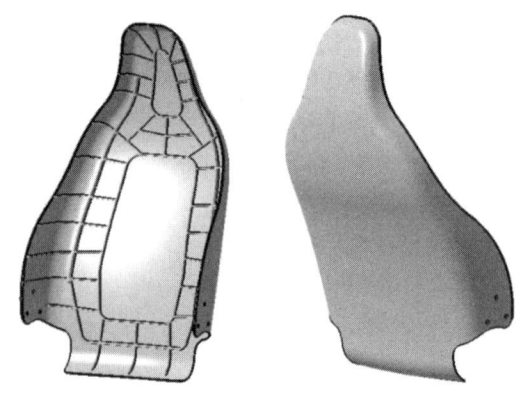

图 6-36　碳纤维靠背骨架示意图

表 6-2　各类碳纤维性能

性能	预氧化纤维	碳纤维			石墨纤维
		标准模量	中间模量	高模量	超高模量
弹性模量 /GPa	4	220～41	290～297	345～448	392～827
抗拉强度 /MPa	270	3450～4830	3450～6200	3450～5520	2100～2700
断裂伸长率（%）	6.7	1.5～2.2	1.3～2.0	0.7～1.0	0.5～0.27
电阻率 /（μΩ·cm）	—	1650	1450	900	220～890
热导率 /[W·(m·K)$^{-1}$]	—	20	20	50～80	84～640
轴向膨胀系数 /（×10^{-6}K^{-1}）	—	-0.4	-0.55	-0.75	-1.44
密度 /（g/cm^3）	1.39～1.50	1.8	1.8	1.9	1.81～2.18
碳含量（%）	64	95	95	＞99	＞99
碳纤维直径 /μm	—	6～8	5～6	5～8	5～8
生产厂家	BPAmoco	BPAmoco、Hexcel、Mitsubishi、Rayon、Toho、Toray、Tenax、Soficar Formosa			BPAmoco

注：引自《碳纤维增强复合材料在汽车上应用的新进展》。

（2）设计自由度高

碳纤维复合材料可以根据不同的用途要求，灵活地进行产品设计。根据产品结构受力情况，通过调整纤维的结构、排布方向或零件厚度，也可通过应用夹层结构提高部件整体刚性，以达到最佳轻量化设计方案。将碳纤维按照受力方向进行排布，可充分发挥复合材料强度的可设计性。相比传统金属材料，碳纤维复合材料可以在很大程度上减少工艺、结构对造型的限制。

（3）耐腐蚀性好

汽车上的许多零部件都要承受机油、汽油、汽车传动液等化学制剂的腐蚀，同时需抵抗高温、严寒、盐雾等恶劣环境，传统金属材料难以保证不同环境下的质量一致性及使用寿命。但碳纤维复合材料制品具有优异的耐酸、耐碱、耐盐和耐部分有机溶剂的性能，在相同的环境条件下，相比传统金属材料，普遍具有较好的耐候性。

碳纤维复合材料根据用途的不同，分为以下几类：碳纤维增强热固性复合材料（CFRTS）、碳纤维增强热塑性复合材料（CFRTP）、碳纤维增强碳基复合材料（C/C）、碳纤维增强金属基复合材料（CFRM）等。其中，CFRTS和CFRTP统称碳纤维增强树脂复合材料，是当下应用最为广泛的碳纤维复合材料。

常见CFRTS构件的加工工艺有裱糊成型、缠绕成型、树脂传递注塑成型/真空树脂传递成型（RTM/VARTM）、预浸料热压成型等。其中，前三种常见的CFRTS成型工艺无法避免的一个重要工艺步骤是材料铺层，此步骤对操作人员的经验、手法要求高，同时加工费时费力。为解决此类问题，一些公司采用预浸料的方式进行加工，即将碳纤维与树脂浸润形成半成品，然后经过热压和固化炉固化零件。

相较于CFRTS，CFRTP构件主流的成型工艺主要是热压成型：将预浸料按设计要求经过铺层处理，加热加压复合成半成品平板材料。由于是以热塑性树脂浸润而成，所以半成品板材再经过烘料、模压两个步骤，即可完成零件主体的成型。

2. 技术难点

（1）材料选型

采用RTM/VARTM及预浸料成型方法加工的CFRTS基本可满足车规要求，且已经用于高端跑车的量产零件，但热固性材料无法逃避的问题是固化时间长、材料回收利用率低、回收成本高，大大限制了该种材料制品的大规模量产应用。

CFRTP材料有成型工艺简单、加工效率高的优势，可以打破CFRTS应用的局限性，有更为广泛的应用前景，是未来重要的研究方向。

（2）连接方式

碳纤维复合材料用于座椅骨架的另一个重要设计难点，是碳纤维零件与其他零件的连接方式。座椅是由若干子零件组装而成的总成零件系统，其连接结构的设计影响着座椅的整体性能。目前在研的连接方式主要有黏结剂连接、铆钉连接、热压内嵌紧固件、超声波焊接紧固件、摩擦焊接紧固件等。各种连接方式的特点对比见表6-3。

表 6-3 碳纤维连接方式的特点对比

连接方法	优点	缺点
黏结剂连接	操作简单 工艺限制小，灵活度高，可人工操作，可工装操作	需额外增加粘接工序 增加物料成本（黏结剂） 黏结剂选型、粘接强度、固化时间等需严格控制
铆钉连接	操作简单 工艺限制小，灵活度高，可人工操作，可工装操作	增加冲孔与铆接工序 应力集中
热压内嵌紧固件	工艺流程简化 紧固件与碳纤维材料在熔融状态下结合牢靠	热塑性工艺（热压出模）有结构限制
超声波焊接紧固件	紧固件与碳纤维材料在熔融状态下结合牢靠	设备投入
摩擦焊接紧固件	紧固件与碳纤维材料在熔融状态下结合牢靠	设备投入

连接方式的选择，应基于造型、结构及其他输入条件，结合连接方式的特点综合评估，并通过充分的虚拟分析以及子系统和实车验证进行考核并最终确认。

（3）成本控制

成本昂贵是当前制约碳纤维复合材料在汽车零件上广泛应用最为重要的原因之一。除了碳纤维原材料本身物料成本外，其工艺流程复杂、设备投入大、人员经验与技术要求高、单件加工工时长、回收难度大、回收成本高等都大大增加了零件的量产成本。

为了有效控制零件成本，在选取材料时，可以充分发挥 CFRTP 加工效率高、回收利用难度低的优势；在设计零件时，采用仿真分析与样件验证相结合的设计方法，从骨架结构、材料铺层、材料组合三个维度，剔除设计冗余，最终实现性能和成本的双赢。

尽管碳纤维复合材料的应用仍然面临众多困难，但越来越多的整车及零部件厂商都开始尝试或已经应用了各种碳纤维复合材料。例如座椅供应商丰田纺织在 2015 年发布了碳纤维复合材料加工的座椅靠背，并应用于 GRMN86 车型；英国先进复合材料集团 ACG 公司更是将碳纤维增强热塑性材料作为今后轻量化与新能源技术的重点战略方向。随着技术的不断进步，碳纤维复合材料将在汽车上有更广泛的应用。

三、面套模压成型技术

受限于发泡和面套的生产制造工艺，传统的座椅造型厚重且单一。为突破瓶颈，实现整体造型的轻薄化，一种新型的面套模压成型技术顺势而生。

技术原理如下所述。

传统座椅的发泡与面套是相互分离的,面套缝制后再包覆在发泡外部。而面套模压成型工艺是先将黏结剂与发泡原料依次喷涂在面料表层,通过预先设计好的模具将表皮材料压制成型,同时在表皮表面产生预设的风格线条及花纹图案,再裁去多余部分,如图 6-37 所示。该技术的应用实例如图 6-38 所示。

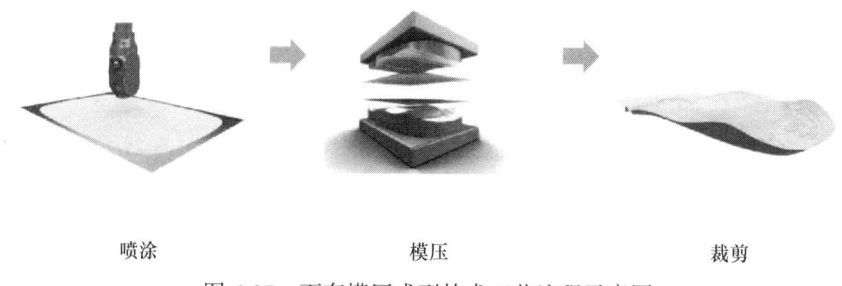

喷涂　　　　　　　　　模压　　　　　　　　　裁剪

图 6-37　面套模压成型技术工艺流程示意图

 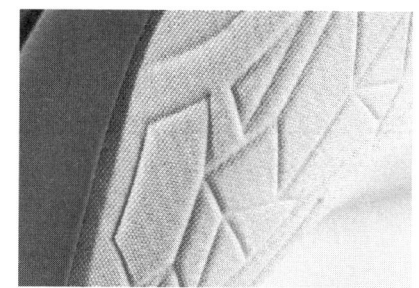

a) FreeFoam^{TM}创新包覆座椅面套　　　　b) CCT^{TM}可雕刻座椅面套

图 6-38　面套模压成型技术应用实例

面套模压成型技术具有以下的优势:

1)造型自由度提升:该技术摆脱了传统的工艺限制,可生产出具有高凹度造型面的座椅。凹面设计使得座椅轮廓更加贴近人体曲线,提升乘坐舒适性,同时能够有效减薄座椅,使整体造型轻巧灵活。由于可以呈现一定挺括的外观形状,能够代替传统的塑料座椅背板,实现重量减轻 70%。同时,该技术的应用可以实现多种造型细节。传统面套成型工艺座椅的风格线最小圆角为 20～25mm,而通过该技术的应用可使圆角减小至 3～4mm,实现不同形状与线条的流畅连接,并可精准定位于面套表面,使得座椅更加精致立体,为个性化和定制化座椅面套提供了更多的自由空间。

2)制造工艺简化:该技术采用无缝缝合,座椅表面结构简单、平整顺滑,更容易清洁,同时它还省去了传统面套的连接附件,制造与拆装都更为简单。此特点对于用于共享汽车来说,可以降低常规维护的难度,更加快捷便利。

目前面套模压成型技术已较为成熟,但成本较高,仅在高端车型如法拉第等超跑车型上使用。在未来，轻量化、个性化、共享化的需求递增，都会使其优势更加突显。

第五节 被动安全技术

安全性是汽车技术发展的重要课题，也是座椅的重要属性之一。得益于主动安全技术的发展，自动驾驶技术取得了长足的进步，成为未来汽车发展的趋势。随着自动驾驶级别的提升，自动驾驶系统将逐渐替代人类驾驶人进行驾驶行为，并应对各种工况，保证汽车的行驶安全。在这样颠覆性的变革中，包括座椅、安全带、安全气囊在内的车内被动安全配置将何去何从呢？

业界对于车内被动安全配置的未来充满争议，一种观点认为，自动驾驶可以对车辆运行的线路提前预知并规划，有效降低由驾驶人失误带来的碰撞风险，被动安全配置逐渐将无用武之地；另一种观点则认为，受制于多重因素的影响，如智能交通系统的可靠性、安全性和通畅性，道路交通的复杂性，车辆硬件自身的可靠性等，自动驾驶汽车依然难以实现零事故，因此作为对舱内乘员的最后一重保障，被动安全仍然是必要装备。不可否认的是，短期内被动安全配置仍不可或缺，不止于此，自动驾驶汽车中全新的乘坐环境还给乘员的安全和保护带来新的挑战与机遇。作为被动安全重要载体的座椅及乘员约束系统零件也应顺应趋势，朝着集成化、主动化的方向发展。

一、集成化技术

自动驾驶技术将解锁车内空间的全新应用方式。汽车不再需要驾驶人介入操作，乘员在车内灵活移动，以座椅为中心的安全变得至关重要。当座椅发生移动、旋转、大角度倾斜时，乘员位置和姿态随之发生很大变化。以往固定在车身上的安全带及安全气囊难以起到有效的保护作用，而将其集成在座椅上，与座椅随动是一种解决方案。

1. 技术原理

（1）大角度安全带

目前大多数安装在座椅上的安全带卷收器，只能满足座椅靠背在小角度范围内调节时的安全功能，而当座椅靠背大角度翻折时，安全带将会锁止，无法正常使用。为满足座椅靠背大角度调整的需求，大角度调节安全带应运而生。

与传统安全带相比，大角度调节安全带主要增加了调节机构，由卷收器的齿轮调节机构、角度检测机构和钢丝绳等组成，如图6-39所示。钢丝绳的两端分别连接齿轮调节机构和角度检测机构，角度检测机构又与座椅调节手柄机构相连。当乘员调节座椅手柄时，角度检测机构随之转动并带动钢丝绳运动，信号由此传递至齿轮调节机构。齿轮调节机构通过可调节的齿轮，将卷收器的角度设定在该乘员所需的角度,以达到正常的锁止功能。这种钢丝绳式锁止机构可以使安全带在座椅靠背角度 0°~90° 范围内调节时正常使用。

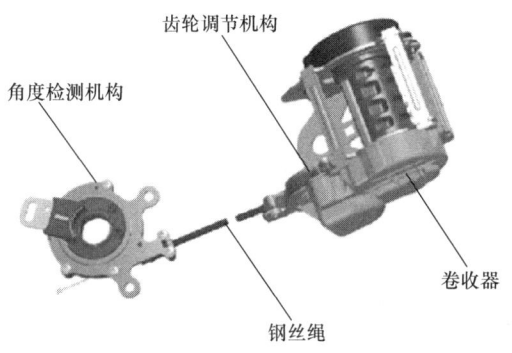

图 6-39　大角度安全带

（2）远端中置气囊

座椅侧面安全气囊（SAB）通常布置在乘员外侧,主要作用是在侧面碰撞工况中减少因车身侵入对乘员造成的伤害。然而在发生侧面碰撞时,远端乘员头部可能撞向车辆内部,或与其他乘员头部发生碰撞。根据欧洲汽车制造商协会的统计数据,在汽车侧面碰撞事故中发生这种二次伤害的概率高达 45%。

为了减少侧碰事故中二次伤害的情况,远端中置气囊（FSAB）得以研究应用,如图 6-40 所示。这种全新的气囊会从两个座椅中间弹出,形成一道屏障,既能防止驾驶人身体过度扭曲,也能防止事故发生时驾驶人与前排乘员的头部相撞,从而有效降低驾驶人与乘员头部受伤的风险。在发生事故时,如果前排座椅并未坐人,则中置侧方安全气囊可以避免驾驶人的头部与前排乘员座椅的侧面相撞。

图 6-40　远端中置气囊

FSAB 的固定方式与 SAB 类似,通常是通过螺栓紧固在座椅骨架上,布置时需要考虑气囊与 H 点、座椅、中控台扶手的关系,下面主要从这三个设计要点进行介绍。

FSAB 须根据 H 点进行设计,确保 FSAB 气袋展开后能给乘员的腰腹位置提供支撑以减少躯干的位移,并在乘员的头碰区域充气以减少头部和颈部伤害。二者不同在于,SAB 展开后会受到门饰板的支撑,而 FSAB 一侧缺少相应支撑,因此需要通过提高 FSAB 的刚度或增加拉带设计来提高保护的效果。

FSAB 的布置也进一步增加了座椅设计的难度。FSAB 需要同时限制乘员躯干位移和保护乘员头部,其保护范围相对 SAB 更大,故 FSAB 气囊模块的尺寸和重量更大。因此，FSAB 的布置要求座椅骨架有更大的强度，同时也增加了座椅造型和撕裂线的设计难点。与 SAB 系统点爆试验相比，FSAB 系统点爆试验难度更大。此外，FSAB 集成在座椅上，需要综合考虑汽车内部凸出物的法规要求。

FSAB 的布置对于中控台的设计也有一定要求。FSAB 现有的设计方案是在点爆后气袋下部需要卡在座椅和中控台之间以限制躯干的位移。因此 FSAB 要求中控台有一定的高度，确保气袋展开后的位置；同时中控台和座椅之间需要保留一定的间隙，确保气囊的展开空间，这对中控台的宽度有一定的限制，需要在整车布置时进行全面考虑。

（3）全包裹式安全气囊

传统的气囊主要分为转向盘安全气囊（DAB）、仪表板安全气囊（PAB）、座椅侧面安全气囊（SAB）、车顶侧安全气帘（CAB）、膝部气囊（KAB）等。各个气囊分别布置在车上不同的位置，在碰撞发生时与乘员的不同部位接触吸能，达到保护乘员的作用。

而自动驾驶普及后，乘员在车内的位置变得不确定，气囊也需要和座椅进行深度集成，以座椅为核心组成独立的约束系统对乘员进行保护。因此一种全包裹式安全气囊应运而生，如图 6-41 所示。这种气囊布置于座椅上，集成 SAB、CAB 和 FSAB 的功能。在车辆发生碰撞时，气囊沿着座椅设计的撕裂线，从乘员的四周展开，对乘员进行全包裹，形成 360° 的保护。无论乘员处于车内任何位置，都能得到有效的保护。全包裹式安全气囊目前还处于概念阶段，布置结构和系统性能有待进一步验证。

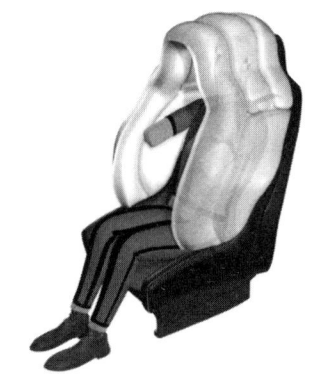

图 6-41 全包裹式安全气囊

（4）集成式儿童约束系统

儿童约束系统是保证儿童乘车安全的一种有效方式，能有效降低儿童在汽车事故中的伤亡情况。目前市售的通常是独立式儿童约束系统，体积较大，拆装不便又难收纳，在共享出行模式下其劣势会更加突显。

集成式儿童约束系统是将儿童约束系统与汽车座椅集成开发的产品，可同时满足儿童和成人的乘坐需求。由于儿童的身高与成人差异很大，为成人设计的三点式安全带的佩戴路径不适用于儿童，反而会给儿童带来伤害，因此需要通过增高结构，使得三点式安全带的路径可以正确地通过儿童的肩部和髋部形成约束。集成式儿童约束系统的设计，通常是将儿童使用的增高结构与成人使用的普通座垫集成在一起。在成人乘坐模式下，增高垫处于最低位置，隐藏在普通座垫中与普通座垫齐平；在儿童乘坐模式下，增高垫抬升至锁止位置，与安全带配合形成对儿童的约束保护系统。

集成式儿童约束系统需同时满足儿童和成人的使用工况要求，在汽车座椅的要求之外，追加了儿童约束系统的要求，如图 6-42 所示，需依照法规要求进行动态碰撞、翻转、吸能等一系列试验。

图 6-42　集成式儿童约束系统动态碰撞试验

2. 技术应用

宝马在 2020 年的 CES 国际消费电子展上发布了一款零重力座椅，如图 6-43 所示。此款座椅可以向后倾斜 40°或 60°，安全带则会随着乘员的移动相应调节，同时座椅上集成有一个全包裹式安全气囊，它展开时像一个蚕茧，能完全包裹住乘员，尽可能地吸收撞击时产生的能量。

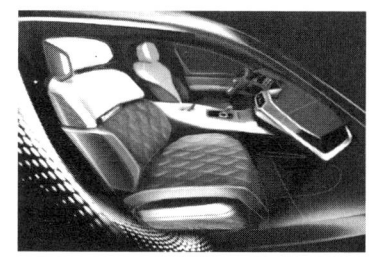

图 6-43　宝马零重力概念座椅

上汽荣威发布的集成式儿童约束系统在后排座椅座垫内嵌入儿童增高垫，如图 6-44 所示。可以通过调节增高垫的位置，快速便捷地完成儿童和成人乘坐模式的切换。同时该集成式儿童约束系统布置有用于头部支撑的隐藏式耳片、用于手臂支撑的双侧扶手、用于脚部支撑的踏板，全面提升了儿童乘坐的舒适性。此外该款集成式儿童约束系统还集成了适用于 3~6 岁的儿童五点式安全带，可以给儿童提供更好的保护，同时也拓展了适用人群。在共享出行中，可以根据预约信息或乘员实际情况轻松完成乘坐模式切换，带来更多便利。

a) 儿童乘坐模式　　　　　　　　b) 成人乘坐模式

图 6-44　上汽荣威集成式儿童约束系统

3. 技术难点

目前，安全带、安全气囊以及儿童约束系统集成在座椅上的方案都已经有了较为成熟的应用，但是它们在座椅上集成得越多，也就意味着座椅需要承担的载荷越大，对座椅的强度要求也越高。随之而来的还有重量、成本以及模态的变化，需要优化座椅的结构和布置，实现各方面的平衡。对于面向儿童的产品，还需要更多地从使用者角度出发，考虑特殊的使用工况，对设计的合理性和可靠性进行充分验证。

此外，集成在一起的各个零件需要进行系统性的设计，相互协调，才能达到各自性能的最佳匹配。这是一个复杂的过程，也一直是安全设计的难点之一。

二、主动化技术

座椅、安全带、安全气囊等乘员约束系统零件作为被动安全配置，其主要的目的是在不可避免的交通事故中尽量减轻乘员受伤害的程度。快速发展的主动安全技术，让"被动"的零件也有了更多"主动"的可能。结合 ADAS 系统对车辆碰撞事故提前预警的能力，将主动安全系统与座椅、安全带、安全气囊形成系统联动，利用从探测出风险到发生碰撞之间的时间差主动调整约束系统，为即将到来的碰撞做好全方位保护乘员的准备。

1. 技术原理

（1）座椅主动防护

传统的乘员约束系统设计对乘员的位置较为敏感，主要针对端坐朝前的身体姿势。有研究表明，座椅安全带或气囊无法对非标准坐姿的乘员提供有效保护，反而可能导致乘员下潜，对其腹部和颈部造成伤害。因此提出了在碰撞发生前将座椅主动调整到相对安全位置的座椅主动防护技术。

在座椅设计阶段主要采用 CAE、实车碰撞模拟等手段,评估不同位置、角度的座椅安全性能,将与安全带、安全气囊配合的最适合位置预设为安全位置。通过车载传感器识别乘员的实际位置和坐姿,在车辆碰撞前主动将座椅调整至预设的安全位置。该调整包括前后位置、上下位置、靠背倾角、座垫倾角、旋转角度、头枕位置等。

(2)电动安全带

电动安全带在预紧限力式安全带的基础上增加了预卷电机系统,如图 6-45 所示。此电机采用直流永磁有刷电机驱动涡轮蜗杆传动系统,并通过单向离合器机构,实现对安全带织带的预紧和放松;电动安全带控制器通过采集整车 CAN 总线上的信号,如 ESP 发出的相关信号、车速、车身加速度等,判断车辆的行驶状态,从而驱动电机以一定张紧力和速度回收织带。在驾驶人疲劳时,电机系统通过将织带的松弛部分迅速卷收,向驾驶人传达预警信息,以提高初期的保护性。电动安全带可以通过雷达装置感应车

图 6-45 电动安全带

辆与前车的间距,如果间距小于某一设定值,则 ECU 发出信号控制预卷电机系统运动,消除安全带与驾驶人之间的间隙,并且提醒驾驶人做出紧急制动或其他应急处理。电动安全带可根据输入信号的种类,实现间隙消除功能、振动提醒功能、动态支持和碰撞预紧功能,从而在车辆发生危险或碰撞前约束乘员,最大程度地保护乘员的生命安全。

(3)车外气囊

目前车辆配备的安全气囊主要安装在车内,当车辆发生碰撞后,车身正面和侧面碰撞传感器检测到碰撞信号后,这些气囊才能弹出。为进一步减少撞击伤害,许多公司已经着手开发车外气囊,如图 6-46 所示。车外气囊工作时与主动安全系统相结合,通过在车辆外部布置摄像头、超声波雷达、激光雷达等主动安全探测装置,来持续监控汽车行驶状况。当系统探测车辆即将发生撞击时,气囊就会在车外弹出,起到缓冲的作用,减少碰撞对车内乘员及车外行人的伤害。

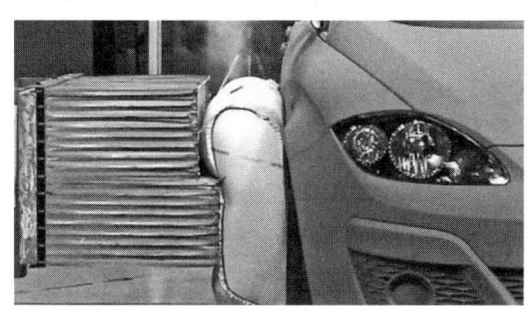

图 6-46 车外气囊

2. 技术应用

奔驰的 PRE-SAFE 系统集成了多种主动化安全功能，在事故将要来临时发挥作用，保护车内乘员安全。针对不同的工况有不同的防护功能，在事故前预警阶段前排座椅的电动安全带自动收紧消除间隙；在正碰和侧碰工况中，座椅位置自动调节、侧翼气袋自动充气，保证乘员处于安全气囊最佳的防护位置；在追尾后碰工况中，触发主动式头枕，降低挥鞭伤风险。

李尔推出的 Intu™ 智能座椅也具备动态安全性能，利用 V2X 车联网通信技术，对可能发生的追尾碰撞预先做出判断。如图 6-47 所示，当后方车辆快速接近并位于"潜在碰撞区域"时，处于大倾角状态的座椅靠背会自动向前调节一定角度，在给予驾驶人预警的同时，方便驾驶人更好地操控车辆；当后方车辆继续接近进入"迫近碰撞区域"时，座椅靠背会继续快速向前调节至预设的最佳安全位置，以便最大程度保护驾乘人员的安全。

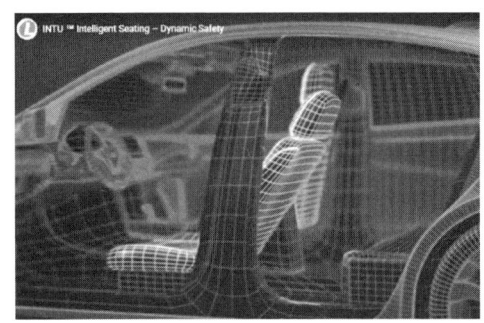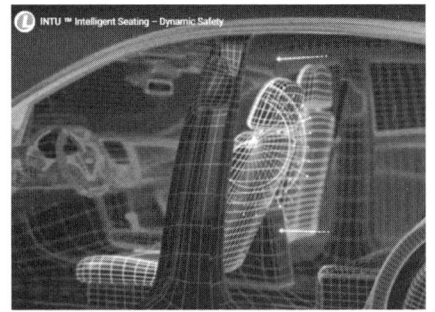

图 6-47　Intu™ 智能座椅动态安全示意图

由某约束系统厂商开发的全新预碰撞安全系统，在侧撞即将发生时，外置侧面安全气囊迅速充气向上展开，在 A 柱和 C 柱之间的车门区域形成防撞缓冲区（图 6-48），从而减少侧撞时车辆受到的冲击力，降低乘员受伤的风险。

图 6-48　车外安全气囊示例

3. 技术难点

目前主动安全和被动安全技术的发展体现出一体化趋势。将主动安全技术与被动安全技术进行融合，座椅、安全带、安全气囊等零件作为执行器提前参与到乘员保护的过程中，协同发挥作用，可以达到更好的预防交通事故发生的效果。同时，该项技术的发展可以使乘员在正常行驶过程中采取更加自由舒适的姿态，减少约束系统带来的束缚，只在必要时对乘员实施约束。

被动安全的主动化发展也面临着一些困难，主要如下：

1）为最大限度地降低乘员的碰撞损伤程度，需要找到乘员约束系统与乘员姿态的相互配合关系。然而各种组合之间具有强非线性耦合，如果再结合乘员体型等差异性因素，寻找其相互关系和影响规律是一个很大的难点。

2）目前从预警到碰撞发生的时间非常有限，座椅等装置很难在短暂的时间内进行较大范围的调整。

3）碰撞预判的准确度、乘员姿态识别的准确度等也会对最终保护的效果带来干扰，因此机构的可逆性也是很重要的一点。如果发生误报的情况，那么乘员约束系统应具备调整回正常状态的能力。

第六节　智能交互座椅系统展望

随着自动驾驶的快速发展，汽车将成为家和工作场所之外的第三空间，汽车座椅与其他内外饰零件也将得到更大的解放，在舒适、安全的前提下，注重灵活、多样和智能。

1. 造型科技前卫

得益于先进材料和工艺的应用，未来对汽车座椅造型的限制可能会越来越少，甚至完全解除，类似于吊床、蛋壳等全新承载空间的出现（图6-49），与整个座舱配合，突显科技前卫。色彩的选择也会更为多样化、个性化。得益于发光面料、智能变色面料等面料技术的发展，座舱内色彩有可能实现随乘员的喜好、心情的改变而变化，如手机壁纸一天一变的色彩造型将逐渐变为现实。

2. 材料环保轻便

可持续发展是面向未来的发展，未来的座椅设计也会秉承可持续发展的理念。未来座椅将采用更环保和轻便的材质，如可持续棉混纺面料、天然纤维和复合材料等，实现资源的合理利用，并进一步在整车轻量化上做出贡献，促进人与自然的和谐。例如雷克萨斯结合仿生学概念制作的座椅，如图6-50所示，其核心乘坐部分采用合成蛛丝材料制造。材料主要成分为蛋白质，它由微生物发酵而来，经过特殊编织处理，具有非常出色的柔韧性，能有效吸收车辆振动。使用该材料取代传统的源自于石油化工的树脂和泡沫，在生产以及后续报废处理环节更为环保，同时整体简洁轻薄，有助于实现轻量化。

3. 移动灵活随心

自动驾驶将充分解放汽车内饰空间，汽车座椅跟随场景变化提供更多移动性功能适应乘员需求，如图6-51所示。现在的座椅移动主要是通过滑轨实现，受限于滑轨结构、车身布置等因素，座椅移动的范围也是有限的。未来座椅可能实现异形滑轨甚至无轨移动，座椅可以在车内任意位置移动。座椅的移动还可以由车内延伸至车外，像一个独立的小车，解决最后一公里的移动问题。

图 6-49　奔驰 VISION AVTR 概念车座椅

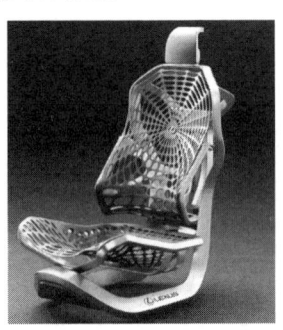

图 6-50　KINETIC 概念座椅

4. 智能情感交互

随着智能交互技术的发展，座椅正在渐渐地从被动地接收信号转变为主动地了解乘员的需求，建立与乘员的交互机制。未来座椅与乘员的交互会更加智能、更加准确（图 6-52），将生物识别技术与座椅相结合，为每位乘员提供更加个性化的服务。

也许在未来，座椅会像一个贴心的小助手，了解你最喜欢什么类型的音乐，和你畅谈你感兴趣的话题，在你不开心的时候给你一个温暖的拥抱，在你困倦的时候变成一个轻轻摇动的摇篮，在你身体不适时提醒你及时就医，为你提供更多情感上的关怀。

图 6-51　旋转迎宾功能

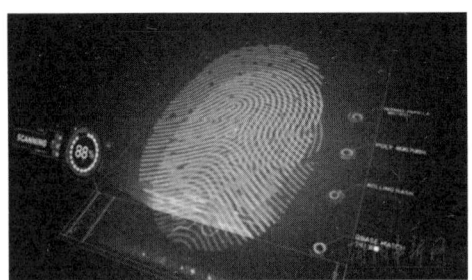
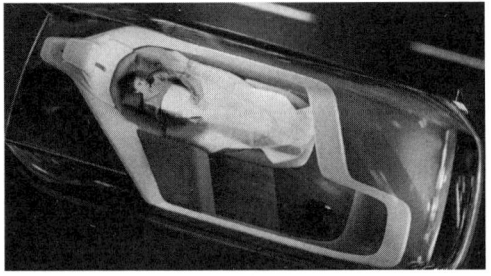

图 6-52　情感交互座椅畅想

第七章
智能表面技术

第一节　智能表面技术概述

一、汽车装饰技术概述

汽车装饰系统是指分布在汽车内外表面起装饰或带有部分功能作用的零件系统，其装饰效果的优劣直接影响到用户的感知质量。为了提升用户感知而应用于装饰系统的技术，我们称之为汽车装饰技术。

汽车装饰系统涵盖的零件分布范围广、数量多，包括安装在汽车内部的如仪表板、中控台、门饰板、立柱、顶棚等内饰饰件，以及安装在汽车外部的如玻璃、行李架、扰流板、轮眉等外饰饰件。

近几年，随着技术的快速发展和自动驾驶技术的不断成熟，驾驶舱将逐渐转向智能座舱，传统汽车装饰件被赋予了"智能交互"的新功能，如可移动中控台、发光装饰件、隔声隔热前风窗玻璃、迎宾功能行李架等。作为全车覆盖面积最大的零件系统，汽车装饰系统将是未来智能交互技术最重要的载体，给乘员带来更为舒适有趣的驾乘体验。

二、面向智能交互的装饰技术

在近几年的CES国际电子消费展上，各大汽车厂商在其概念车上广泛应用智能表面技术，取代传统机械按键，甚至是整个装饰件表面变成显示界面或触控界面。同时，业内企业也开始着眼于智能材料及智能表面技术的研究。汽车装饰件逐渐从传统装饰功能转向智能交互发展方向。图7-1所示为佛吉亚的概念座舱展示。该座舱仪表板上没有任何机械按键，仅有一个银色饰条和一个贯通式的高亮黑触控屏幕，利用创新技术将铝材、塑料、木材等材质转变为智能表面载体，形成装饰与显示、控制功能的统一。

我们将这种把信息显示、智能控制、氛围照明等功能无缝整合至统一表面的技术统称为智能表面技术。智能表面技术把简单的塑料装饰件、玻璃或者其他传统功能性产品变成了智能科技产品。

当不通电时，智能表面仍如传统装饰件，起静态装饰作用，如图 7-2a 所示；当通电后，则可实现车内信息显示、智能控制或氛围照明等功能。根据功能差异，智能表面技术可分为信息显示技术、智能触控技术、氛围照明技术，如图 7-2b、图 7-2c、图 7-2d 所示。在实际应用中，往往是两项或多项技术的组合应用，如触控显示饰板，就是结合了信息显示功能与触控功能。

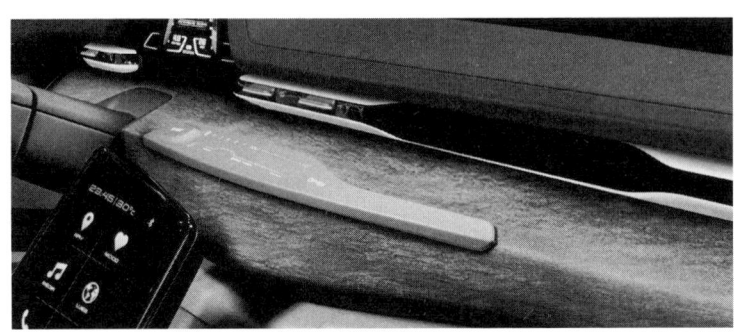

图 7-1　佛吉亚概念座舱展示

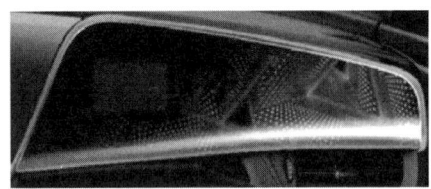

a) 装饰功能

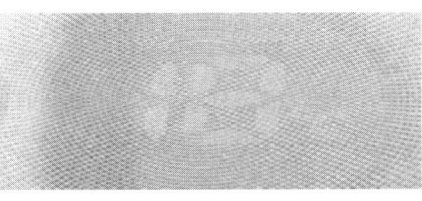

b) 信息显示功能

c) 智能触控功能

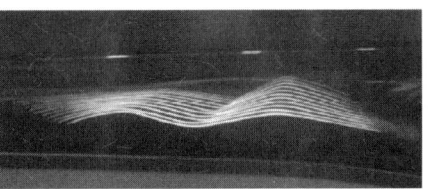

d) 氛围照明功能

图 7-2　智能表面技术展示（见彩插）

相比传统装饰技术，智能表面技术具有如下优点：

1）造型多样化：传统装饰技术局限于静态装饰，智能表面技术则可以通过显示或照明功能实现动态装饰效果，根据不同的应用场景或乘员心情进行灯光颜色或显示效果的动态调整。智能表面技术的应用为造型设计提供了更大的自由度，实现了造型的多样化。

2）功能多样化：智能表面技术可以实现不同场景的动态显示和人机交互效果。例如，在娱乐场景下，通过装饰件的动态灯光、信息显示、触控等功能营造沉浸式的感官体验。

3）简约化：智能表面技术将触控按键取代了传统物理机械按键，在节省机械结构空间的同时，也可实现按键的高度集成，让造型更加简约。

4）个性化：智能表面技术可以根据乘员职业、喜好等特点进行个性化定制，如定制个人虚拟车内管家、个性化的显示界面、提示语言或音乐、个性化车顶图案等。

当前，智能表面技术正在迅速发展，为静态表面开拓了全新的功能。未来，车内外每一个表面都可以是智能表面，每一个零件都可能是智能表面的载体。

第二节　信息显示技术

信息显示技术是指结合电子学方法，在装饰件、玻璃等零件表面上集成屏幕、印制电路板（Printed Circuit Board，PCB）、发光组件等电子器件，最终实现零件表面信息显示的技术。

目前，根据显示载体的不同，信息显示技术可分为饰板显示技术与玻璃显示技术。

一、饰板显示技术

1. 技术背景

从 20 世纪 70 年代开始，各大车企开始涉足屏幕显示技术的研发与应用。1987 款丰田皇冠首次为基于 CD 的导航系统提供了彩色显示屏。然而，受限于半导体技术的发展，直至 90 年代，仍仅有少部分豪华车配备了显示屏。

21 世纪初，随着手机屏幕技术的迅速发展，车载显示屏的应用也越来越广泛。2013 年，Tesla Model S 在中控上配备了一块 17in 竖屏，如图 7-3 所示，将原本复杂的物理按键全部集成到中控屏幕进行控制，极尽简约，颠覆了以往的中控设计理念。Model S 的上市也正式宣告车载大屏时代的到来。自此，各大车企纷纷开始致力于大尺寸车载显示屏的研究与应用。

图 7-3　Tesla Model S 中控显示屏

饰板显示技术根据显示原理的不同，可分为屏幕显示与信标显示。

屏幕显示技术是指将文字、符号、图形等信息通过各类显示屏进行传递。信标显示技术是指结合模内装饰、镭雕等装饰工艺，在装饰件背部集成电子器件，通电后在饰板上显示特定符号与文字等信息，如图7-4所示。

图7-4 信标显示技术

屏幕显示技术内容丰富可变，清晰度高，可搭载如影音、游戏等娱乐功能，同时也可集成触控功能，有效减少物理按键数量，提升整车科技感与品质感。近几年，造型方案越来越倾向于将显示屏直接集成在饰板背部，实现显示屏与装饰件一体化的效果，造型上更加美观连贯。

信标显示技术仅能显示特定的信息，信息内容不可变化，仅实现点亮与不点亮功能，或者点亮后变色与闪烁效果。与屏幕显示技术相比，此方案节省了显示屏，仅需要相应的PCB等电子器件，成本上更具优势。信标显示技术也是当前装饰件智能化的一个重要体现。

目前市场上很多车型采用的饰板显示方案是将屏幕显示技术与信标显示技术结合，在屏幕周边设定信标显示区域，既能够显示需要不断变化调整的信息，也可以显示特定信息，实现功能与成本的平衡。

2. 技术原理

（1）屏幕显示技术

汽车屏幕显示技术的发展陆续经历了段码屏、点阵屏、TFT-LCD、OLED等阶段。其中，TFT-LCD是目前在汽车中应用最为广泛的显示技术。OLED技术受成本、屏幕尺寸、生产良品率等限制，还未在汽车领域中广泛应用，但得益于显示效果佳、能耗低等优点，使其具有良好的发展前景。更前沿的屏幕技术，如Mini LED和Micro LED，与OLED相比，可靠性高、寿命长且亮度更好，现在均处于研发阶段。屏幕技术已经历经几十年的发展，有相对成熟的知识体系，而将其与装饰件集成则是一种全新的尝试，本节将重点介绍屏幕与装饰件的集成方案。

屏幕显示技术零件分层结构示意如图7-5所示，主要由表面装饰饰板（或外层盖板)、显示屏、背部支架等组成。表面装饰饰板的材质主要分为玻璃与塑料两种,前者工艺成熟、平面度好,但大尺寸曲面玻璃盖板的合格率较低,造型自由度受限;后者材质主要为 PC,通常采用 IML(In-Mold Label)工艺,造型自由度高,且可定制装饰纹理与信标等,是目前智能表面中应用最多的装饰工艺,本节以塑料饰板为主展开介绍。显示屏即显示模块,包括显示器件、驱动电路等,装配于饰板背部。

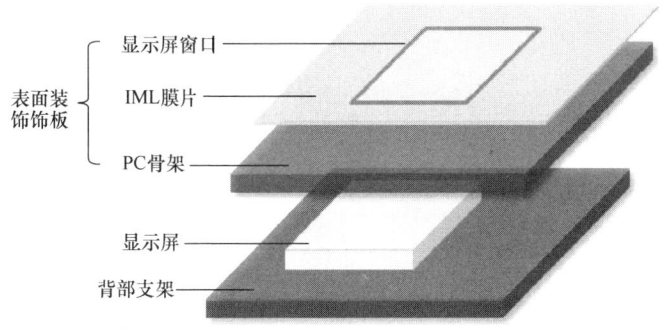

图 7-5 屏幕显示技术零件分层结构示意图

目前屏幕与装饰饰板的贴合方式主要有两种:光学胶贴合与结构贴合。光学胶贴合是采用光学胶将饰板与屏幕间空气层去除,保证两者型面完全贴合。在该贴合方式中,屏幕区域与非屏幕区域黑度差别小,画面通透,显示效果更好;但工艺步骤复杂,合格率较低,成本相对较高。结构贴合是在屏幕与饰板配合周圈增加一层泡棉,屏幕和饰板间会存在空气层,影响外观显示效果,但工艺简单,具有明显的成本优势。

饰板与屏幕匹配的关键结构的设计要求如下:

1)饰板贴合屏幕区域的平面度:采用光学贴合,平面度要求不大于 0.5mm;采用结构贴合,平面度要求 0.8~1.0mm 即可。饰板平面度受到尺寸、结构、注塑工艺等因素影响。通常,屏幕尺寸越大,饰板结构越复杂,其平面度就会越差。

2)饰板与屏幕的密封:目前屏幕与饰板周圈通常采用结构胶进行密封。

3)对于有触控功能的屏幕,综合考虑注塑填充性能与触控灵敏度,饰板厚度通常建议在 2.5~3.0mm。

(2)信标显示技术

信标显示方案的分层结构如图 7-6 所示,主要由表面装饰饰板、遮光板、PCB、背部支架等组成。

表面装饰饰板从表面材质上区分可分为硬质饰板与软质饰板。硬质饰板最常见的装饰工艺有喷漆+镭雕与 IML 等。前者是在 PC 骨架上进行喷漆,然后通过激光镭雕将表面油漆层去除,得到透光图案。但此方案中喷漆仅能做单一颜色,且无法实现特殊装饰纹理,而 IML 则可以实现类似 INS(Insert Mold)饰条的特殊纹理。软质饰板包括皮革包覆饰板与织物包覆饰板两类,这一部分在本章第四节中会有详细介绍。

遮光板的主要作用是将各信标的光线隔开,避免光污染,常采用泡棉直接粘贴至装饰饰板背部;PCB即集成电子印制线路板,是电阻、电容、控制芯片、LED等电子器件的支撑体,也是实现信息传递的关键部件。

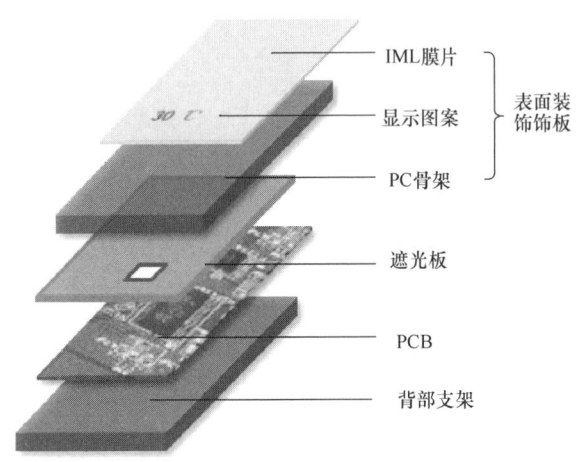

图 7-6　信标显示方案的分层结构

目前,信标显示技术的关键影响因素主要包括LED结构设计和装饰饰板类型,具体如下:

1) LED结构设计:LED结构设计是影响显示效果好坏的关键因素之一,LED布置空间、LED与装饰饰板的距离都会影响信标显示亮度与均匀度。此外,一个信息显示饰板上往往会有多个信标,各信标下的LED所发出的光会相互影响,因此需做相应的遮光处理,如采用遮光板或者增加遮光结构。

2) 装饰饰板类型:饰板骨架材料、表面材质均会影响LED点亮前后的外观效果。饰板骨架与表面覆盖材质的透光率会影响信标显示亮度,表层覆盖材质自身颜色也会对信标显示颜色造成干扰。

(3) IML工艺

IML工艺为模内装饰工艺的一种,其生产工艺步骤包括:

1) 将带有外观效果的薄膜预先吸塑成型。

2) 把多余的膜边冲切。

3) 把冲切好的薄膜壳片放置在模具内进行注塑,得到最终的IML饰板。

IML饰板包括骨架层与膜片层,如图7-7所示。为实现透光效果,骨架材料常采用PC;膜片层由表面层、印刷层和黏结层组成,显示图案位于印刷层。

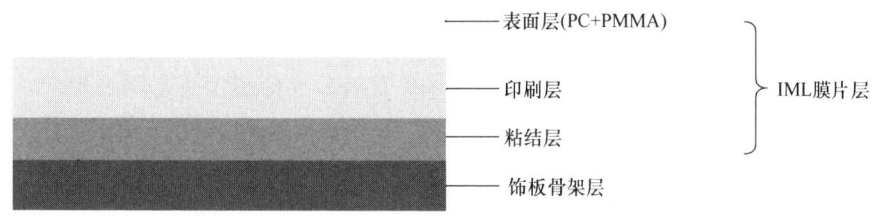

图 7-7　IML 饰板组成示意图

IML 工艺的优势主要体现在如下三个方面：

1）膜片耐摩擦性能：不同于 INS，IML 表面层材质通常为 PC+PMMA，可以进行后处理，如 UV 固化、二次注塑等，从而提高表面硬度。因此，可以用于如触控饰板等对耐摩擦要求较高的零件上。

2）图形位置精度：IML 膜片目前主要有凹版印刷与丝网印刷两种印刷方式。前者是 INS、IMR（In-Mold Rolling）膜片的主要印刷工艺，可以印刷较为复杂且无规律图形，如木纹图形，但制版费用较高，且后期不易调整图形。后者是 IML 膜片的主要印刷工艺，其制版费用较低，可以通过反复调整显示图形位置精度实现高精度印刷，图形位置度可以控制在 ±0.5mm 以下。因此，对于图形位置度要求高的零件，如信息显示饰板，IML 具备更大的优势。

3）成本：目前 IML 膜片相比 INS、IMR 等其他模内装饰技术具有一定的成本优势。与镭雕方案相比，镭雕的成本与图形面积有很大关系，图形面积越大，成本越高，而 IML 的成本几乎不受图形面积影响。

目前，IML 在信息显示技术、智能触控技术、氛围照明技术中都有重要应用。国内已有很多饰条供应商开始进入 IML 研发生产领域，而且可以实现纹理图形的自主开发与定制。

3. 技术难点

目前，信息显示饰板的技术难点集中在防眩光（AG）和防反射（GR）。对于屏幕显示技术，屏幕眩光、反射光对用户使用感受的影响非常大，甚至会引起行驶安全问题。因此，在设计前期可以将信息显示饰板布置于非阳光直射区域，或者通过相应造型结构去遮挡直射光。除此以外，还可以通过表面处理解决这些问题。对于传统玻璃盖板，主要有喷涂、贴膜与蚀刻三种方法改善眩光与反射问题；对于 IML 饰板，各大膜片供应商均在膜片外层增加涂层，以改善眩光与反射问题，目前防眩光的 IML 膜片已有量产应用，防反射的膜片仍在研发中，还未有量产应用。此外，需关注的是，防眩光膜片的主要原理是将表面变成哑光的漫反射效果，从而减少外界光线对人眼的干扰，在一定程度上会影响饰板透光率，因此我们需要综合平衡屏幕显示和防眩光效果。

除了防眩光与防反射等影响显示效果的技术难点外,新型屏幕技术开发速度也是影响信息显示技术发展与应用的重要因素。

随着用户对科技化与智能化需求的不断增加,屏幕造型越来越多样化。各大车企在概念车上都展示了不同的屏幕方案,如超大屏、曲面屏、双连屏甚至三连屏,这些屏幕方案对屏幕技术提出了新的要求,但现在很多新型屏幕技术仍处在前期研发或者验证阶段,成本高昂、合格率低,离真正大批量应用仍有一段距离。

二、玻璃显示技术

1. 技术背景

2018年6月,LG Display 展示了一款透明 OLED 电视的原型机,该款电视在通电时看上去就像一台普通电视,但在断电时,就像是贴了一层薄膜的透明玻璃。这种让人眼前一亮的新颖设计,开启了玻璃显示技术进入消费级领域的新阶段。

汽车的前后风窗、门窗、天窗等玻璃零件由于面积较大,型面规整,又处于乘员主视区,作为显示媒介有着天然的优势,因此利用玻璃显示信息也是各大汽车厂商的重点研究方向之一。纵观近几年各大厂商发布的概念车,玻璃显示技术已然成为汽车技术发展中重要一环。在2019年的CES国际消费电子展上,现代摩比斯发布的概念车 M.VISION 在前后风窗及门窗上大量应用玻璃显示技术,供乘员娱乐办公。又如,采埃孚 e.GO Mover、丰田 Fine-Comfort Ride 等都在座舱显示中有着类似的技术应用。

玻璃显示技术按照显示原理的不同,可以分为光致发光与电致发光。光致发光是在玻璃中集成发光膜等发光介质,在受外界独立光源的激发或投射时,通过自发光或者反射光线实现信息显示。电致发光是在玻璃中集成发光二极管或其他发光器件并预埋电路,通电即可发光,进而实现信息显示。

由于玻璃的透明特性,相较于常规的屏幕显示,玻璃显示观感会更为通透。不需要传达信息的区域不会对周围环境产生遮挡,使得信息的表达与整体驾乘环境融为一体。由于车内空间局促,窄小的视距不适于传统显示屏大面积的显示画面。而玻璃显示得益于显示画面的背景通透,既可以大面积显示又不会对观看者造成压抑感,用户体验得到了显著提升,如图7-8所示。

2. 技术原理

(1) 光致发光显示技术

光致发光显示技术主要有如下两种技术方案:单色投影显示技术与彩色投影显示技术。

1) 单色投影显示技术。单色投影显示技术是在玻璃中集成发光材料,在受到光源激发时发光,从而显示特定信息,这是光致发光显示技术的典型方案。发光颜色由发光材料的性质决定，因此一般只能显示单一颜色，无法显示彩色图形。

图 7-8　集成信息显示功能的门窗玻璃（见彩插）

单色投影玻璃的技术原理如图 7-9 所示，夹层玻璃中的 PVB 膜为特征发光膜，均匀散布发光材料。光源通过反射投射到玻璃上，激发 PVB 膜中的发光组分，实现显示或者发光效果。当光源为单色 LED 时，玻璃呈现整面发光，可实现氛围照明的效果。当光源为可投射图案的投影仪时，玻璃上亦可实现内容显示，如图 7-10 所示。

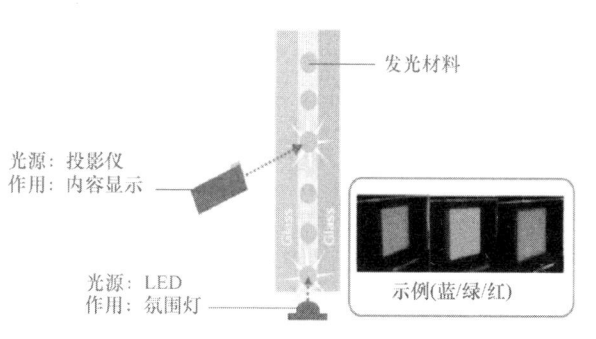

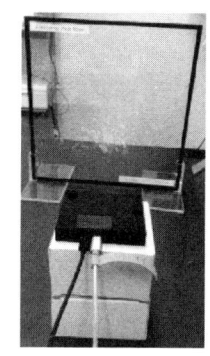

图 7-9　单色投影玻璃的技术原理（见彩插）　　图 7-10　单色投影玻璃样件
　　　　　　　　　　　　　　　　　　　　　　　　　示例（见彩插）

2）彩色投影显示技术。区别于单色投影显示技术，彩色投影显示技术玻璃 PVB 膜中不含有发光材料，完全通过反射光源发出的投影画面来实现显示功能。发光原理与办公用投影仪一致，常用的投影技术为 DLP（Digital Light Processing），而单色投影显示技术所用的则是匹配玻璃发光材料定制的投影仪。

彩色投影显示不含有发光材料，反射的光强相对较弱，因此为保证图像清晰度，需确保背景环境光强较低。此外，由于不需要激发发光，光源的类型更多样化，显示的内容也更为丰富。

彩色投影显示技术通过外设投影仪投射实现显示功能；和单色投影显示技术一样，成像在玻璃上，表现为实像；可进行车辆内外交互信息显示，或连接其他终端设备，满足个性化功能需求。

彩色投影显示玻璃在丰田某概念车上的应用示例，如图 7-11 所示。集成在顶棚上的投影仪作为光源，将图案投射在门窗玻璃上，呈现了包括图片、动画、文字等一系列的多媒体信息。其投射图像面向车外，行人可站在车外观看图像，车内黑暗的背景环境使得成像对比度更高、更清晰。如果在车内观看图像，则车外较强环境光会让玻璃的成像清晰度大打折扣。

图 7-11　彩色投影显示玻璃应用示例（见彩插）

（2）电致发光显示技术

电致发光显示技术主要有如下三种技术方案：EL（Electroluminance）显示技术、OLED 显示技术和 LED 灯膜显示技术。

1）EL 显示技术。EL 显示技术是预先在玻璃中集成预设形状的发光单元，并预埋电路，通过加在两极的交流电压产生交流电场，被电场激发的电子撞击荧光物质（ZnS），引起电子能级的跃迁、变化、复合而发射出高效率冷光，进而实现信息显示。

从电子器件的角度来看，EL 具有如下优势。

① 发光单元轻薄且平整，最小厚度可达到 0.12~0.4mm。

② 可实现曲面发光，制成任意形状。

③ 发光颜色丰富，可制成复杂的彩色闪动。

④ 光线均匀柔和，不产生热量，不含紫外线。

⑤ 发光效率高，功耗低，寿命长（大于 25000h）。

从发光光源的角度来看，EL 显示属于冷光源，颜色很均匀。与普通 LED 灯背光的不均匀性相比，它最明显的优势是光线可以更均匀地分布在整个屏幕上，屏幕响应速度快，可流畅显示动态图像。

但 EL 显示的最大局限性就在于发光单元需要预先集成，只能显示固定的图形单元，如图 7-12 所示。

 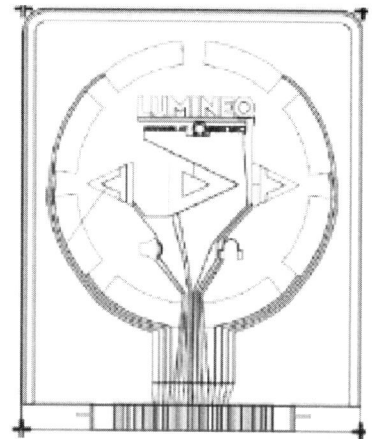

图 7-12　EL 显示玻璃效果示意图（见彩插）

2）OLED 显示技术。OLED 显示技术是在超薄夹层玻璃中间增加 OLED 显示层以实现信息显示，如图 7-13 所示。

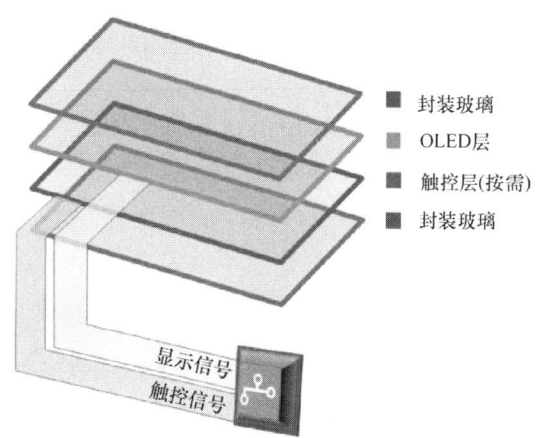

图 7-13　OLED 显示技术原理示意图（见彩插）

目前，玻璃 OLED 显示技术主要还存在如下三个问题：

① 由于整个 OLED 显示模组需要集成在玻璃夹层中，采用此显示方案的玻璃厚度较厚，产品厚度 8mm。

② OLED 只能实现双曲，而前风窗玻璃是四曲，集成难度比较高。

③ 玻璃的成型需要经历高温环境，而高温将直接影响电子器件的工作稳定性。

因此，玻璃 OLED 显示技术目前还难以达到量产的合格率要求，显示相关性能还需要进一步验证。

3）LED 灯膜显示技术。玻璃 LED 灯膜显示技术是在玻璃上集成定制的 LED

贴片，通过电路控制来呈现光电效果。

LED 灯膜显示玻璃具备灵活的结构配置，玻璃尺寸、厚度及 LED 图案都可以自由设计选择，有着强大的扩展性及多样性，同时可对玻璃进行打孔或多样式剪裁，以配合具体工程的要求。如图 7-14 所示，夹层玻璃中间加入一层发光 LED 器件，当雷达检测到车辆距离障碍物小于 50cm 时，系统产生警告信号；玻璃中间 LED 接收到信号后，间歇性发光提醒驾驶人，提高驾驶安全性。当检测到左侧物体时，左侧光源发光，反之右侧光源发光。

图 7-14　LED 灯膜显示技术应用示例（见彩插）

LED 灯膜显示玻璃可配合智能化信号控制系统对玻璃内置的 LED 发光进行控制，产生闪烁、渐变等效果，同时也可以以单片 LED 灯膜显示玻璃为动态单元，进行组合互动的特殊灯光效果，以满足车辆信息表达的要求和造型设计的需求。

3. 技术难点

对于玻璃显示技术来说，因光原理不同产生的显示玻璃的类型也多种多样，不同技术方案的优缺点区别显著。例如，显示效果好、使用寿命长的 EL 显示技术，其显示图形及色彩单一、成本昂贵，因此应用局限性很大。因此如何平衡成本和实施效果，将技术方案与应用场景相匹配是方案落地的关键，也是量产车落实显示玻璃的难点所在。

从应用场景进行分类，信息显示和多媒体娱乐显示分别对应不同的显示技术方案选型：

1）对于信息显示场景，多选择单色投影显示技术和 EL 显示技术。由于驾驶人位置相对固定，最优的光路也相对固定，所以如何在狭窄局促的仪表板范围内布置投影光源是最主要的难点。此外，EL 显示技术中发光单元是固定形状的。因此，如何用有限的显示图形和面积来呈现数字、图形、符号等一系列信息也是一大设计难点。

2）对于多媒体显示场景，由于成像内容多彩多样，所以彩色投影技术和

OLED 显示技术是首选。彩色投影技术显示亮度低，为了保证图像清晰度，如何布置显示区域使得背景光更暗是一大难点。而 OLED 显示技术则要克服玻璃集成显示模组的耐候性和寿命问题。

第三节　智能触控技术

一、技术背景

1971 年，美国人 SamHurst 发明了世界上第一个触摸传感器，此发明也被视为触控技术研发的开端。后续触控技术经过电阻式、声波式、红外式、电容式方案的迭代发展，直到 21 世纪初，电容式触控技术在手机上实现大规模应用。与此同时，各大车企也开始重视触控技术在汽车上的应用。现在，触控技术已经成为当今最为便捷的人机交互方式之一。

智能触控技术是指在装饰件或者玻璃等具备外观表面的零件上集成触控组件、PCB 与屏幕等电子器件，最终实现在零件表面上进行触控调节功能的技术。根据触控功能载体的不同，触控技术在汽车上的应用主要有触控饰板与触控玻璃两种形式，其中饰板触控技术已经在汽车上实现量产，而玻璃触控技术仍处于样车试制阶段。

饰板触控技术又可分为屏幕触控技术与按键触控技术。

屏幕触控技术是指通过在显示屏上集成触控组件，在屏幕上实现触控功能的技术。20 世纪 80 年代，美国为军事用途开启了触控屏技术的研究大门，开发了一系列用于军事的触控类电子产品。1999 年，单点触控屏幕在手机上开始应用。2007 年，搭载多点电容式触控屏的 iPhone 上市成为触控屏幕发展的里程碑。随后，触控屏幕在其他 3C 产品、家用电器、汽车上推广普及。经过十几年发展，触控屏幕已成为各车型的常规配置。

按键触控技术是指通过在饰板背部集成触控组件，实现在饰板表面进行触控操作的技术，如图 7-15 所示。触控按键最早应用于工业以及家用电器上，如冰箱、洗衣机等产品。随后，触控按键开始逐步在汽车领域中应用。

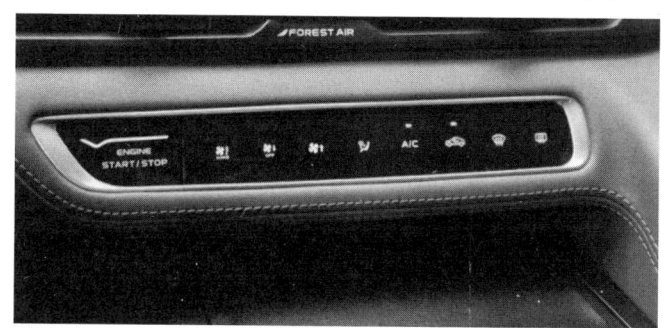

图 7-15　按键触控技术应用示例

玻璃触控技术是指通过在玻璃上集成透明触控膜片以实现触控功能的技术。随着玻璃技术的发展，以及玻璃在汽车上得天独厚的位置与占比面积，玻璃触控技术受到各大车企的青睐，成为各类展会上的热门技术之一。目前玻璃触控技术已由概念展示、样件展示发展至样车展示，实现量产指日可待。2019年上汽集团发布荣威 Vision-i，是全球首款 5G 零屏幕智能车型。该车搭载 SKY VISION 整舱主动交互系统与玻璃触控技术，实现沉浸式驾驶出行体验，如图 7-16 所示。

图 7-16　上汽荣威 Vision-i 智能座舱

二、技术原理

1. 触控原理

目前在汽车上应用的触控技术主要有电阻式触控技术与电容式触控技术。

1）电阻式触控技术需要通过压力操作，可以用手以外的物品进行操作，只需施加一定力即可。该方案成本低，技术方案简单，但相对易损坏，触控灵敏度较差，目前在 3C 产品、汽车等领域中应用逐步减少，更多被电容式触控技术取代。

2）电容式触控技术是利用人体与触控产品表面接触产生的电流感应进行工作。任何两个导体间都存在着感应电容，触控按键与大地即构成一个感应电容，在周围环境不变的情况下，该感应电容值是固定不变的微小值。当有手指靠近触控按键时，手指与大地构成的感应电容并联按键与大地构成的感应电容，会使总感应电容值增加。触控芯片在检测到某个按键的感应电容值发生改变后，即触发控制信号。

电容式触控灵敏度高，响应速度快，手指操作方便，但是仅能用导电物体进行触控，且由于仅需接触即可实现操作，容易误操作。目前汽车绝大部分触控屏幕、触控按键均采用电容式方案，触控玻璃的研究也是基于电容式触控技术。

电容式触控有表面电容式触控与投射电容式触控两种。由于表面电容式触控仅能实现单点触控，且对于触摸条件要求较高，目前消费类电子产品基本采用投射电容式触控。

投射电容式触控根据检测原理的不同，又可分为自电容与互电容。这两者均能实现多点触控，但自电容只能做单线性的手势操作，而互电容可以做复杂的手势操作。触控按键通常使用自电容式布线及信号采集机制，即每一个单触摸点作为一个电容的电极，与人手指之间形成电容。当手指触摸时，电容变大，形成识别信号。触控屏幕与触控玻璃因需要实现更复杂的触控操作，通常采用互电容的矩阵式行列扫描结构。当没有手指触摸时，行电极与列电极间的电容耦合大，电容量大；当有手指触摸时，相当于增加一个接地的旁路电容，使该点的电容信号耦合量变小，从而获得触摸的位置（X、Y），形成识别信号。互电容矩阵式行列扫描结构示意如图 7-17 所示。

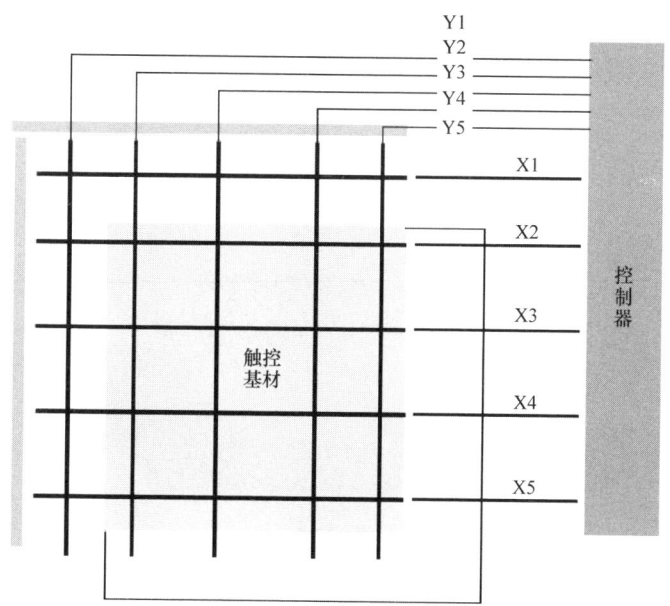

图 7-17　互电容矩阵式行列扫描结构示意图

2. 结构原理

（1）饰板触控技术

饰板触控技术零件分层结构示意如图 7-18 所示，与信息显示技术零件结构的主要差异是增加了触控模组。虽然触控按键与触控屏幕都集成了触控膜，但两者的触控膜与外层饰板的贴合方案存在一定差异。

在触控按键方案中，饰板和触控膜的贴合方式主要有光学胶贴合与结构贴合。光学胶贴合优点是透光性好，但工艺复杂，成本较高；结构贴合即免贴合，主要靠结构将饰板与触控膜紧密贴合，优点是工艺简单，成本低。但如果结构配合不到位，会导致膜片与饰板之间存在间隙，触控性能会受到影响。

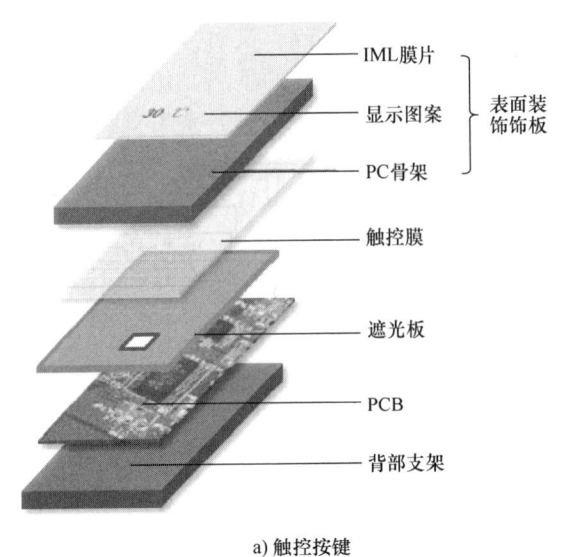

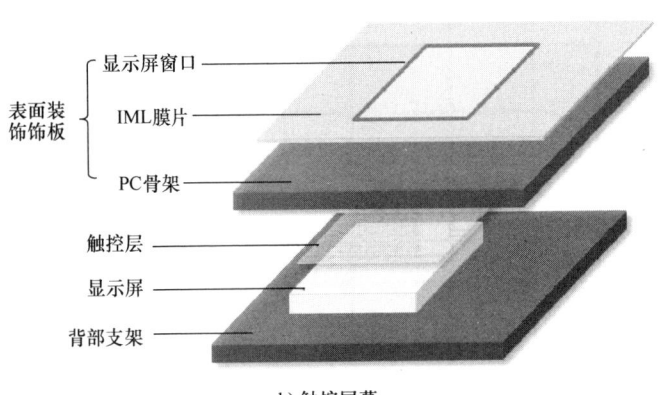

图 7-18 饰板触控技术零件常见的分层结构示意

在触控屏幕方案中,屏幕与触控膜的集成形式主要包括外挂式和内嵌式。外挂式集成方案是指饰板先与触控膜贴合,再与屏幕进行二次贴合。外挂式方案工艺成熟、步骤相对简单、良品率高,但考虑到二次贴合,总体成本高。在外挂式的集成方案中,触控膜与饰板的贴合方式主要采用光学胶贴合,实现全贴合,显示效果良好。

内嵌式集成方案是指将触控层嵌入屏幕模组内,利用屏幕模组现有的各器件作为电容感应电极的载体,屏幕直接与饰板贴合即可,贴合方式同样有光学胶贴合与结构贴合两种。此方案可以减薄产品整体厚度,同时减少了独立的触控膜,显示效果也因此得到提升。

触控屏幕的触控区域由整个屏幕构成,而触控按键的触控区域则由一个一个小单元构成,每个单元的触控面积会对触控性能产生较大影响。如果触摸面积小、电容耦合信号低，就会导致触摸灵敏度不够；如果触摸面积大，电容耦合信号过高，则触摸信号容易被干扰，导致误触发。因此，根据人体手指的正常尺寸，触控按键的触控单元面积通常建议 8mm×8mm～15mm×15mm。常见的触控屏幕与触控按键的触控膜示例如图 7-19 所示，触控屏幕的触控膜中间的透明区域即为触控区域，透明区域上覆盖有透明导电介质，而触控按键的触控膜由很多小单元构成，一个单元则代表了一个触控按键。此外，触控屏幕的触控芯片通常集成在触控膜的柔性线路板上，而触控按键的触控芯片集成在 PCB 上。

a) 触控屏幕的触控膜

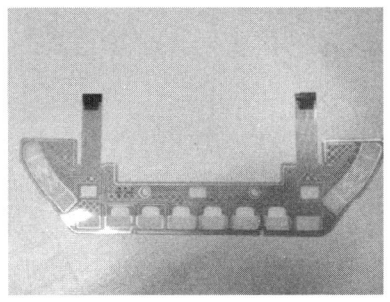
b) 触控按键的触控膜

图 7-19 常见的触控屏幕与触控按键的触控膜示例

常见触控按键的触控膜的组成示意如图 7-20 所示，主要由触控膜基材、补强片、扩散膜、泡棉层以及光学胶等组成。触控屏幕的触控膜组成与其基本相同。

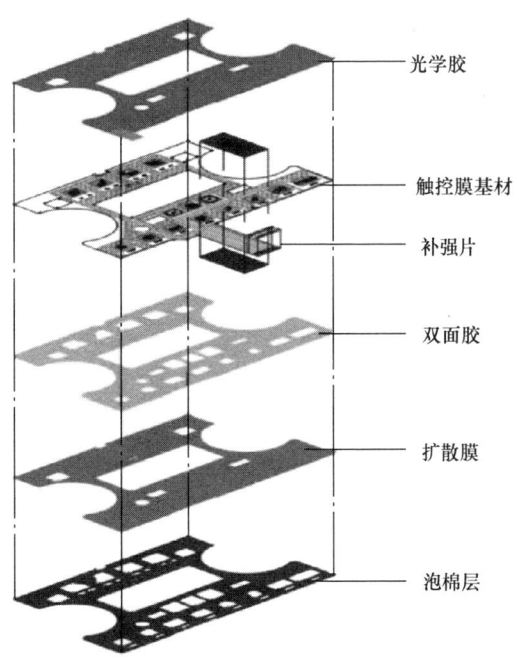

图 7-20 常见触控按键的触控膜的组成示意图

触控膜基材材料主要包括 PET、玻璃与 PC。基材的主要作用是承载导电介质。常用的导电介质包括银浆、ITO（Indium Tin Oxide，氧化铟锡）、导电聚合物 PEDOT [Poly（3，4-ethylenedioxythiophene）] 等。银浆导电率高，成本低，是目前触控膜上最常用的导电材料之一，但由于银浆不透明的特性，无法作为触控膜透明区域的导电介质。ITO 具有较低的电阻和较高的透光率，广泛应用于触控屏幕的触控膜透明区域。PEDOT 导电率高，稳定性好，易于加工，但透光率相对 ITO 较差，主要应用于触控按键的触控膜透明区域。目前还有如碳纳米管、纳米银线等新型导电材料替代方案，这些材料都具备优异的导电性能、高透光性、高柔韧性，可满足 2.5D、3D 曲面需求，能应用于造型更为复杂的触控产品。

补强片位于柔性引线处，用以保证柔性引线与连接器接触良好。

扩散膜的主要作用是使按键背光更加均匀。通常，大部分触控膜组成中都包含扩散膜，但也有部分触控按键的触控膜是将扩散膜直接贴附在饰板背部。

泡棉层的作用是将不同按键的背光光线完全隔断，避免光线相互影响。通常饰板上会做结构遮光处理，但仍可能出现光线干扰的情况，增加泡棉层可以更好地解决此问题。此外，泡棉层可以起到缓冲作用，避免触控膜受到冲击后产生变形。

（2）玻璃触控技术

触控玻璃主要有单片玻璃复合触控膜和夹层玻璃复合触控膜。复合触控膜的结构如图 7-21 所示。

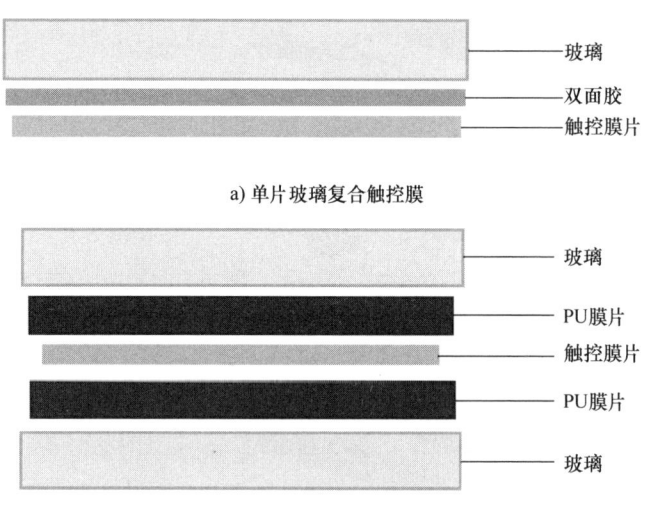

图 7-21　复合触控膜结构示意图

在整车玻璃中，车门玻璃、后三角窗玻璃、后风窗玻璃通常使用单片钢化玻璃。在单片钢化玻璃上增加触控膜，可以采用覆膜的方案。触控膜玻璃的贴合方式通常采用光学胶贴合。单片玻璃覆膜方案工艺较为简单,但由于触控膜直接暴露在外部环境中,较易划伤,且环境和温度对触控膜的影响较大,此方案多用于售后市场。

夹层玻璃两片玻璃之间通过 PU 膜进行贴合,加入触控膜后,PU 膜由一层 0.76mm 的膜改为两层 0.38mm 的 PU 膜,触控膜位于两层 PU 膜之间,以保证触控膜与玻璃之间的贴合。进行合片之后,玻璃总成进入高压釜进行固化。在温度 95~110℃、压力 11~14MPa 的条件下,玻璃和膜片之间的空气被完全排出,避免气泡、开胶等现象。随着触控膜复合技术研究的深入,夹层玻璃复合触控膜避免了触控膜直接暴露在外部环境中,大大提高了触控膜的使用寿命,成为后续量产触控玻璃的主流趋势。

3. IME 工艺

触控按键饰板节省了物理按键方案中的机械空间,但在饰板背部结构中仍有 PCB 等电子器件,结构空间以及造型自由度仍受到一定限制,需要一种更为创新的方案去解决该问题。模内电子技术(In-Mold Electronic,IME)正是在这种背景下被开发与应用。

IME 是将模内装饰技术、印刷电子技术与表面贴装技术集成为一体的智能表面技术。IME 将电路、芯片、LED、传感器、连接器、电阻、电容等电子器件集成在装饰件上,实现装饰与功能的结合,同时也在很大程度上节省了装饰件背部结构空间。

IME 主要应用于触控按键饰板。相较传统的触控按键饰板结构,IME 省去了 PCB 结构,将电子器件均贴装至膜片上。IME 在 IML 工艺的基础上增加了电路与天线印刷以及电子器件贴装过程,其工艺流程如图 7-22 所示。

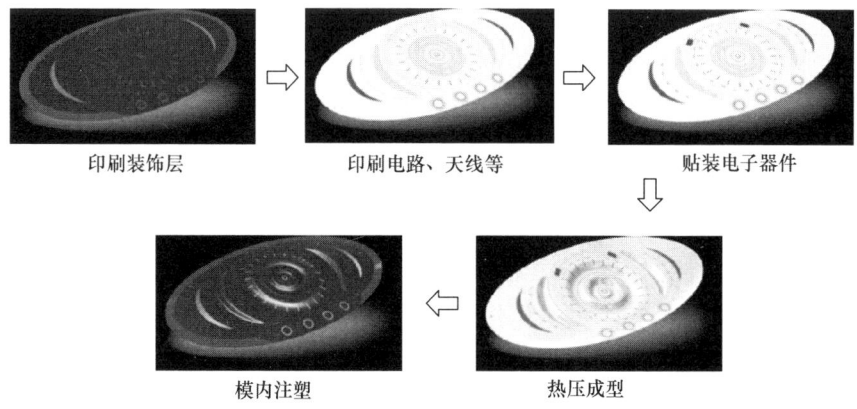

图 7-22 IME 工艺流程示意图

除了节省结构空间外,IME 具有造型自由度高、重量轻等优点。此外,由于

IME省去了传统触控方案中电子器件和触控膜的装配步骤，若IME能实现量产，相较传统的触控方案，成本也具有一定的优势。

考虑到现阶段IME合格率、可靠性等问题，目前市场上还没有量产车型采用此工艺方案，尚处于前期研发阶段。IME的技术难点主要包括如下几个方面：

1）IME膜片在成型过程中存在拉伸，导电油墨在拉伸后会出现断裂短路等情况，因此需选用拉伸性能更好的导电介质。

2）因为电子器件需要焊接在IME膜片上，所以对焊接的精度及牢固性提出很高的要求。

3）由于电子器件都集成在膜片上，注塑时料流与压力都会对电子器件造成损坏，所以对模具前期设计与注塑工艺都有较高要求。

4）因为在IME工艺方案中，LED先贴装至膜片上，注塑后会嵌入在骨架中，没有导光结构，所以容易在LED处出现亮点，发光均匀度较差。因此在前期造型设计时需要进行灯光分析来评审发光均匀性。

三、技术难点

目前，饰板触控技术的技术难点主要集中在防指纹、盲操作与误操作。

1）对于IML装饰饰板，防指纹的解决方案类似于信息显示饰板防眩光方案，主要是在IML膜片表面增加涂层材料，目前也已有量产应用。

2）盲操作是当前触控技术推广应用最大的难点。传统物理按键通常会存在造型特征，且有操作行程，可在一定程度上实现盲操作。触控按键通常为平面，按键与按键间没有特征区分，盲操作防错难度大，现有解决方案如下：

① 在按键旁设计带有凸起特征的饰条，便于驾驶人定位按键区域。

② 设计类似于物理按键的造型特征，模拟物理按键的操作习惯。

③ 通过设定独特的振动频率，给驾驶人手指带来不同触感反馈以区分按键功能，该方案目前仍处在研发阶段。

3）除了盲操作以外，误操作也是触控按键需要克服的难题。最常见的解决方案是在背部增加压力传感器，实现压力电容操作，同时压力操作常与振动反馈或者声音反馈结合使用，最大程度避免误操作。此外，与安全相关或者在驾驶中较少调节的功能，如座椅调节、后视镜调节等，可以通过设定子菜单与二次激活的方式防止误操作。

玻璃触控技术除了上述应用难点外，在如下方面还存在待解决的难点：

1）夹层玻璃的合片工艺稳定性：由于触控膜片为平板膜片，当应用于曲率较大的汽车玻璃时，容易产生气泡缺陷，并随着环境老化进一步恶化，因此在前期设计阶段需要对造型面曲率进行评估，在后期生产制造中需要严格控制抽真空、高压釜合片工艺。由于平板膜片与曲面玻璃须完全贴合，所以成品率较低。

2）安全玻璃的法规符合性：夹层玻璃需满足抗冲击、人头模型及抗穿透试验要求。触控膜片材质较硬，PET 膜片会影响玻璃的抗冲击性能，目前触控玻璃尚未经过法规符合性验证，这也将会是后续触控玻璃量产的重要攻关难点。

3）耐老化性能：软质 PVB 膜中加入硬质 PET 膜片，在经过高低温循环后，易形成起泡、变暗等缺陷。提高 PET 膜的耐老化能力及膜片合片时的贴合性，是后续提高触控玻璃耐老化性能的研究方向。

第四节　氛围照明技术

氛围照明技术是指在零件内部集成发光组件，从而实现自发光或者光线调节等功能的技术。氛围照明技术除了灯光装饰与营造氛围功能外，还可起到行车提示功能，如来车警示、疲劳提醒等。

目前氛围照明技术既可应用于仪表板、门饰板、地毯等零件，也可应用于前后风窗、门窗、天窗等玻璃类零件。按照实现原理的不同，可分为饰板氛围照明技术与玻璃氛围照明技术。

一、饰板氛围照明技术

1. 技术背景

饰板氛围照明技术是将发光组件集成于装饰件中，实现车内照明或灯光渲染的技术。饰板氛围照明技术发展初期主要应用于高端车型。近年来随着用户对科技感与品质感需求不断增加，氛围灯逐渐从高端车型向中低端车型普及。此外，随着 LED 与芯片技术不断发展，氛围灯也从以往的单色、静态的形式发展为多色、动态的形式，如图 7-23 所示。

图 7-23　整车饰板氛围照明技术示例（见彩插）

饰板氛围照明技术的应用极大丰富了车内装饰效果。不同的灯光效果与造型特征的组合可以显著提升整车品牌的辨识度，同时可以根据用户需求，定制个性化发光图案。

饰板氛围照明技术按照发光形式不同，可分为点发光、线发光和面发光三种形式。

① 点发光氛围灯光学设计与结构均较简单且成本低，是最早出现的氛围灯形式。由于点发光的点亮区域与装饰效果有限，所以更多作为照明功能，用于如地图袋、内开拉手、脚踏等点亮空间较小的区域。

② 随后，为丰富整车氛围装饰效果，线发光得到普及。线发光氛围灯常应用于仪表板、中控台、门饰板和顶棚等区域，是目前应用最多的氛围灯形式。

③ 面发光则是当前关注度最高的发光形式，面发光可以结合不同表面材质与工艺应用于汽车内外饰中，可实现更为丰富的动态氛围装饰效果。

由于点发光氛围照明技术较为传统和成熟，同时应用逐渐减少，故本节主要对线发光与面发光进行介绍。

2. 技术原理

（1）发光形式类型

1）线发光形式。线发光形式是指发光区域为长条状的发光形式，通过在条状光导两侧或背部布置LED，光线在光导中发生全反射与折射，从而实现线型发光效果。线发光可结合造型特征进行装饰，装饰效果好，装饰区域广。

根据光线可视效果的不同，线发光可分为直射式与瀑布式（或反射式）。

直射式氛围灯是指光线通过光导结构导出后，直接被人眼接收的氛围灯形式。直射式氛围灯又分为光导可见式与光导非可见式两种。光导可见式是指Lens结构外露于造型面，乘员可直接看到透明Lens结构，如图7-24a所示。Lens通常夹于两个零件之间，布置时需关注三者间的紧固点布置与支撑结构，避免因未紧固或支撑到位导致的零件异响问题。光导非可见式是指光导不外露于造型面，通常布置于可透光饰板背部，光线穿过饰板透光区域后射出，如图7-24b所示。此方式结构布置较为简单，光导通过支架装配于饰板背部。

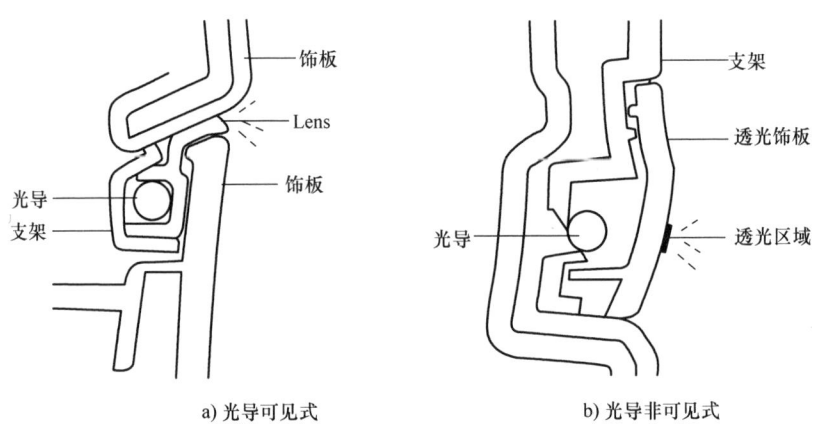

图 7-24 直射式氛围灯断面示意图

瀑布式氛围灯则是通过光导将光线投射到被照面，通过被照面呈现出氛围照明效果。瀑布式氛围灯的断面示意如图7-25所示，通常由饰板、支架、光导与被照件组成。

由于光线通过被照面反射，瀑布式氛围灯的光学效果受被照面造型、材质和颜色等因素影响较大，光学设计比直射式氛围灯更复杂。瀑布式氛围灯的灯光效果主要通过亮度值、被照面有效点亮宽度W、均匀度进行评估。这些评价指标受到较多结构因素影响，如饰板A面到光导中心距离、光导中心到被照面距离、被照面与竖直方向夹角等，各因素具体影响详见表7-1。

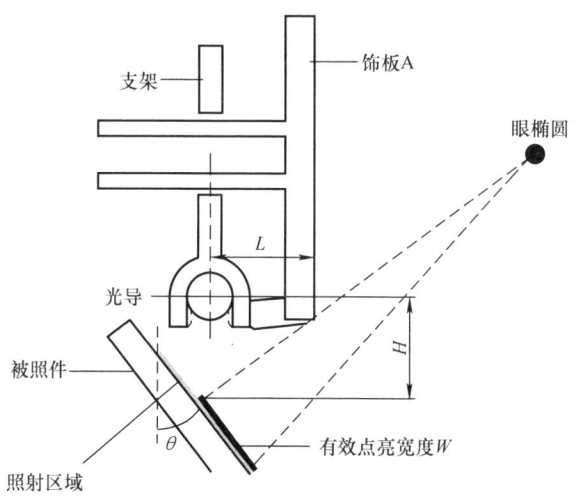

图7-25　瀑布式氛围灯的断面示意图

表7-1　瀑布式氛围灯结构因素对灯光效果的影响说明

参数描述	影响说明	备注
饰板A面到光导中心距离：L	L越大，实际可见区域W越小	L值受到A面分件以及装配饰板材质影响，建议在满足结构的要求下越小越好
光导中心到被照面距离：H	H越大，被照面亮度越低；实际可见区域W越大	H值需结合被照面亮度以及W值综合考虑
被照面与竖直方向夹角：θ	θ越小，H越大，被照面亮度越低，实际可见区域W越大	建议30°~45°

除结构因素外，灯光效果也受到被照面颜色与材质的影响。在其他条件相同的情况下，通常浅色材质对光的吸收率较低，表面散射能力更强，被照面亮度高于深色材质；硬质材质具备更强的表面散射能力，因此亮度要高于软质包覆被照面。

此外，内饰件通常由很多子件组成，结构间存在间隙，在结构设计阶段需要关注氛围灯漏光问题，可采用增加遮光结构或者遮光毛毡等方案。

2)面发光形式。面发光,顾名思义是指灯光的点亮区域为面形式,通常需结合特殊表面装饰工艺进行设计,如模内装饰、透明软质包覆等。相比线发光,面发光的点亮区域大,装饰图形也更加多样化。该形式常与信息显示、触控饰板组合应用,是智能表面技术中非常重要的一种氛围灯形式。

根据LED布置位置的不同,可将面发光分为直射式与侧射式两种。

直射式面发光是指LED位于显示图案的背部,LED光源方向垂直于发光面。这种形式的光线透过率较高,光线损失小,但布置空间要求较大,且点亮区域有限。如果图形面积较大,就会出现亮度不均的情况,通常需要在饰板背部增加匀光膜。目前车内按键背光常采用此发光形式。

直射式面发光的结构和断面示意如图7-26所示,其中对发光效果影响较大的因素包括:

① LED到饰板A面距离L_1:L_1越大,发光亮度越小,点亮区域越大。

② LED布置间距L_2:L_2越大,LED布置数量越少,零件总体成本越低,发光均匀度越差。

③ 外层饰板的透光率和表面颜色:不同表面处理的外层饰板具备不同的透光率,会影响最终的发光亮度;此外,表层颜色也会对最终的灯光颜色产生干扰。

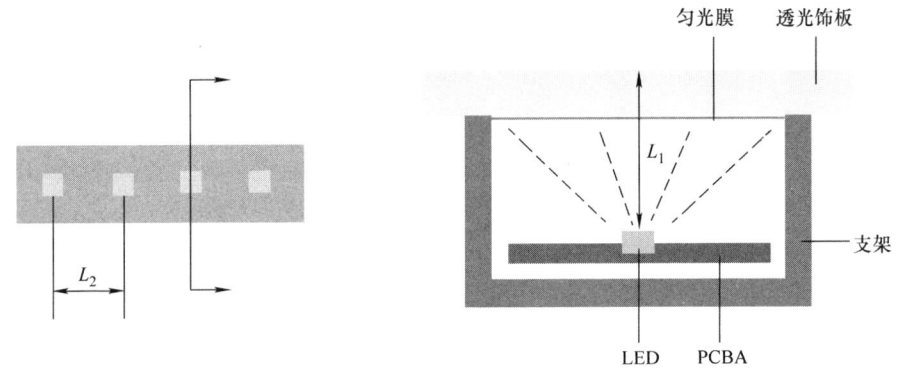

图7-26 直射式面发光结构与断面示意图

侧射式面发光是指LED光源方向平行于发光面,通过导光板将点光源转化成面光源。该方式的优点是能够用较少数量的LED光源实现大范围的发光,缺点是亮度比直射式低,结构设计相对复杂。侧射式面发光的结构与断面示意如图7-27所示。影响最终发光效果的因素同样包括导光板到饰板A面距离、LED布置间距、饰板透光率等。侧射式面发光常应用于发光面积要求大的零件上,也是目前面发光氛围灯应用较多的形式。

面发光氛围灯通常可呈现动态灯光效果,而LED的布置形式会很大程度决定氛围灯可以实现的动态效果。直射式面发光的 LED 布置可分为线形与矩阵形。对于流水效果,氛围灯采用线形布置方式即可,而对于字符变化或者矩阵式变化的动态效果,则需要采用矩阵形布置。侧射式 LED 布置形式通常为线形,如果发光区域纵向尺寸较大,则可以在上下两侧布置两条 LED 带;如需要横向与纵向两个方向的动态效果,则可以采用 L 型 LED 布置形式,即横向与纵向均布置 LED 带。

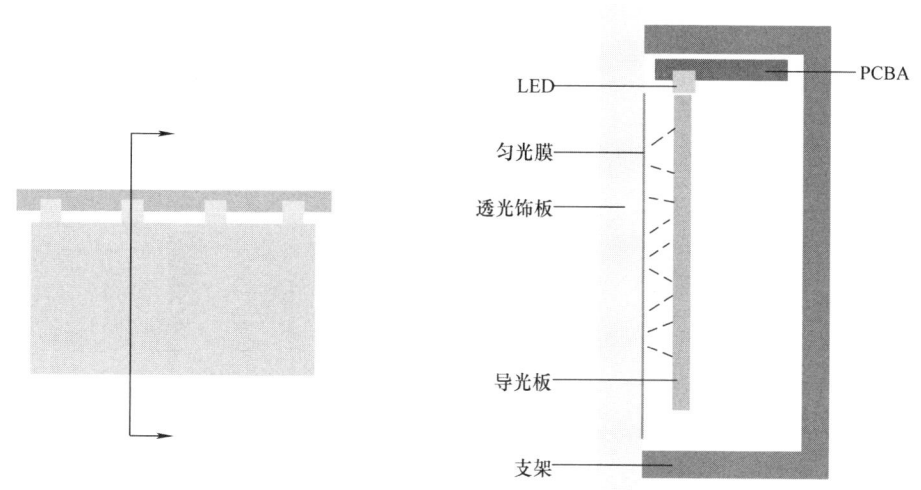

图 7-27 侧射式面发光结构与断面示意图

(2)外层饰板类型

除 LED 布置方式与导光结构外,外层饰板也是影响发光效果的关键因素,同时也是面发光技术研究的核心内容。根据外层材质的不同,外层饰板可分为硬质饰板与软质包覆饰板两种。

硬质饰板常见表面处理工艺包括模内装饰与喷漆+镭雕。模内装饰工艺主要有 IML、INS 与 IMR 等。

软质包覆饰板,根据包覆材质的不同,可分为皮革包覆饰板与织物包覆饰板两类。

1)皮革包覆饰板。皮革包覆发光饰板的关键在于如何让表面产生透光纹理,目前主要有如下方案:

① 非全透表皮方案:该方案表皮的正面或者背面复合一层不透光层,通过激光在不透光层镭雕出图形纹理,其分层结构示意如图 7-28 所示。两者的结构布置方案基本一样,主要差异体现在外观效果上,正面镭雕透光表皮在灯光不点亮时能看到图形纹理,而背面镭雕透光表皮则看不到图形纹理。

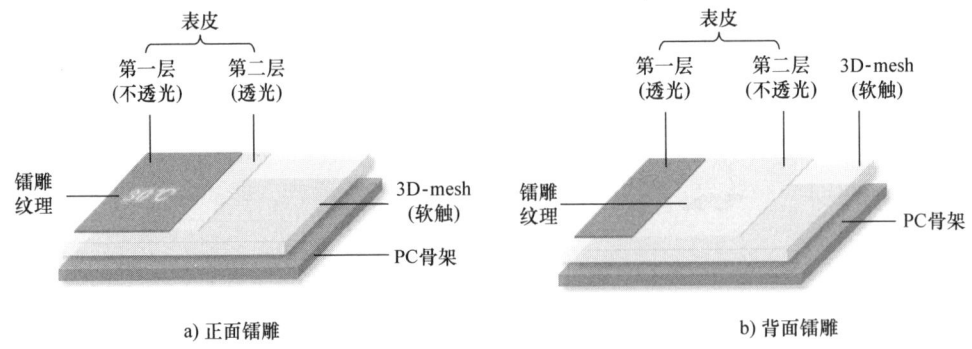

a) 正面镭雕　　　　　　　　　　　　b) 背面镭雕

图 7-28　非全透表皮分层结构示意图

以上汽荣威 Marvel X 创新车中控台扶手为例，采用的是正面镭雕方案，其点亮前和点亮后的状态如图 7-29 所示。

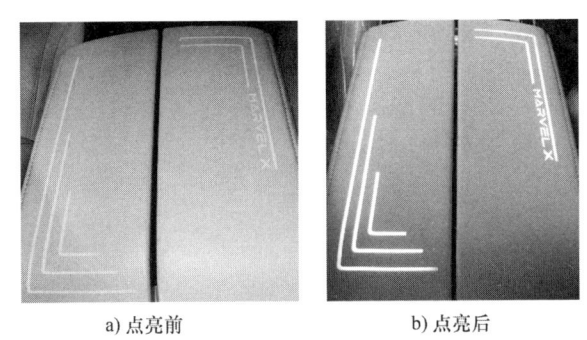

a) 点亮前　　　　　　　　　　　　b) 点亮后

图 7-29　上汽荣威 Marvel X 创新车发光中控台扶手（见彩插）

② 全透表皮方案：该方案采用全透光表皮，需要在饰板骨架背部增加一层遮光膜进行遮光，通过丝网印刷在 PC 遮光膜上体现出图形纹理，其分层结构示意如图 7-30 所示。此方案的图形纹理离表皮层距离较远，PC 骨架层与包覆层都会对发光图形起离散作用，因此图形边界清晰度以及锐利度均会受到影响。

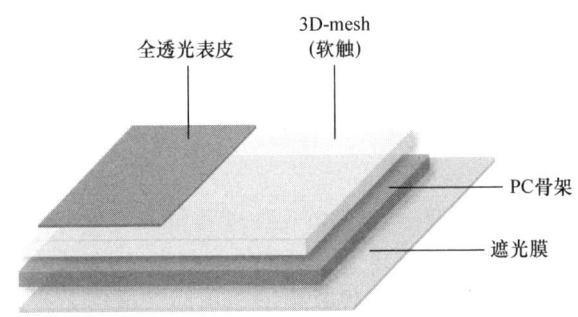

图 7-30　全透光表皮分层结构示意图

对于皮革包覆透光饰板，在开发过程中，还需要考虑如下影响因素：

① 不同颜色表皮对 LED 灯光颜色会有叠加影响，最终灯光颜色需重新标定，但是车内氛围灯通常为 32 色以上的颜色变化，标定工作量大。如果车内还有其他形式的氛围灯，则需考虑两种氛围灯灯光颜色的一致性。

② 部分颜色表皮的透光率较低，包覆件常用的聚氨酯海绵透光率也较低，两者均会影响最终的透光效果，为同时保证包覆件舒适性以及透光性要求，可以在骨架上增加一层透光 3D-mesh 层取代聚氨酯海绵。

2）织物包覆饰板。织物包覆发光饰板主要有透光织物与发光织物两种方案。

① 透光织物的发光原理与透光皮革方案类似。因织物工艺特殊性，织物纱线间是存在间隙的，光线可以穿透针织线，因此可以通过调整针织密度实现更好的发光效果。以 A 柱上饰板的织物透光方案为例，如图 7-31 所示，在正常情况下，A 柱饰板不发光；当有信号输入后，光线透过织物实现警示灯功能。此外，透光织物与透光皮革方案均不局限于氛围照明功能，可以通过在骨架背部增加触控组件，实现软质包覆触控功能。

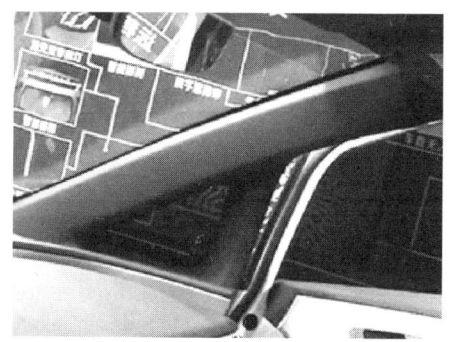 

图 7-31　织物透光方案应用于 A 柱上饰板（见彩插）

② 发光织物是指将光纤编织到针织面料中，光纤一端与 LED 连接，通过编入面料中的光纤传导光线，形成灯光装饰效果。其中，每颗 LED 可对应几根到几十根不同线径的光纤，根据零件所需实现的效果确定 LED 布置密度和光纤编制数量与形式。该方案可以实现大面积装饰，且光纤也可编织成不同种类的图形或字符，实现氛围装饰或提醒等功能。通常可应用于顶饰、地毯、门饰板或仪表板的织物包覆件上，实现如星空顶棚、发光地毯等氛围装饰效果。发光织物的实物图片如图 7-32 所示。

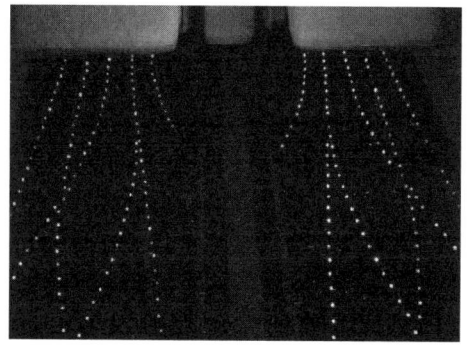

图 7-32　发光织物实物图片（见彩插）

3. 技术难点

目前车内氛围照明技术的关键难点在于灯光的评价。氛围照明功能如果没有经过合理的布置与设计，不仅不会提升内饰豪华感与科技感，反而会造成一种廉价感，甚至可能影响驾驶安全。

通常，应在设计开发前期定义灯光的亮度、宽度和均匀度等评价指标，同时在后期对实际产品进行灯光评审；而氛围照明评价是一种主观评价，容易受到评价者情绪以及外部环境的影响。通过前期量化或简单的评审，难以对氛围照明效果的好坏做出最精准的评价。

目前，对于饰板氛围照明技术，为避免后期重大更改，在前期光学设计阶段需要进行光学模拟，同时在样件出来后还需要进行实际环境的灯光评审，主要包括：

1）暗室环境：无环境光，在前排座椅位置评价发光区域的亮度、宽度和均匀度，以前排乘客视角为主，驾驶人视角作为参考。

2）背光环境：周围环境亮度与地下车库车内环境亮度相近（即氛围灯自动触发点亮环境），在前排座椅位置评价发光区域的亮度、宽度和均匀度，同样以前排乘客视角为主，驾驶人视角作为参考。

二、玻璃氛围照明技术

1. 技术背景

传统的汽车玻璃结构简单，功能单一，无法兼顾客户更多的需求，如隔热、隔绝紫外线辐射的功能。自20世纪以来，随着新型有机电致调光材料合成技术的发展及LED光源的出现，玻璃氛围照明技术在汽车领域开始逐步推广应用。

玻璃氛围照明技术主要分为两类：玻璃调光技术和玻璃发光技术。

玻璃调光技术主要是指电致调光，即通过电源通断来控制玻璃调光。电致调光窗（Smart Window）最早由美国科学家和瑞典科学家提出，并成功用于欧洲建筑物外墙。20世纪初，法拉利公司将其引入汽车领域，应用于某款跑车上。但是到目前为止，由于价格高昂以及专利限制，玻璃调光技术在汽车行业的应用仅局限在少数高档车型，如奔驰迈巴赫将其应用于天窗玻璃上。

玻璃发光技术主要是利用LED光源发光来实现。将璀璨的星空集成在汽车玻璃上，营造更加浪漫的车内氛围是很多汽车设计师的梦想。宝马公司已经将这一梦想变为现实，通过特殊的玻璃制造工艺，结合LED灯带，使星空顶天窗出现在其量产车型上。而随着LED光源技术的不断发展，玻璃发光技术也呈现出多样化、个性化的发展趋势。

2. 技术原理

（1）玻璃调光技术

玻璃调光技术是在夹层玻璃中集成调光膜，通过在玻璃两端施加电压，进而调节电流的大小来改变光线的透光率，以实现光线的调节，其结构示意如图7-33所示。调光玻璃的制造工艺和传统夹层玻璃相同，通过胶片（PVB、PU或EVA胶）集成调光膜，并与玻璃复合。

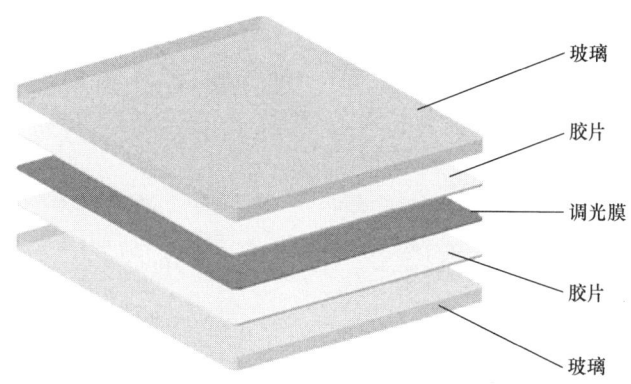

图7-33 调光玻璃结构示意图

目前，调光膜技术主要分为EC（Electro Chromic）、PDLC（Polymer Dispersed Liquid Crystal）和SPD（Suspended Particles Display）三种。

1）EC调光膜的主要原理是材料的光学属性在外加电场的作用下发生稳定可逆的颜色变化，主要通过氧化还原反应来完成。在应用于汽车玻璃时，调光响应速度慢，需要大约几十秒才能完成调光动作。EC调光膜组成示意如图7-34所示，类型Ⅰ为全有机，类型Ⅱ为有机无机结合，类型Ⅲ为全无机。

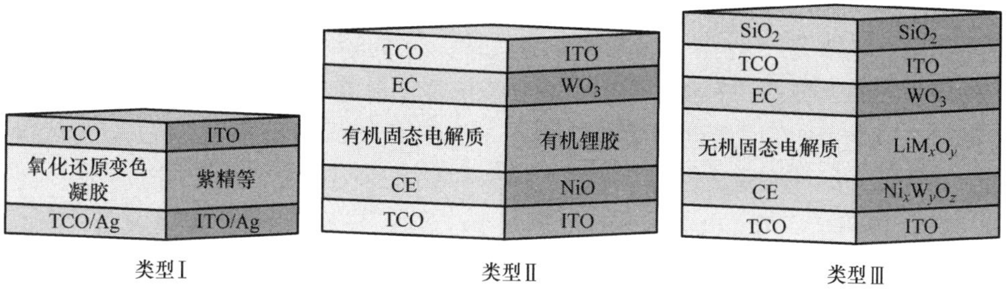

图7-34 EC调光膜组成示意图

2）PDLC和SPD调光膜的原理类似，都是在带导电膜的两层PET中间，涂上一层厚度为20μm左右的功能层，功能层含有偏光粒子。在聚合反应的作用下，这些偏光粒子均匀地分布于高分子网络中。PDLC 调光膜的组成示意如图 7-35 所示。

在不通电的状态下，这些偏光粒子呈现不规则的散乱状态，阻挡平行光通过，此时玻璃呈现不透明状态。在玻璃两端施加电压后，在电场的作用下偏光粒子向同一方向偏转，使得平行光得以通过，玻璃则呈现透明状态，如图 7-36 所示。施加的电压不同，偏光粒子偏转的角度不同，玻璃的透光程度也不同。

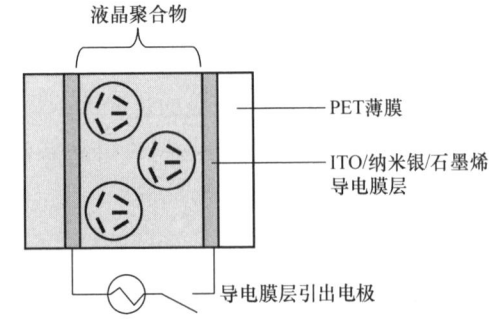

图 7-35 PDLC 调光膜的组成示意图

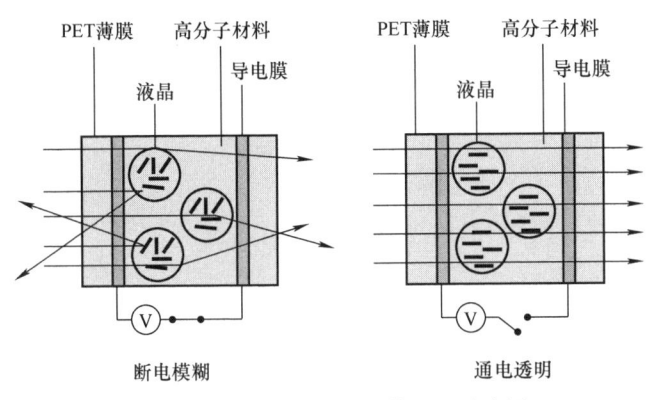

图 7-36 PDLC 调光膜工作原理示意图

SPD 和 PDLC 由于功能层不同，所以呈现出不同的外观效果。SPD 调光膜在不通电的情况下，其色调为深蓝色，在通电状态下为透明的浅蓝色。PDLC 调光膜在不通电的情况下外观呈现雾化的乳白色，在通电的情况下为无色透明状态。为了实现不同的透光率需求，PDLC 膜片可配合灰玻、白玻或绿玻原片与灰色 PVB 胶片组合使用。此外，根据调光膜的原理，调光玻璃在不通电的情况下，主要阻挡平行光的通过，但并不能完全阻挡散射光，因此无论应用 SPD 调光膜还是 PDLC 调光膜，都仍具有玻璃本身的通透感。三种调光膜基本性能及成本对比见表 7-2。

SPD 和 PDLC 调光玻璃基本可以满足车载使用环境，但是在极限温度条件下，其调光功能会受到一定的影响。低于零下 10℃时，其响应速度变得非常缓慢，需要几十秒甚至更长的时间才能完成操作，而在高温 70℃以上时，在不通电的情况下其外观开始呈现通透状态，失去了保护隐私的功能。虽然在极限温度条件下其功能受到影响，但是膜片本身并不会被损坏，当恢复到正常温度时，其功能也会同时恢复正常。

表7-2 三种调光膜基本性能及成本对比

对比	EC	PDLC	SPD
外观颜色	蓝、灰	白	蓝
外观雾化	无	有	无
透光率范围	1%~70%	1%~70%	1%~70%
工作电压	3V	36V	110V
调光响应时间	>60s	<1s	<1s
成本	高	低	高

调光玻璃两端布置有导电极，通过线束与控制模块相连接，控制模块可与整车BCM集成，也可以作为单独附件进行布置。控制模块与开关之间通过硬线连接，与BCM可通过LIN线进行信号交换，实现语音或屏幕控制。

与传统玻璃相比，调光玻璃具有如下优势：

1）用户可根据需要，在车内进行透光或不透光的自由切换，保护隐私的同时也不失通透感。

2）通过与不同功能PVB膜片的组合使用，调光玻璃可以实现抗UV、隔声等附加功能。

3）调光玻璃结合玻璃隔热技术在天窗的应用可取代遮阳帘，相应产品的电机及机械结构将不再需要，从而实现整车减重、节省车内空间。例如当取代天窗遮阳帘时，在整车布置上，节省头部空间30mm以上。

（2）玻璃发光技术

当前应用于汽车上的玻璃发光技术主要有反光油墨印刷方案与集成LED灯膜方案。

1）反光油墨印刷方案。反光油墨印刷方案使用夹层玻璃，内片玻璃使用超白玻作为导光板，在其上表面使用反光油墨印刷有规则的图案，在玻璃两侧布置LED氛围灯形成特殊的外观效果，如图7-37所示。此方案目前市场上已有量产车型应用。

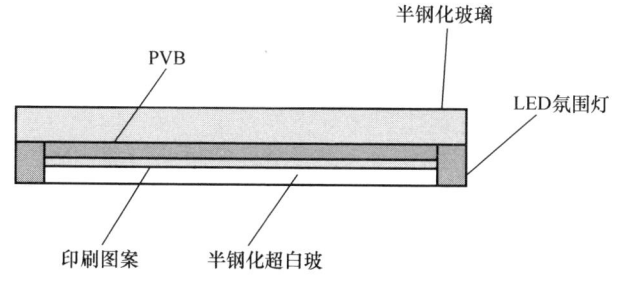

图7-37 反光油墨印刷方案玻璃结构示意图

这种方案的优点在于其光源外置，损坏后易于更换，且结构简单，成本较低。其缺点主要包括：

① 因导光板采用曲面印刷，当玻璃弧度较大时，工艺难度较大。

② 因灯源和玻璃反射光能力限制，玻璃四周区域亮，中间区域较暗，仅能实现装饰效果，无法起到照明功能。

③ 由于油墨图案不透明，所以会影响到乘员视野。

2）集成LED灯膜方案。集成LED灯膜方案是在两片玻璃中间通过PVB胶夹入LED灯珠膜片，实现玻璃发光的效果，其结构如图7-38所示。LED灯珠通过二极管接脚与激光雕刻绝缘线路连接，其结构如图7-39所示。各灯珠间可并联也可串联，不同灯膜的功率不同，厚度也会略有差异。LED灯膜厚度最薄可到0.3mm左右，对玻璃总厚度并无太大影响。

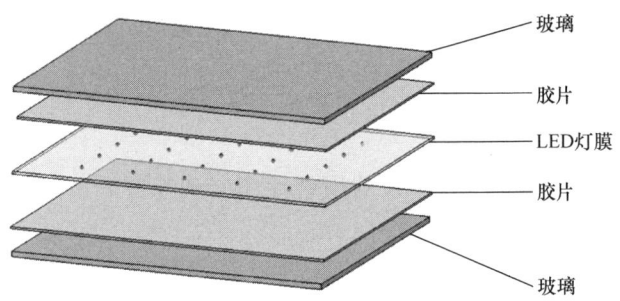

图7-38 集成LED灯膜方案玻璃结构示意图

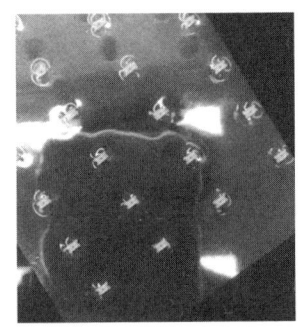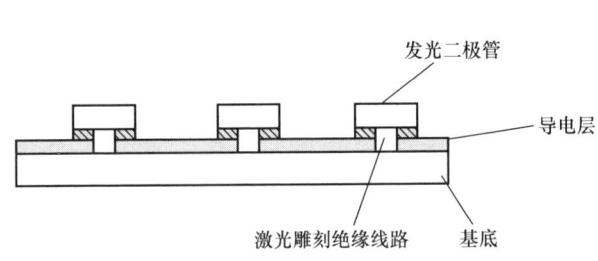

图7-39 LED灯膜结构示意图

集成LED灯膜方案主要有如下优点：

① LED灯珠颜色、亮度均可选，具有闪烁功能，灯珠可并联也可以串联，布置均无特殊要求，可以实现多种排列组合，满足不同设计应用需求。

② LED灯珠体积小，连接电路几乎肉眼不可见，对视野影响很小。

③ LED灯膜结构简单，加工方便，适用于弯曲玻璃。

④ 由于灯膜夹在玻璃中间，具有更强的抗振性能，且控制电路不易氧化，发光纯度高，发光热量小，耗电量仅为传统灯泡的6%。

3. 技术难点

玻璃氛围照明技术的主要难点为夹层玻璃合片的工艺稳定性以及车载环境应用的可靠性。

对于调光玻璃技术，目前主要应用于建筑行业的大平面设计。由于膜片材质较硬，当应用于曲率较大的汽车玻璃造型面时，容易因脱胶而产生气泡缺陷，并随着环境老化进一步恶化，因此在前期设计阶段需要对造型面曲率进行评估。此外，在工人拿取调光膜时也容易造成外观缺陷，降低玻璃产品的合格率，从而导致成本上升。在性能方面，无论是 PDLC 膜还是 SPD 膜，当处于车载环境的极限温度时，都会存在调光失效的问题，即低温调光速度变慢、高温变透明。在当前市面上的调光膜片中 PDLC 膜片成本相对较低，但是它存在不通电状态下外观雾化的现象，影响美观。

对于玻璃发光技术，反光油墨印刷方案的应用难点除了专利壁垒外，印刷图案遮挡视野也是限制其在汽车上应用的重要因素。集成 LED 灯膜方案的技术难点主要集中在工艺问题，一方面，LED 灯珠的集成可能导致玻璃合片时碎裂；另一方面，LED 灯珠可能在合片过程中出现损坏，影响产品稳定性。因此，集成 LED 灯膜方案的工艺稳定性需要进一步验证。此外，当 LED 灯膜尺寸小于玻璃时，集成后膜片边界线可见，影响美观性。同时，LED 灯膜使用寿命也需验证，一旦 LED 灯珠或电路出现损坏，就需要更换块整块玻璃，维修成本较高。如果集成 LED 灯膜的玻璃作为阅读灯使用，则还需评估其光学性能。

第五节　智能表面技术应用场景

未来，车内外每一个零件表面都可以是智能表面，每一个零件都可能是智能表面的载体。我们只需要在零件表面简单滑动或点击，就可以与汽车进行互动。下面分别举例介绍信息显示技术、智能触控技术、氛围照明技术的应用场景。

一、信息显示与智能触控技术应用场景

在传统汽车中，显示和按键主要集中在仪表板和中控台区域。随着汽车造型风格的变化以及科技水平的提升，仪表板和中控台的显示与按键布置方式呈现出两种趋势：一种是高度集成化，如特斯拉 Model S，在中控区域仅布置一块大屏，造型极为简约，车内信息均通过大屏显示与控制；另一种则是显示和触控载体的多样化，不局限于大屏显示与控制。

此外，信息显示技术在汽车上的应用已不局限于仪表板和中控台等常规区域，可扩展至整个座舱内，同时服务对象也不局限于车辆内部乘员，也可以服务于车辆外部的车辆或行人，具体如下：

1）门饰板集成信息显示与触控面板，可提醒下车乘员带走正在充电的手机，

或显示车门开启轨迹是否与车外物体干涉,如图7-40所示。

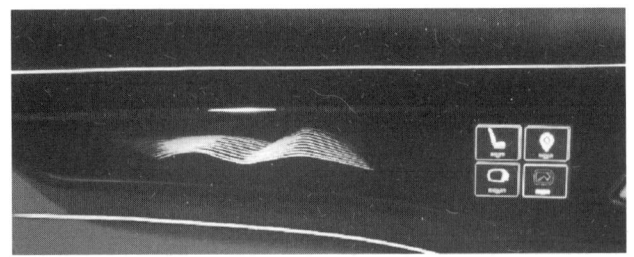

图7-40 门饰板集成信息显示饰板应用示例(见彩插)

2)A柱上饰板集成显示屏,结合车外摄像头,实时显示车外区域图像,最大可能地减小驾驶盲区,提高驾驶安全性,如图7-41所示。

3)座椅扶手上显示座椅温度与姿态信息,同时可以进行温度、坐姿触控滑动调节。

4)前风窗玻璃集成信息显示系统,实现如车速与胎压等基本信息显示、盲区警示提醒与防疲劳驾驶信息显示,如图7-42所示。

5)门窗集成信息显示与触控系统,比如显示游戏场景,营造沉浸式体验感受。

图7-41 透明A柱应用示例

图7-42 前风窗信息显示应用示例(见彩插)

6)汽车玻璃或外饰饰件集成显示系统,向车外行人或者车辆传达信息。如礼让行人可在前风窗上显示"请您先行"的提示信息,超车可在侧门窗上显示"超车请注意"等提示信息。

随着信息显示和触控技术的不断普及,智能表面的HMI设计显得至关重要。我们需要关注其显示或控制的内容与零件位置是否匹配,是否便于乘员第一时间获取。

智能表面技术应当服务于整车设计诉求与应用场景，尤其在自动驾驶技术迅速发展的背景下，当面对不同的自动驾驶级别，需要制定不同的HMI设计以匹配特定的行车环境。从驾乘人员角度出发，可方便快捷获取的智能表面HMI设计尤为重要。

二、氛围照明技术应用场景

随着汽车用户对车内交互功能需求的不断增加，氛围照明系统从简单的装饰功能扩展到安全提醒、情绪调节等领域，具体如下：

1）通过面部监测判断驾驶人疲劳度，自行调整灯光颜色或动态效果进行提醒；通过生物识别技术识别驾驶人情绪，制定不同的灯光效果，以帮助驾驶人保持轻松愉悦的心情。

2）根据场景需求，定制特殊的灯光效果，如办公场景采用明亮的灯光效果，睡眠场景采用暖色且低亮度的灯光效果，休闲娱乐场景采用跳动且颜色变化的灯光效果等；同时结合调光玻璃的应用，营造出不同氛围的场景与模式。沃尔沃场景氛围照明的应用如图7-43所示，在不同场景下，通过后排座椅上方的投影仪在顶棚上投射出影像，营造特定的氛围效果。

图7-43 沃尔沃场景氛围照明应用示例（见彩插）

3）根据车主需求个性化定制灯光效果，也可以根据用车记录记忆乘员的喜好与习惯，显示个性化的灯光氛围。

4）灯光效果可以根据特定信号输入进行变化，如音乐随动功能、语音控制、灯光随车速变化等。

目前，氛围灯载体也发生了巨大的变化，以往氛围灯主要应用于仪表板与门饰板，形成环绕式氛围照明效果。现在几乎车内所有零件都可以实现氛围照明，如迎宾门槛踏板、发光顶棚、星空天窗、发光扬声器罩、环形发光杯托等，让整车氛围照明效果更加丰富多变。

第八章 内外饰智能控制技术

第一节　智能控制概述

新四化浪潮下内外饰零件的发展趋势是和电控技术充分结合,从传统的手动机械操作全面升级为智能自动化控制,进一步面向用户需求实现智能交互,增加车辆科技感、豪华感。

以内外饰功能件为例,传统的功能件如图 8-1 所示,只有当用户有使用需求,通过开关或机械结构将指令传递给相应零件,用户才会得到相应的功能反馈。而智能控制技术的应用能够打破这种被动反馈。随着各类传感和控制技术、信息收集系统及大数据的发展,整车已经能够识别更多的数据,并通过控制器根据不同的场景发送对应的指令到各个功能件。用户不需要亲自手动操作,整车就能够根据外界输入智能匹配各种功能需求。例如天气炎热车内需要迅速制冷时,通过温度及阳光传感器收集的信息以及人脸或虹膜识别获得使用者之前的使用习惯,空调和电动出风口开始自动控制温度和扫风,座椅也开启通风功能,为用户带来清凉。

以上仅仅是智能控制技术在内外饰零件上应用的一个小案例,支撑起这些功能的主要是智能控制技术与驱动技术的结合,本章将着重介绍这些技术及应用场景。

a) 电控空调出风口

b) 多功能移动中控台

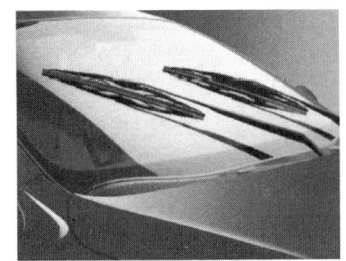
c) 刮水器

图 8-1　常见的内外饰功能件

| 第二节　智能控制技术

在智能化、网联化的发展趋势下，汽车与用户的交互方式正在从按键这一单一模式迅速向多模式交互转变，各种新兴的智能控制技术被广泛应用并推广到汽车的使用场景中。

各大主机厂也纷纷致力于在各自的车型上引入多模式的智能控制技术，从而满足用户对于汽车安全和科技感的个性化追求，实现差异化竞争。当下，基于语音、视觉、触觉等方式的智能控制技术较为引人注目，被广泛应用于汽车领域。下面主要从按键触控、语音控制、手势控制、虹膜识别控制及面部识别几个比较主流的研究方向进行介绍。

一、按键触控技术

按键触控是一种直观、简便的人机交互输入方式，用户只需轻轻触碰屏幕或饰板上的字符或图标，车辆就能接收到输入信号，非常便捷和准确，如图8-2所示。

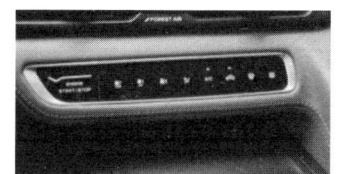

图8-2　触控显示面板

1. 技术原理

按键触控的核心机构一般由触摸检测部件和控制器组成。触摸检测部件安装在零件表面，用于检测用户的触摸位置，并将信号传递给控制器，控制器再将信号转换成触点坐标发送给主机实现需求输入。根据传感器类型的不同，按键触控技术可以分为红外线式、电阻式、表面声波式和电容式四种。

1）红外线式触控技术的工作原理是在零件表面密布纵横交叉的红外线矩阵，通过不停地扫描是否有红外线被物体阻挡来检测并定位用户的触摸。红外线矩阵的实现方式是在零件表面安装一个外框，其四边排布有红外发射和接收感测元件。当用户触摸零件表面时，会挡住经过该位置的红外线，从而判断出触点位置。红外线触控技术不受电流、电压和静电干扰，适合复杂使用环境。其主要优点是可用手指、笔或任何可阻挡光线的物体来触摸，响应迅速、成本低廉、安装方便，但分辨率较低。

2）电阻式触控技术的工作原理是通过压力感应来实现操作和控制。核心零件主要包含上下两个透明的导电层（内侧涂布有ITO，即氧化铟锡涂层），中间用弹性材料隔开。用指尖或任何物体按压外层，使表面膜内凹变形，让上下两层ITO相碰导电从而定位到触点。该技术的优点是门槛低，成本价廉，且不受灰尘、温度、湿度的影响。缺点也很明显，不支持多点触控且外层膜很容易刮花，不能使用尖锐的物体点触屏面。

3）表面声波触控技术的原理是由零件表面的超声波换能器发送高频声波跨越屏幕表面，当手指触及屏幕时，触点上的声波即被阻止，由此确定触点位置。表面声波触控技术不受温度、湿度等环境因素影响，分辨率和透光率高，能保持清晰透亮的图像质量，使用寿命也长，最适合公共场所使用。但尘埃、水及污垢会严重影响其性能，需要经常维护，保持屏面的光洁。

4）电容式触控技术的原理是当用户触摸零件表面时，由于人体自带的电场，用户手指和工作面之间会形成耦合电容，产生微弱电流，检测电极参照电流值变化计算出触点位置。电容触摸屏能很好地感应轻微及快速触摸，且防刮擦，不怕尘埃、水及污垢影响。但由于电容受温度、湿度或环境电场的影响较大，所以电容式触控的稳定性较差，分辨率低。如果用户戴了手套或手持不导电的物体进行触摸，就会没有反应。

2. 技术应用

触控技术在汽车上的典型应用是智能座舱内部的触控按键和触控屏。

触控按键可以代替传统物理按键，节约空间，提升用户使用便利性及按键使用寿命，也让座舱内部更加整洁美观，增强科技感和豪华感。

以市面上某车型为例，利用触控按键取代传统机械式杂物箱的开锁结构，并通过电机实现解锁功能。用户开启杂物箱时，只需要按下位于仪表板侧面的触控按键即可。这样的设计不仅让杂物箱在造型上不需要布置额外的拉手结构，而且整个仪表板的造型更加简约协调，同时也解决了驾驶人因为位置限制不方便打开杂物箱的问题，如图8-3所示。通过触控按键技术结合电机技术，传统杂物箱升级为电动杂物箱，更加便利和安全，应用的场景也越来越多元化。比如驾驶人可以通过触控按键为前排的女性用户自动打开杂物箱，更加绅士和智能。在洗车、加油、保养、代客泊车和车辆出借等场景下，用户可以通过触控屏进行杂物箱加密，加密的方式可以是数字密码，如图8-4a所示，也可以采用虹膜识别、面部识别等技术。

触控屏则是当红的座舱配置，很多用户首次购车时都喜欢关注"屏、皮、窗"，即触控大屏、真皮座椅、全景天窗，侧面反映了触控屏对用户体验的重要性。尤其是特斯拉Model S第一次将17in触控屏引入座舱内部，震撼的视觉效果和使用体验直接开启了车载触控屏巨幕化的浪潮。国内品牌如上汽荣威、拜腾等在这方面也走在了前列，如图8-4b所示。当用户触碰了屏幕上的各类图标时,屏幕上的触觉反馈系统可根据预先设定的程序驱动各种连接装置,如开闭天窗、调节音量、设置导航等,并借由屏幕制造出生动的影音效果,直观、便捷、绚丽。

图8-3 触控按键与电动杂物箱的结合

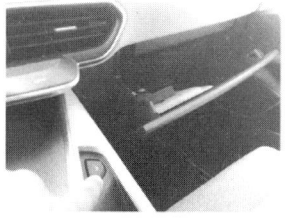

a) 电动杂物箱可通过大屏加密锁止　　　　b) 上汽荣威Mavel X触控屏

图8-4 各类车载触控屏

二、语音控制技术

语音控制技术是结合语音识别、智能控制形成的一门综合技术,其关键在于语音及语义的识别,即让车辆能够听懂人类的指令,并做出相应的动作。它是一门多面的交叉学科,涉及语言学、声学、数字信号处理、人工智能、数理统计学、情感学及心理学等多个学科。

1. 技术原理

语音控制技术也被称为自动语音识别(Automatic Speech Recognition,ASR),是将人类的语言内容转换为计算机可识别的输入信号,车载信息处理系统通过识别和理解,把语音信号转变为相应的操作指令。

语音识别的本质是基于语音特征参数的模式识别,系统通过学习把输入的语音按一定模式进行分类,从而找出最优结果。语音识别技术常用的方法有如下四种:基于语言学和声学的方法、随机模型法、利用人工神经网络的方法和概率语法分析。其中最主流的方法是随机模型法。

随机模型法目前应用较为成熟,主要通过提取特征、训练模板、模板分类及模板判断四个步骤来对语音进行识别,如图8-5所示。识别过程中涉及的算法包括动态时间规整法（Dynamic Time Warping，DTW）、隐马尔科夫模型（Hidden Markov Model，HMM）理论和矢量量化技术（Vector Quantization，VQ）。其中HMM算法更为简便，在语音识别性能方面更为优异，因此大部分语音识别系统都在使用HMM算法。

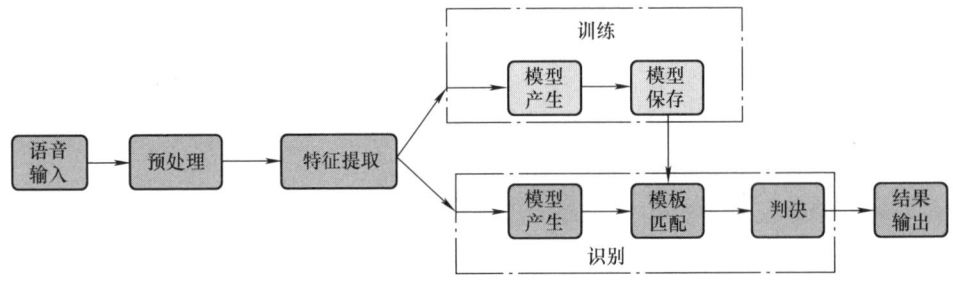

图 8-5　随机模型法步骤图

一套完整的语音识别系统，依次按照如下步骤进行工作：

1）对语音信号进行分析和预处理，除去冗余信息。
2）提取影响语音识别的关键信息和表达语言含义的特征信息。
3）紧扣特征信息，用最小单元识别字词。
4）按照不同语言的语法，依照先后次序识别字词。
5）按照语义分析，给关键信息划分段落，取出所识别出的字词并连接起来，同时根据语句意思调整句子构成。
6）结合语义，分析上下文的相互联系，对当前正在处理的语句进行适当修正，以得到最终精确的识别结果。

2. 技术应用

传统的车载语音控制技术（图 8-6）要求用户按照车载系统的规定，依照标准的命令语式依次念出"条目式语音命令"，比如"打开空调""导航至上海市嘉定区安亭镇安研路201号"，而一旦用户念错、吐字不清楚或中间停顿，都有可能导致系统识别失败。这意味着在传统语音控制技术体系下用户是要为车辆服务的，这无疑会分散用户的注意力，降低行车安全，良好的用户体验也无从谈起。

图 8-6　传统车载语音控制界面

由于智能化、网联化技术的高速发展，得益于业内充足的技术储备和大数据支持，车载语音控制技术在近年得到了飞速的发展。尤其是 AI 技术的应用，让语音识别系统和用户监测等非语言数据紧密耦合，实现了更好的个性化服务，使得在智能座舱新兴的智能语音交互系统中，"人服务于车"的局面彻底扭转成"车服务于人"。用户在向智能座舱发出语音指令时，不再需要按照标准念出条目式命令，仅需依照自己的语言习惯说出日常话语即可。同时智能座舱还具备了强大的分析能力，可以根据用户话语中的关键词分析指令背后的意图，甚至能够依靠大数据和第三方服务的优势，为用户提供超越传统技术能力之外的增值服务。

比如在日常生活场景中，智能座舱不但可以识别诸如"今天限行吗""我想听上海交通广播"此类的日常问题，还可以根据第三方提供的数据，在搜索到饭店餐饮信息之后，对所有列表内容按照价格、距离和评分排序；在用户施加额外命令"显示沿途的中石化加油站"后，更精确地调整现有的导航路线和目的地优先级……这些功能通过传统语音识别系统几乎无法实现。

国内在语音识别和控制方面走在前列的公司有科大讯飞、阿里巴巴、百度等。以上汽和阿里巴巴合作推出的斑马智行系统为例，一句"你好，斑马"的指令即可唤醒系统，如图 8-7 所示。斑马智行语音系统的最大亮点在于精细化和人性化：首先是自然智能识别，系统会聪明地识别出用户的需求，例如一句简短的"我想看星星""我热了"等，系统就会自动打开全景天窗或调整空调温度。同时，在和系统语音对话的过程中，用户也可随时打断直接做出选择，实际使用过程中这种"语音打断"设置可以很大程度地提高语音识别效率，不会烦恼于反复的确定，最终让用户习惯用语音操作替代手动选择，有效提升用户体验感。

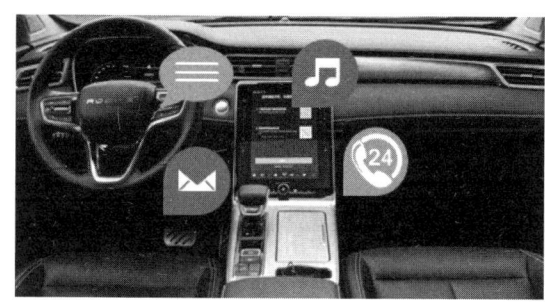 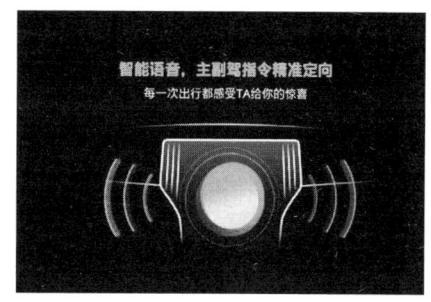

图 8-7　斑马系统的语音控制功能

以语音交互为核心体验的车载机器人也是当前的流行趋势，将无形的虚拟对话变成与可见的小机器人沟通，使人机对话更加亲切自然，例如蔚来汽车的"Nomi Mate"、小鹏汽车的"小 P"、一汽奔腾的"Yomi"全息投影机器人等，如图 8-8 所示。通过唤醒 AI 语音助手，可以识别、处理和执行用户的自然语音指令，实现车辆控制，拟人化的语音机器人也成为其品牌特色之一。

a) 蔚来汽车"Nomi Mate"　　　b) 小鹏汽车"小P"　　　c) 一汽奔腾"YOMI"

图 8-8　拟人化的车载语音机器人

未来几年，语音技术依托于自身的诸多优点以及对人与人沟通方式的忠实还原，将毫无疑问地成为发展最迅速的车载人机交互工具。一个能懂人语、解人意并且可以准确无误执行命令的智能座舱，将成为汽车进化、颠覆设计的前提与技术基础。

三、手势控制技术

手势控制技术是近年来人机交互的热点研究领域，因其能有效减少驾驶过程中的分神动作，并能和多种人机交互方式实现互补，具有很高的便捷性，因此在智能座舱和自动驾驶领域得到了越来越广泛的应用。

根据使用形式的不同，手势控制技术可以分为接触式手势识别和非接触式手势识别。接触式手势识别主要通过触觉传感器来识别人的手部动作实现手势控制；非接触式手势识别通过视觉传感器来识别手部关节和三维手部动作实现手势控制。手势识别技术的应用有助于推动减少机械式按键的数量，使汽车内饰造型更加美观和简洁。

1. 技术原理

手势控制技术由来已久，可分为二维识别和三维识别两个阶段。接触式手势识别属于二维识别，但目前应用较多的是基于传感器和光学摄像头的三维手势识别技术，即非接触式手势识别。利用摄像头获取手部图像，通过相应的处理算法去除手部图像中无关的背景后，对手部区域和手部轮廓进行提取，最后辨识出不同的手势类型，如图 8-9 所示。

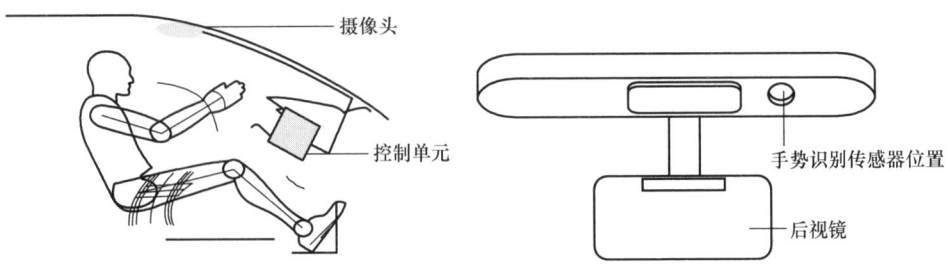

图 8-9　手势控制技术原理示意图

手势识别还可以追踪和预测手部的移动,进而判断手部移动的方向,实现手势的动态识别,如图 8-10 所示。手势识别技术主要通过光飞时间、结构光、双目立体成像三种方式实现,这三种实现方式在原理上有一定差异。

图 8-10　多手势识别

第一种形式是光飞时间,它的原理是根据光的传播时间进行距离计算。因为光速 × 时间 = 距离,而光速是恒定的,这样就可以通过时间差推算距离差。利用红外发射器将经过调制的光脉冲发射出去,利用脉冲接收器采集反射的光脉冲,通过脉冲的往返时间计算接收器与检测物体之间的距离,进而实现手势的判断,如图 8-11 所示。

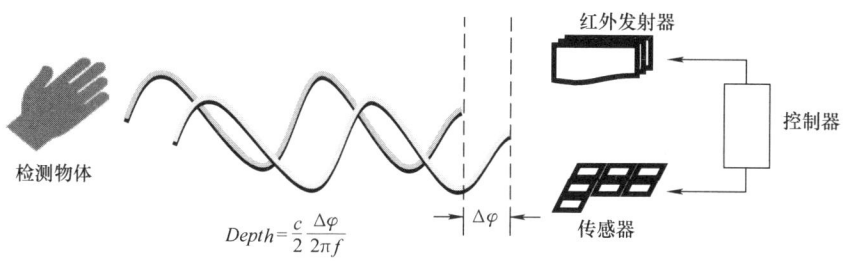

图 8-11　光飞时间原理图

第二种方式是结构光,它的原理是通过主动投射已知的编码图案来计算物体的位置。通过红外发射器把具有特定结构特征的光束发射至检测目标,再通过红外摄像头将反射回来的带有图案特征的光束进行收集,如图 8-12 所示。由于光束投影到检测物上的尺寸和形状会根据检测物同摄像头的距离和角度而存在差异,依据三角测量的原理便能够计算出被检测物各点的相应位置,从而通过位置的前后差异来区分不同的手势。

第三种方式是双目立体成像,它的原理是通过两个摄像头采集检查目标的位置信息,将畸变数据通过计算转换为有效数据,再通过检测物体的前后位置变化实现手势的识别,如图 8-13 所示。

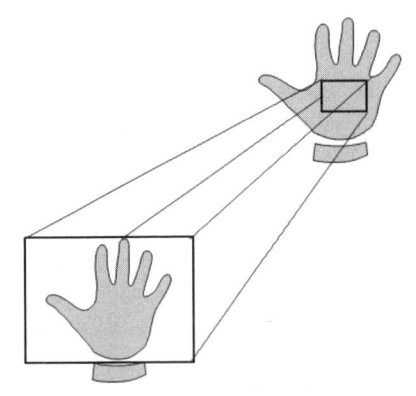 

图 8-12　结构光原理图　　　　图 8-13　日本电装双目摄像头系统

手势控制技术在汽车上的应用，需要满足各种使用环境下的抗干扰、数据准确和数据实时的要求。三种手势识别技术在成本、分辨率以及测量精度等方面的对比见表 8-1，其中光飞时间的方式虽然分辨率和精度都偏低，但由于其抗干扰能力较强，目前在汽车智能座舱方面的应用较多。

表 8-1　手势控制的三种方案

比较	光飞时间	结构光	双目立体成像
基本原理	反射时差：根据光的飞行时间直接测量	激光散斑编码：主动投射已知编码图案，提升特征匹配效果	双目匹配，三角测量：图像特征点匹配，三角测量间接计算
测距逻辑	主动	主动	被动
分辨率	低于 640×480	可达 1080×720	可达 2k
测量精度	厘米级	0.01～1mm（近距离）	毫米级（近距离）
测量范围	100m 以内	10m	2m
算法开发难度	较低	一般	较高
功耗	很高（需全面照射）	一般（只照射局部区域）	很低（理论计算）
硬件成本	高	中	低
影响因素	受多重反射影响	受反光影响	受强光照射、物体纹理影响较大，夜间无法使用

2. 技术应用

手势控制技术在汽车内饰中最直接的应用就是操控多媒体系统。通过手势控制可弥补语音控制在音量调节、播放进度调节等方面存在的局限性。不同手势可以实现车内音量调节、切歌、导航控制、接打电话等功能，实现多种场景下的人车交互。手势控制多媒体已在宝马 7 系、君马 SEEK 5 等车型上得到应用。

手势控制技术还常用在车内功能件的控制上，用户可以通过上、下、左、右、前、后等常用手势或者"打响指""比心"等特定手势，实现开关天窗、控制储物盒、调节刮水器、调整车窗、调节座椅等操作。行驶过程中驾驶人始终目视前方即可实现以上操作，大大提升了驾驶安全性。

国内车企在手势控制技术方面已开始尝试应用，如国内某量产车型将中控台出风口正下方区域作为手势控制的识别区域，驾驶人只要在这一区域做出手势，车辆就可以自动识别。可以识别的手势有 8 种，如图 8-14 所示，主要集中在多媒体系统的控制方面，当操控者将手放在指定区域，做出手心向上抬手的姿势，即可提升车载音响的音量。将手心向下，做出下压手势的时候，车载音响的音量将降低。做出胜利的 V 字形手势，手指向前的话，将会暂停或者播放内容。如果驾驶人右手攥拳，拇指伸出，手心向下，则意味着播放上一曲。如果驾驶人右手攥拳，拇指伸出，手心向上，则意味着播放下一曲。当手机来电时，驾驶人右手做出数字 6 的手势，手心向上，是接听电话；手心向下，就是挂断电话。

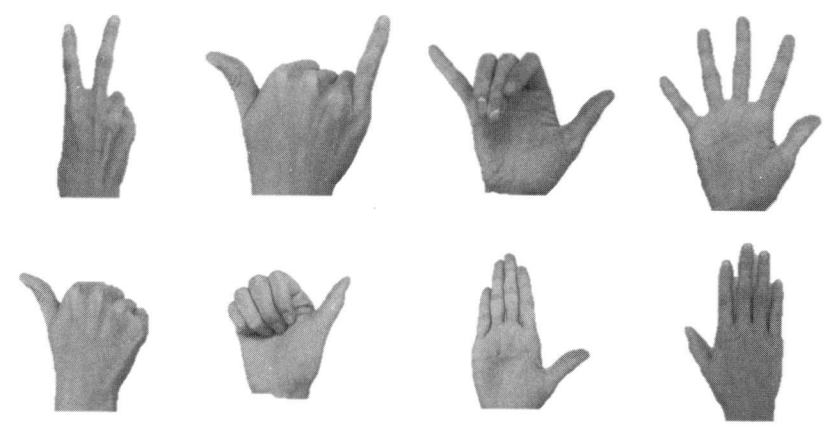

图 8-14　手势控制操作图

随着手势识别技术的不断提升，具备实用性和良好用户体验的手势识别控制将会在越来越多的车型中不断出现并日趋完善。

四、虹膜识别控制技术

虹膜识别控制技术是基于数字识别技术对人体眼球中的虹膜进行身份识别，从而将获取的信息作为输入信号完成控制操作的技术，属于生物特征识别技术的一种。

人的眼球由虹膜、巩膜、瞳孔、晶状体、视网膜等诸多结构组成，如图 8-15a 所示。虹膜是位于角膜与晶状体之间的扁圆形环状薄膜，每一个虹膜都包含错综复杂分布的像冠、细丝、斑点、射线和条纹等细节特征，因此每一个生命体的虹膜都是独一无二的。自胎儿发育阶段形成后，虹膜的特征便不再发生变化，因此虹膜的特征具有唯一性与稳定性，我们可以通过该特征达到识别目标身份的目的。

相对于其他生物特征识别技术如指纹识别、掌纹识别等，虹膜识别有一个突出的优点：误识率最低，如图 8-15b 所示。此外虹膜识别还具有非侵犯性、可采集性、便捷性等诸多优点，是当下最方便和精确的一种生物识别技术。自 1993 年英国剑桥大学 John Daugman 提出虹膜识别算法以来，国内外对于虹膜识别技术的研究已取得了较大的进展，智能安防、电子支付等行业成为虹膜识别技术应用的重点领域，前景非常广阔。

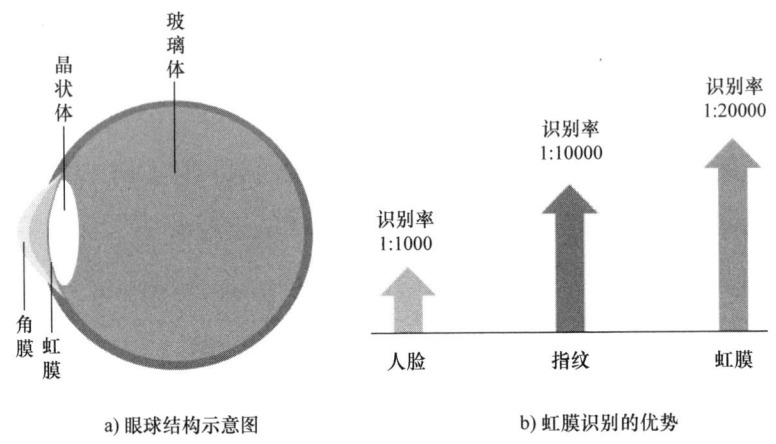

a) 眼球结构示意图　　　b) 虹膜识别的优势

图 8-15　人的眼球结构和虹膜识别优势

1. 技术原理

虹膜识别通常分为两个流程：身份注册和身份识别。

身份注册是指识别设备提取用户的虹膜纹理特征，并将提取到的特征样本添加到识别系统的数据库中。身份识别是将待识别者的虹膜特征样本提取出来并与数据库中已注册的虹膜样本比对，用于输出识别结果。

完整的虹膜识别系统一般来说分为以下五个步骤：图像采集、图像预处理、特征提取、特征编码和特征匹配，如图 8-16 所示。

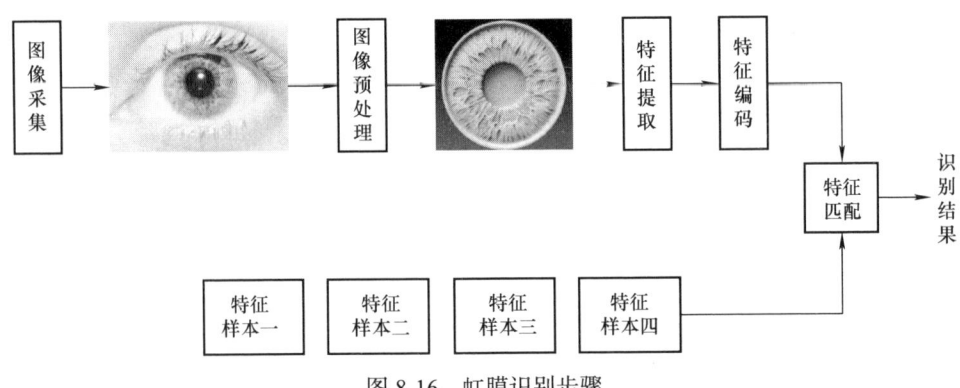

图 8-16　虹膜识别步骤

（1）图像采集

使用特定的采集设备对整个眼部进行拍摄，并将获得的图像通过采集卡传输到存储设备中。采集设备主要由红外光的照明设备和成像设备组成。图像画质的高低直接影响系统的识别率，因此虹膜图像的采集工作对整个识别过程起到至关重要的作用。虹膜图像的采集对镜头设备景深、光圈大小、光照强度等均有严格的要求，使用专用的图像采集设备可以在近红外光照下更好的成像，而且无论在白天还是夜间均可正常工作。

（2）图像预处理

图像预处理是指由于拍摄到的眼部图像包含很多冗余无用的信息，并且在清晰度等方面不能满足要求，因此需要对采集到的虹膜图像进行如下处理使其满足提取虹膜特征的需求。

1）边界定位：确定内圆、外圆和二次曲线在图像中的位置，其中，内圆为虹膜与瞳孔的边界，外圆为虹膜与巩膜的边界，二次曲线为虹膜与上下眼皮的边界。

2）图像归一化：使用某种几何映射方式将采集到的原始图像中的圆环形状的虹膜转换到尺寸固定的归一化图像中，解决了所采集图像中虹膜大小和分辨率不同的问题，便于后续的特征提取和匹配。

3）图像增强：针对归一化后的图像，进行去噪、亮度、对比度和平滑度等细节处理，提高图像中虹膜信息的识别率。

（3）特征提取

采用特定的算法从处理后的图像中提取出虹膜识别所需的特征点。

（4）特征编码

对提取的特征点进行编码。

（5）特征匹配

将特征编码与数据库中事先存储的虹膜图像特征编码进行验证比对，并通过分析相似程度来判断是否为相同虹膜，最后输出识别结果。

2. 技术应用

目前，虹膜识别技术逐步走进汽车行业，主要应用于点火开关、汽车防盗、机动车锁止系统、车辆通道、监测驾驶人健康等方面。

虹膜识别技术可以作为"生物密钥"进行应用。通过布置在仪表板或内后视镜中的红外发射器作为光源，配合虹膜扫描摄像头可以精确追踪并采集当前用户虹膜信息进而反馈给车载智能系统。智能系统对输入的虹膜信息进行数据处理，对比已录入信息库的用户信息可以判断是否验证通过，匹配成功后即可赋予用户车辆的控制权，如图8-17所示。同时可针对识别的不同用户信息驱动车内其他子系统进行个性化定制，如座舱内的温度、座椅位置、后视镜角度等各项自适应调节，实现多用户无感切换。

在2019年CES上，镜泰公司展示了用于乘员识别的虹膜扫描系统，此技术将应用在林斯比得汽车公司的最新概念车Micro SNAP上，如图8-18a所示。虹膜扫描系统内嵌到内后视镜中，主要包含红外发射仪、虹膜扫描摄像头和车载智能系统。该虹膜扫描系统可用于验证乘员、授权车辆使用、路线跟踪、乘车费用支付和高速自动收费授权等，如图8-18b所示。授权用户一旦进入车辆，仅需看向内后视镜，即可基于此前的用户预设，对车辆进行操作并启动一系列个性化设置，如座椅自动调节、冷暖空调控制、个性音乐播放、GPS定位及其他座舱装置的自适应调节等。后续此系统还可用于实现安全访问云端车辆互联服务，如家庭自动化控制、便捷收费、车载支付等。

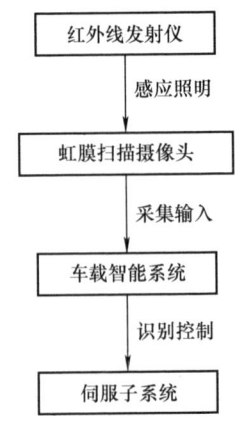

图8-17 车载虹膜识别控制系统

a) 搭载虹膜识别功能的内后视镜图

b) 高速自动收费授权

图8-18 虹膜在车上的应用

宝马、大众、上汽等汽车制造商都在试图加速将生物识别技术整合入汽车系统，以满足消费者不断变化的需求，确保乘车便捷性和安全性。

五、面部识别控制技术

面部识别控制技术是指基于人类面部特征，对输入的人脸图像或者视频进行分析对比，最终识别用户身份的一种生物识别技术。面部识别控制技术具有如下优点：

1）非接触性：面部识别与指纹识别不一样，不需要用户去进行按压触碰，只需站在机器的检测范围内即可，便捷快速。

2）非强制性：用户不需要专门配合面部采集设备，几乎可以在无意识的状态下就可获取面部图像，这样的取样方式没有"强制性"。

3）并发性：在实际应用场景下可以进行多个人脸的分拣、判断及识别，符合"以貌识人"的视觉特性，操作简单，结果直观，隐蔽性好。

1. 技术原理

目前汽车面部识别有狭义与广义两种定义方式。广义的面部识别包括构建面部识别系统的一系列相关技术，如人脸图像采集、人脸定位、人脸识别预处理、身份确认以及身份查找等；而狭义的面部识别特指通过人脸进行身份确认或者身份查找的技术。

面部识别技术一般包含三个部分：

（1）面部检测

面部检测是指在动态场景与复杂背景中判断是否存在人脸，并分离出这种面像。一般有下列几种方法：

1）参考模板法：首先设计一个或数个标准的面部模板，然后计算测试采集的样品与标准模板之间的匹配程度，并通过阈值来判断是否存在人脸。

2）面部规则法：面部具有一定的结构分布特征，所谓面部规则的方法即提取这些特征生成相应的规则以判断测试样品是否包含人脸。

3）样品学习法：采用模式识别中人工神经网络的方法，即通过对面像样品集和非面像样品集的学习产生分类器。

4）肤色模型法：依据面貌肤色在色彩空间中分布相对集中的规律来进行检测。

5）特征子脸法：将所有面像集合视为一个面像子空间，并基于检测样品与其在子空间的投影之间的距离判断是否存在面像。

值得关注的是，上述五种方法在实际检测系统中也可综合采用。

（2）面部跟踪

面部跟踪是指对被检测到的面部进行动态目标跟踪，具体可以采用基于模型的方法（如肤色模型、纹理模型等）或基于运动与模型相结合的方法进行跟踪。

（3）面部比对

面部比对是对被检测到的面像进行身份确认或在面像库中进行目标搜索。实际就是将采集到的面像与库存的面像依次进行比对，找出最佳的匹配对象。所以，面像的描述决定了面像对比的具体方法与性能。常见的面像描述方法有特征向量与面纹模板两种。

1）特征向量法：该方法是先确定虹膜、鼻翼、嘴角等面像五官轮廓的大小、位置、距离等属性，然后再计算出它们的几何特征量，而这些特征量形成一组描述该面像的特征向量。

2）面纹模板法：该方法是在库中存储若干标准面像模板或面像器官模板，在进行比对时，将采样面像所有象素与库中所有模板采用归一化相关两度量进行匹配。此外，还有采用模式识别的自相关网络或特征与模板相结合的方法。

2. 技术应用

面部识别控制技术在汽车上主要应用于用户身份确认、驾驶疲劳监测、车辆防盗功能。

（1）用户身份确认

首先是人脸解锁车门，通过布置在 B 柱上的摄像头进行人脸扫描，将探测到的人脸与已存档的人脸特征进行比对，比对成功则开启车门，如图 8-19 所示。面部识别技术可以和用户的账号进行整合关联，再通过车内的摄像头对用户进行面部识别，创建专属 ID 之后，车辆可以储存用户的行为偏好、历史轨迹等，实现个性化定制服务。

例如当车辆识别到用户进入车内之后，可以按照云端存储的用户信息，对应调整座椅、后视镜、氛围灯、出风口扫风模式等至其最舒适状态，播放用户喜爱的歌曲，同时根据时间、LBS（Location Based Services）定位等信息判断导航的目的地，如图 8-20 所示。

图 8-19　面部识别解锁车辆

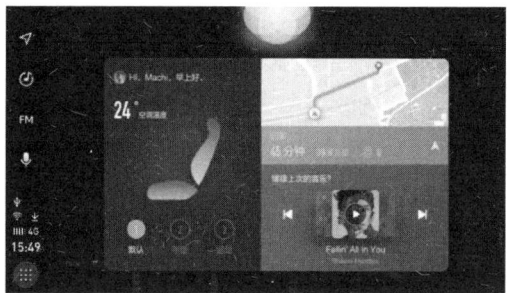
图 8-20　驾驶人身份识别

在识别能力方面，车载面部识别功能支持红外摄像头识别，满足在不同光线和环境条件下的人脸识别，并且支持大角度识别，让用户在侧脸情况下也可以登录自己的账号。

（2）驾驶疲劳监测

利用摄像头识别用户面部特征，如眼睛、鼻子和嘴巴，可以分析出用户的具体表情和精神状态。如果用户出现闭眼等情况，则会及时发出提醒保证驾乘安全。

当检测到用户有分心行为，比如看手机、转头和后排说话等，整车也会根据具体情况做出不同的反应：按照情况的轻重程度用户会收到声音提示、视觉警告到自动减速、停车等不同等级的提醒或调整。

当检测到驾驶人出现疲劳后，智能座舱将通过转向盘发出微频振动、氛围灯进行快速闪烁和颜色变换、车内音乐自动启动，甚至通过出风口自动变换至对脸吹出持续冷风等方式来唤醒用户，如图 8-21 所示。

图 8-21　氛围灯警示颜色

（3）车辆防盗功能

面部识别技术还可以用于保护车辆的财产安全以及支付安全。防盗是面部识别在汽车上的重要应用，当系统识别到未登记的可疑人员上车后，可在云端触发警报，并同步可疑人员的人脸信息到云端。即便可疑人员进入车内也开不走汽车，同样会通过喇叭报警、灯光变换警示色等来提醒周边人员该车辆有被盗的可能。支付安全指的是利用面部识别技术进行快捷支付验证，原理同上，此处不再赘述。

第三节　驱动技术

随着汽车内外饰智能控制技术的不断发展，更多与智能控制有关的功能也逐渐应用到车辆的设计中，而这些功能的实现，均需执行机构按照输入指令进行驱动及控制。驱动技术正是在这样的条件下架起了输入与执行间的桥梁，成为智能控制技术中至关重要的一环，本节将对目前汽车上广泛采用的驱动技术的原理与应用进行介绍。

一、技术分类

驱动技术是指在一定的目标输入条件下，通过执行机构实现对目标对象进行移动、旋转、定位等动作的技术。常见的驱动技术包括驱动伺服技术和电机驱动技术。

1. 驱动伺服技术

驱动伺服系统的结构和种类较多，但从控制驱动来看，都由控制元件、信号放大元件、执行机构控制元件、执行机构、检测及反馈装置等组成，如图 8-22 所示。

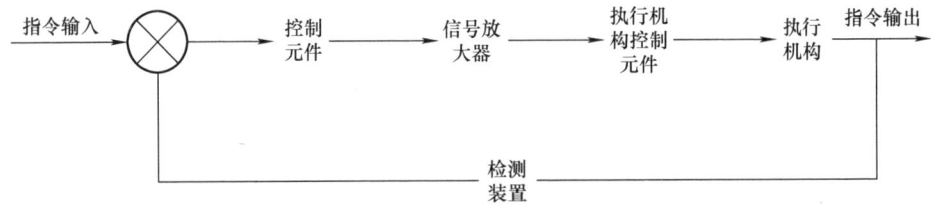

图 8-22　驱动伺服系统的组成

驱动伺服系统按照控制原理的不同，可分为开环、闭环和半闭环三种形式。尽管各个伺服驱动系统的具体机构及形式略有不同，但基本原理是一致的，都是通过控制器（计算机或电路板）接收并分析输入的指令，对偏离信号进行筛选修正或舍弃，对正确的信号进行放大并传递到执行元件（电机或伺服电机等），通过执行元件的运动转换或信号处理驱动机械机构达到驱动、定位、计数或启停的目的。

驱动伺服技术具有高精度的优点，同时成本也相对较高，在汽车上主要应用在制动控制、转向控制、发动机节气门控制等方面，有效地改善了车辆的操控性能，如图 8-23 所示。针对内外饰系统，驱动伺服技术主要应用在按键触控饰板上的 INS 膜片和 IML 膜片的生产制造过程中，如图 8-24 所示。

图 8-23　伺服驱动的节气门

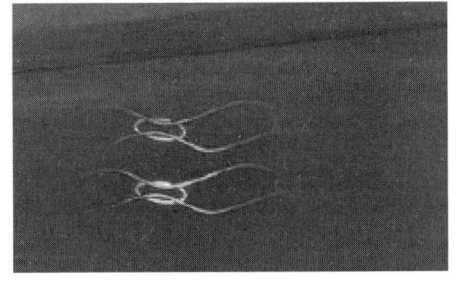

图 8-24　驱动伺服技术生产的膜片应用于透光图案定位（见彩插）

2. 电机技术

电机（俗称马达）是依据电磁感应定律实现电能转换或传递的一种电磁装置。电机按照电能形式可以分为直流和交流两类，其中直流电机可以细分为无刷直流电机和有刷直流电机，交流电机可以细分为单相电机和三相电机。根据结构与工作原理的不同，电机也可以分为同步电机和异步电机两类。当然，电机的分类不限于此，还可以根据转子形式、运转速度、启动方式等进行分类。

电机在汽车上应用极为广泛，一台汽车往往有多达 120～200 个不同类型的电机，且以直流有刷的异步电机为主。电机在内外饰系统中也应用广泛，如前照灯的随动转向电机、散热风扇电机、后视镜调节电机、天窗电机、座椅电机、主动进气格栅电机和主动升降尾翼电机等，如图 8-25 ~ 图 8-27 所示。不同于驱动伺服技术高成本、高精度的特点，电机技术凭借价格优势和宽泛的精度范围在智能交互内外饰中的应用更加广泛，所以本节后续将以电机技术为例进行展开，介绍相应的选型方法和具体应用案例。

图 8-25　天窗电机

图 8-26　座椅电机

图 8-27　前照灯调光电机

二、技术选型

当下，电机已经从执行任务的单一模块日渐转变成整个机电体系的神经中枢。除了具有为整个机电体系提供能源和作为动力中心等传统功能之外，电机也可以起到调节、平衡、控制整个机电系统的作用。

在内外饰零件的实际开发中，需要根据不同零件的使用环境和要求对电机进行选型。如汽车座椅前后调节由于负载较大，需要电机能满足较大的转矩输出；电动出风口在座舱内部且紧贴用户，则更关注电机的尺寸及噪声等特性。以电动出风口为例，其电机选型主要考虑以下几个方面。

（1）电机尺寸和重量

仪表板系统因需要布置数量较多的电器件和功能件，如组合仪表、导航、杂物箱等，内部布置空间往往比较紧凑，因此对出风口电机的外形尺寸有一定的要求。常见的设计是电机固定在出风口壳体上，因此电机尺寸受出风口壳体的限制，应尽量小于 70mm × 45mm，如图 8-28 所示。较小的电机可以实现最佳的布置方案，也能实现最大的造型自由度。电机自身的重量则决定了电机的固定方式，如螺钉固定或者卡扣连接。

（2）电机转矩

电动出风口的叶片不再需要用户通过拨钮进行调节，改由电机提供叶片运动所需的动力。电机的转矩特性需要考虑以下两点：最小转矩值满足叶片转动的驱动需求；在电动出风口静止时为叶片提供锁止力，防止叶片被意外拨动。一般建议电机的输出转矩大于 50N·cm。

（3）电机噪声

电动出风口是紧贴用户、高频次长时间使用的功能件。如果电机运转时产生较大噪声，则非常容易影响用户体验。尤其是电动车型，因没有燃油车型发动机怠速的环境噪声,故座舱内部的电机噪声更容易引起顾客抱怨。因此在对电动出风口电机进行选型时,需优先考虑电机单体的噪声值,一般建议噪声值不大于28dBA,如图8-29所示。

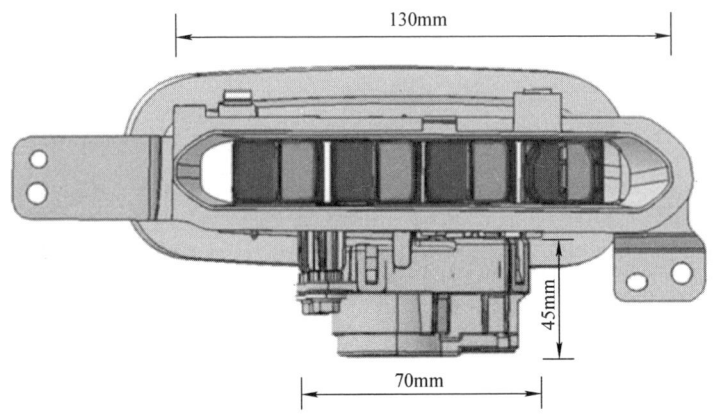

图8-28 电动出风口尺寸示意图

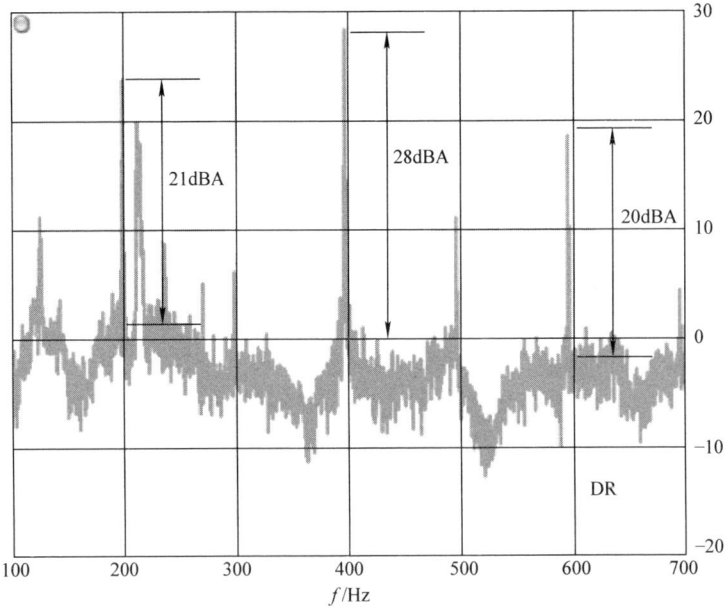

图8-29 电机噪声图谱

(4)电机使用时的环境温度

汽车使用过程中会面对极寒、极热等各种恶劣工况,电动出风口电机需要满足整车气候交变试验后仍能正常工作的要求。具体的温度范围可以参考子系统零件的试验要求确定，一般推荐满足的环境温度是-40~100℃。

（5）电机循环寿命

电动出风口是高频次长时间使用的零件，这对电机的循环寿命提出了更高的需求。电动出风口的电机循环寿命需要满足疲劳耐久测试的试验标准，且从售后角度考虑，建议选取的电机使用寿命应不小于空调鼓风机的使用寿命，约1000h，并要求在使用寿命内能保证正常的扫风功能。

综合上述五点，内外饰零件的电机选型需要考虑实际零件的设计和性能需求，根据零件的使用特性及用户的使用需求，对电机的各个参数进行筛选，找到最合适的电机类型。

此外，随着智能交互内外饰的发展，越来越多的零件通过电动化参与到各类场景的构建和使用中，这也意味着各个执行器上的驱动电机的数量越来越多。电器集成度越高，意味着电子设备相互之间的干扰越大。驱动电机系统相互间的电磁干扰是整车的主要干扰源之一，严重时甚至会影响功能的实现。因此如何采取有效的抗干扰方案也是电机设计及选型时的重点研究内容。

三、技术应用

在汽车智能化的发展浪潮下，以电机为核心的驱动技术在内外饰零件上的应用越来越广泛，并且进一步结合触控、语音、手势等控制技术，让这些零件从传统的被动反馈机械机构向主动智能交互系统迅速转变，参与到更多场景的构建和使用当中。本节将通过电动出风口、电动升降尾翼箱以及移动中控台三个典型案例结合具体场景对电机技术进行介绍。

1. 电动出风口

作为智能座舱的核心系统之一，仪表板在造型设计上日趋扁平化、简约化，但集成的功能却越来越多。因此，开口更长、更窄的出风口才能满足当下仪表板的发展趋势。更扁平的出风口带来的是更狭小的结构布置空间，传统粗犷的手动机械式结构无法适应这种变化，叶片运动电动化势在必行。

此外，传统空调出风口需要通过人力来控制出风口叶片左右及上下调节，电动出风口则解放了用户双手，通过电机自动运转替代传统机械结构实现叶片的自动扫风，类似家用空调叶片的运动原理。电机技术的应用使得出风口能够接收整车信号并根据不同场景的定义自动实现不同的功能。结合语音控制技术和面部识别控制技术等智能控制技术，能够使用户在无须动手的情况下就可以完成整车出风模式的切换与调整，提升了整车的科技感与用车的便捷性。

电动出风口一般可以分为电机控制模块和出风口结构两大部分，如图8-30所示。电机控制模块在整车网络上识别不同场景的信号，并通过线束连接至电机将运行模式输入给电机，再由电机驱动传动机构，驱动连接的叶片进行不同模式的运动，这就是电动出风口的基本工作原理。

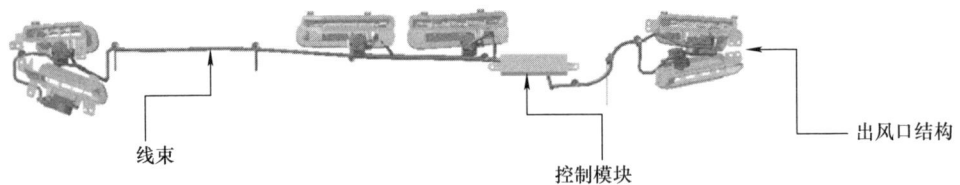

图 8-30　电动出风口结构示意图

电机控制模块主要由 PCBA、上下壳体和连接线束组成，如图 8-31 所示。

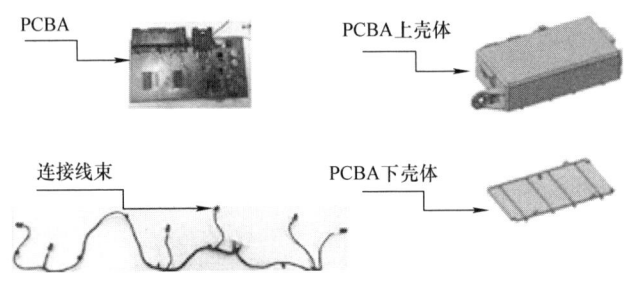

图 8-31　电机控制模块爆炸图

电机控制模块通常连接在整车 CAN 网络上，与空调控制模块和娱乐控制模块同时收发和判断 CAN 总线上的信号来识别不同场景的信息。控制模块下方并联控制每个出风口的步进电机。通过并联的连接方式，控制模块就可以独立控制每个出风口实现不同的扫风模式，满足不同应用场景的个性化需求，如图 8-32 所示。

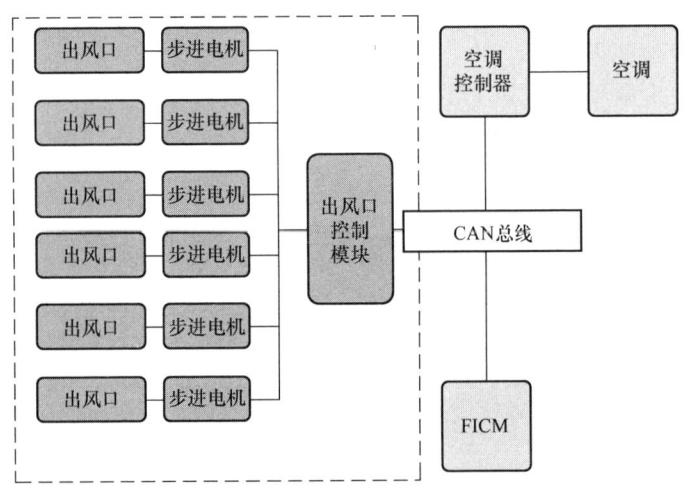

图 8-32　控制逻辑原理图

电动出风口的结构基本与传统机械式出风口的类似，都有出风口壳体、前后排扫风叶片、叶片联动结构的零件，区别在于电动出风口取消了机械式的拨钮结构，通过电机及电机传动结构来实现叶片的扫风功能，如图 8-33 所示。

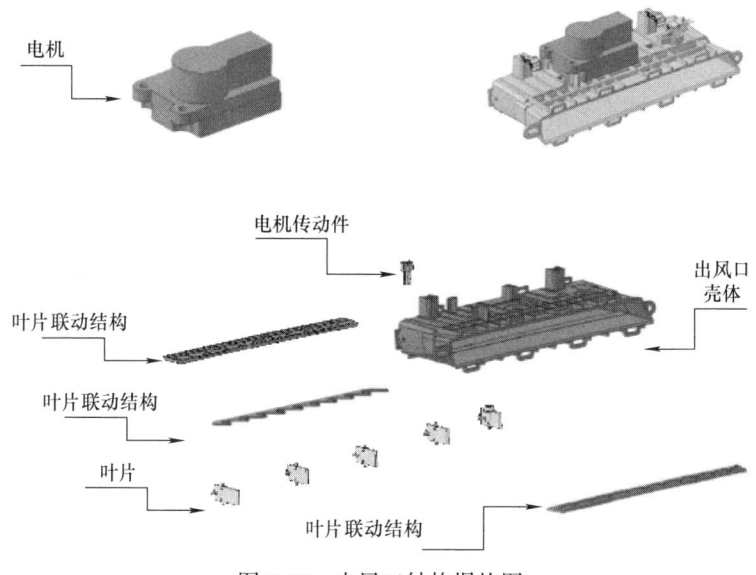

图 8-33　出风口结构爆炸图

更简约的外观与更智能化的操作方式让电动出风口在越来越多的场景中被使用。以上汽荣威 Marvel X 为例，隐藏式电动出风口融入仪表板的整体造型里，在不同场景下根据整车信号切换不同模式适配用户使用需求：

1）用户上车时，通过面部识别技术确认用户身份后，根据控制器记忆的用户使用习惯，将出风口叶片自动调节到最佳位置。

2）当车内温度较高需要快速降温时，电动出风口能够识别整车信号，将叶片扫风对准用户，采用对人吹送模式进行快速降温。

3）当车内温度下降到合适的温度时，需要避免持续对人吹送的吹风效果，出风口也能够自动将叶片避开用户扫风，实现无感控温。

2. 电动升降尾翼

汽车尾翼或扰流板可以减少车辆尾部的扰流，增加整车后轴下压力，提升行车稳定性，在高性能运动轿车及 SUV、MPV 车型上应用广泛。但传统尾翼受限于固定的结构，只能被动贡献风阻影响因子，不能随车速或不同工况进行有效调整。得益于智能控制技术和电机技术的发展，车辆的空气动力学性能正从被动优化风阻系数向主动调节风阻系数进化，电动升降尾翼正是主动风阻套件的核心零件，如图 8-34 所示。

图 8-34　电动升降尾翼外观

电动升降尾翼的硬件主要可以分解为四部分：动力机构、运动机构、安装及排水机构、尾翼本体，如图 8-35 所示。

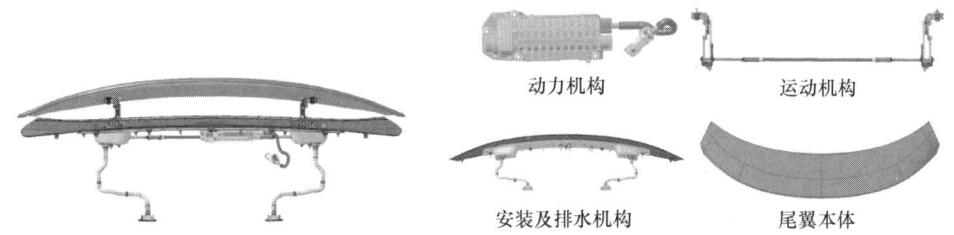

图 8-35　电动升降尾翼拆解图

与电机及控制紧密相关的部分是动力机构，主要包含直流电机、一级减速齿轮箱、二级减速齿轮箱、PCB 板、线束及接插件、轴承、动力机构上下壳体、安装紧固件等部件，如图 8-36 所示。直流电机的主要作用是提供整个系统运转的初始动力，可以根据风洞实际模拟的结果对直流电机的参数进行选型。常见的选型规格和特性曲线如图 8-37 所示。一、二级减速齿轮箱的主要作用是减速增矩，其中一级减速齿轮箱一般采用行星齿轮，二级减速齿轮箱一般采用圆柱齿轮或者蜗轮蜗杆。控制器 PCBA 的作用主要是与车身控制器相连，通过识别整车 Lin 信号来控制电机的转动与停止，同时对整个系统起到过载保护、故障反馈等作用。

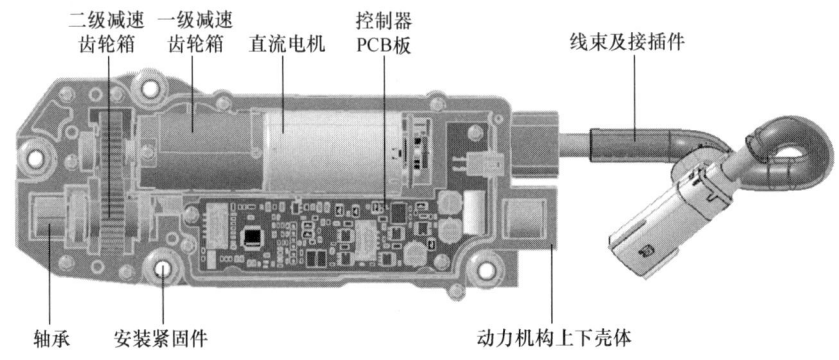

图 8-36　动力机构拆解图

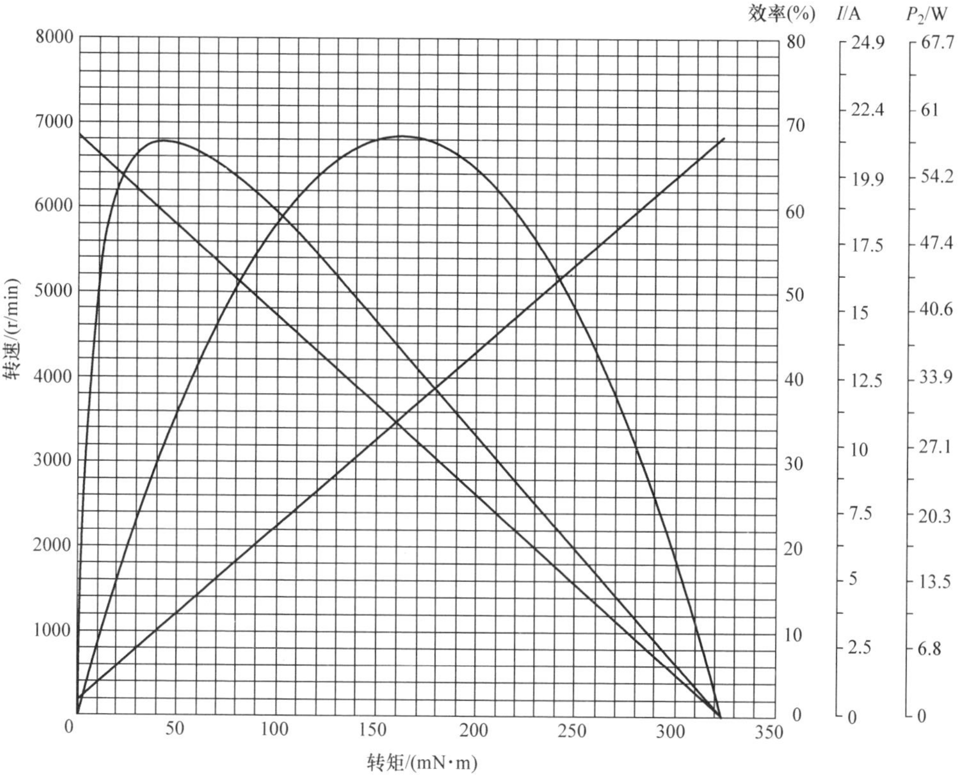

第八章　内外饰智能控制技术

[图：直流电机特性曲线图，横轴为转矩/(mN·m)，纵轴为转速/(r/min)、效率(%)、I/A、P₂/W]

电机选型规格						
工作电压/V	空载转速/(r/min)	最大空载电流/mA	额定负载/(g·cm)	额定转速/(r/min)	堵转力矩/(g·cm)	堵转电流/A
12	6600(1±10%)	600	380	6000(1±10%)	3200	23

图 8-37　直流电机选型规格及特性曲线图

电动升降尾翼的电控原理如图 8-38 所示。动力机构控制器（Active Rear Spoiler Controller，ARSC）通过线束与车身控制器（BCM）相连，接插件采用 3 个 Pin 脚，1 号 Pin 脚接整车常电 KL30，负责供电，2 号 Pin 脚为 Lin 线，负责与 BCM 进行 Lin 信号交换（包含车速、驾驶模式、电源模式、道路信息、尾翼转动角度信号、过载保护信号等），3 号 Pin 脚为接地线。

ARSC 通过 6 路和电机连接，其中 ARSMot_DRV+ 和 ARSMot_DRV- 为 2 路电机负载，负责实现电机正、反向转动。ARSMotHallSnsr_PWR 为电机内置霍尔传感器供电使能路，ARSMotHallSnsr_SIG1、ARSMotHallSnsr_SIG2 和 ARSMotHallSnsr_SIG3 为 3 路霍尔传感器信号路，负责识别电机实时位置，进而判定出转向、转速、复位位置等信号。

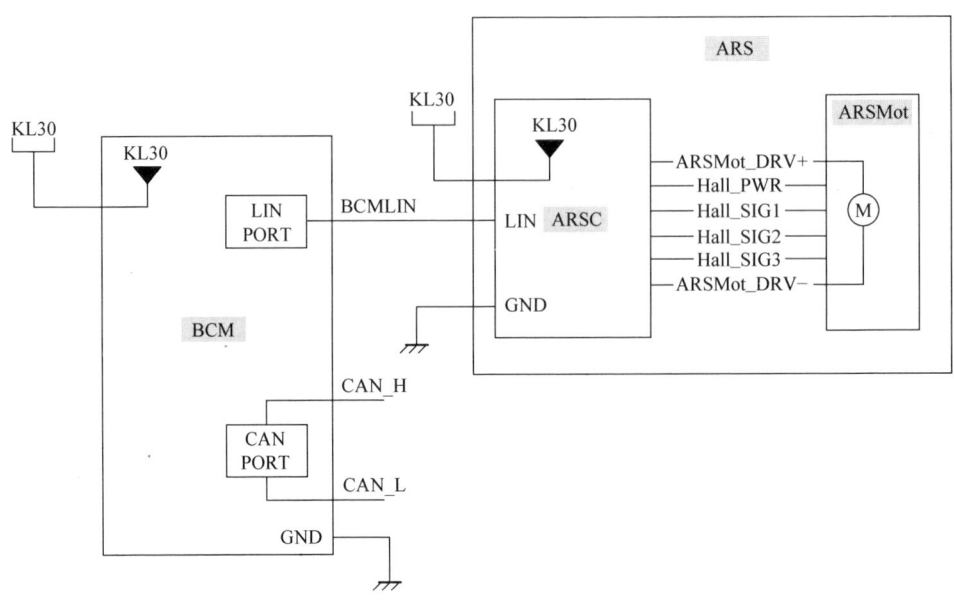

图 8-38 电动升降尾翼的电控原理

电动升降尾翼的应用场景非常丰富。例如在用户解锁车辆时，尾翼升降一次参与迎宾场景的构建同时完成功能自检。在中速时（如 80km/h），尾翼自动升起到一级位置（如升起高度 50mm、角度 10°），增加整车后轴下压力；在高速时（如120km/h），尾翼从一级位置升起到二级位置（如升起高度 80mm、角度 20°），进一步增加整车后轴下压力，保证车辆高速行驶时的稳定性和安全性；在紧急制动时，尾翼自动升起到三级位置（如升起高度 100mm、角度 30°），通过增大整车空气阻力的方式有效减少制动距离。电动升降尾翼还可以集成呼吸灯等功能，通过颜色变化或者亮度变化参与迎宾场景构建或者显示整车电量、油量等信息，提升整车安全性和科技感。

3. 移动中控台

移动中控台，顾名思义是指可以在座舱内部进行前后移动的中控台，通过高精度滑轨机构实现移动，并集成各类便捷功能，便于前后排乘员交互使用，如图 8-39 所示。随着国内生育政策的开放，中大型 SUV、MPV 等大空间车型受到越来越多家庭的青睐，车内使用的家庭化场景进一步增多，移动式中控台在家庭化使用场景中日趋重要。例如活动桌板可以用来放置书籍、固定手机，多角度调节达到最佳观看位置；翻转或升降杯托让老人和孩子取放茶杯更加便捷；冷暖箱可以用来冰镇饮料、加热婴儿奶瓶，还可以用于对口罩等防护用品进行高温杀菌消毒。当然，移动式中控台的功能不限于此，可以根据用户的需求进一步定制。移动中控台可分为手动式和电动式，本节主要对电动式移动中控台进行介绍。

图 8-39　上汽某车型搭载的移动中控台（见彩插）

传统固定中控台往往集成换档机构、扶手、空调出风口等功能，而移动式中控台因位置可移动的特点，换档机构一般需要布置在仪表板区域，扶手配备在前排座椅上，空调出风口则布置在顶棚侧面。

移动中控台更多的是集成活动桌板、车载冷暖箱、翻转或升降杯托等便于用户使用的人性化功能，成为智能座舱中的核心"功能岛"，如图 8-40 所示。这些功能的实现大多依赖于智能控制技术的应用，例如通过按键触控、语音控制等技术发出指令，实现对移动中控台的控制；电机驱动技术运用在中控台移动、活动桌板和杯托升降等功能中，可以说移动中控台是内外饰智能控制技术的集大成者。

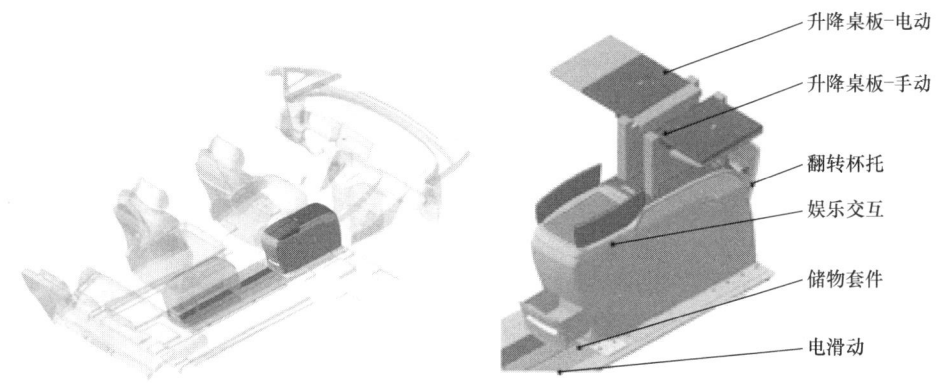

图 8-40　移动中控台功能示意图

移动中控台由中控台和电动滑轨两个部分构成，其中电动滑轨包括上滑轨、下滑轨、驱动系统、锁止机构、拖链线束、润滑脂和紧固件等组件，如图 8-41 所示。

电动滑轨的设计难点在于驱动系统设计和拖链线束设计。驱动系统设计应满足移动中控台循环耐久性和噪声要求。拖链线束设计应满足中控台功能模块通电和信号传输要求和锁止机构布置。

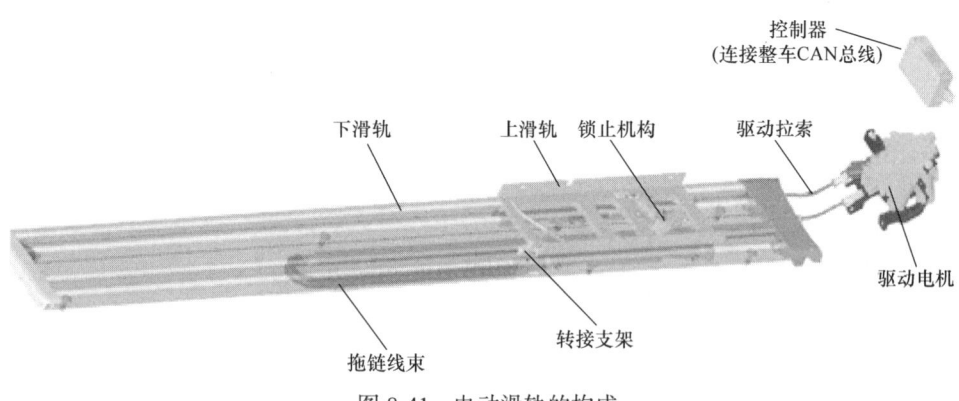

图 8-41　电动滑轨的构成

驱动系统可采用齿轮齿条、丝杠转动、拉索驱动等形式实现，其中齿轮齿条、丝杠转动这两种形式在运动过程中会产生较大噪声，不符合座舱内部的静音标准，通常不推荐使用。拉索驱动因其运动效率高、噪声较小成为电动移动式中控台的首选。其工作原理是下滑轨通过螺栓与车身地板固定，驱动拉索布置在滑轨一侧腔体内，一端通过定滑轮紧固在上滑轨上，另一端通过转盘盘绕在驱动电机内部。当驱动电机工作时，通过卷收拉索带动上滑轨在下滑轨上前后滑动，而搭载多种功能模块的中控台与上滑轨通过螺栓紧固实现中控台在下滑轨上的移动功能。电机选型也是驱动系统中重要的研究课题，通常需考虑工作负载、堵转负载、工作力矩、堵转力矩、质量、成本、EMC 要求、防水要求、噪声等。以实现中控台前后移动的驱动电机为例，推荐的主要参数如下：工作负载 40N，堵转负载 300N，工作力矩 2N·m，堵转力矩 8~12N·m，噪声小于 58dBA。锁止电机推荐的主要参数有：工作负载 90N，堵转负载 250N，工作力矩 0.5N·m，噪声小于 65dBA。

集成在中控台上的功能模块有通电和信号传输需求，需要通过线束和整车总线相连。由于中控台可沿着滑轨移动，所以传统的固定式线束无法满足要求，需要寻求可移动线束的解决方案。拖链线束运动平稳、传动灵活，内部的电线、电缆和液气软管之间无相对运动，无机械磨损，在给定的弯曲半径范围内不会产生弯曲和扭转变形，工作安全可靠，使用寿命长，应用到电动移动式中控台上恰到好处，如图 8-42 所示。其基本原理是拖链线束布置在滑轨一侧腔体内，一端与座舱系统线束接插，另一端穿过转接支架（与上滑轨紧固并一同运动）与中控台线束接插，拖链结构有效保护了内部隐藏的线束，避免了线束与滑轨的相对运动磨损，如图 8-43 所示。

为解决移动中控台在紧急制动、碰撞等急加速／减速工况下因为惯性导致的安全问题，上下滑轨之间需要设计相应的锁止机构来进行自锁。在下滑轨一侧设计有一横排锁止孔位，锁止电机驱动的执行器上带有三个插销，插销可跟随锁止电机输出的动力自由伸缩,如图 8-44 所示。插销间距与滑轨相邻孔间距设计成不等值,使得上滑轨在任意位置悬停时,至少有一个插销可以伸入滑轨锁止孔位中,从而达到锁止上滑轨的目的。

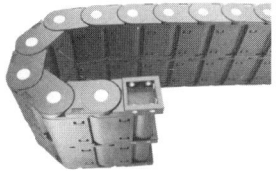

图 8-42　拖链线束在机械上应用广泛

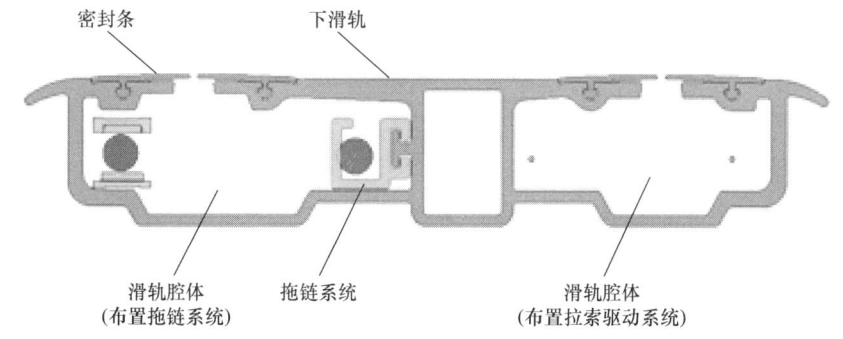

图 8-43　滑轨横断面

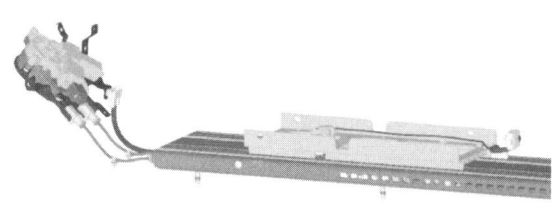
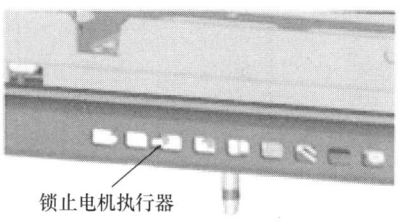

图 8-44　滑轨锁止机构

电动移动式中控台凭借得天独厚的优势,提升了整车二三排空间的可塑性,成为智能座舱系统中核心的"功能岛",应用的场景十分丰富。例如在用户进入车内时,电动移动式中控台可以参与迎宾场景的构建:搭载的氛围灯系统自动点亮呼吸闪烁的效果,香氛系统启动净化车内空气,同时中控台前后自动移动为用户上车避让更多腿部空间。当行车过程中进入到电话、视频会议等场景时,通过语音控制可以将中控台移动至用户面前,自动升起活动桌板用来放置文案、固定手机等。在用户休息、娱乐时,电动移动中控台还可以通过冷暖箱和自动升降机构搭建出茶道模式、品酒模式、咖啡模式等。未来电动移动式中控台凭借智能化、电动化的优势,集成的功能将越来越丰富,应用的场景将越来越多元,会运用到更多的中高端车型上,成为智能座舱内部的核心卖点。

第四节　智能控制技术展望

目前,随着汽车智能化的不断发展,智能控制技术和驱动技术越来越多地应用到内外饰系统中。但是受限于成本等各方面原因,当下的智能控制技术往往都是单一通道、单一模态的,例如搭载了语音控制技术的车型不会再额外搭载手势控制技术,搭载了面部识别技术的也不会再搭载虹膜识别或者眼球跟踪等技术。

随着传感器技术的不断发展和成本的不断下降,语音控制、手势交互、面部监测、眼球跟踪、温度甚至气味感知等控制技术将进一步融合,形成多通道、多模态的控制系统,实现用户操控无感化、无脑化,这将成为未来数十年汽车智能控制技术发展的重要趋势。

多通道、多模态控制系统的关键在于多个传感器数据的有效融合。通常多源传感器数据融合处理过程包括六个步骤(图8-45)。

1)多源传感系统搭建与标定。
2)采集数据并进行数字信号转换。
3)数据预处理。
4)特征提取。
5)融合算法的计算分析。
6)输出更为稳定、充分、一致的目标特征信息。

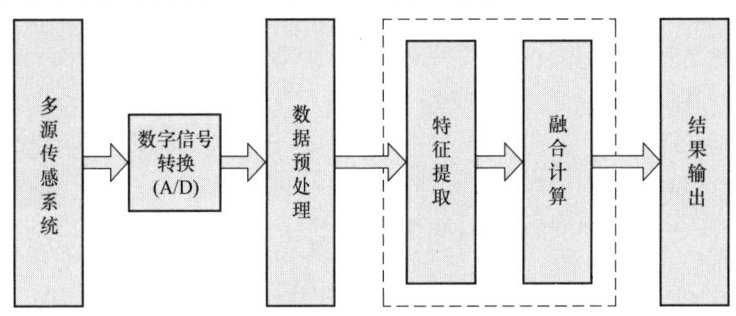

图8-45　多源传感器数据融合处理

数据融合的主要优势在于充分利用不同时间与空间的多传感器数据资源,采用计算机技术按时间序列获得多传感器的观测数据,在一定准则下进行分析、综合、支配和使用。获得对被测对象的一致性解释与描述,进而实现相应的决策和估计,使系统获得比各组成部分更为充分的信息。多通道、多模态的控制体现在用户体验上,最直观的就是整车对用户意图的判定更为准确,甚至实现部分预判功能,让用户从主动操控车辆向被动无感化控制转变,汽车与人形成了情感和意识的整体,变成了心有灵犀的伙伴。

多通道、多模态控制技术的发展趋势目前已经初露头角。在2020年北美

CES 国际消费类电子产品展上，博世发布了一款搭载人工智能技术的虚拟遮阳板。该产品由一块透明液晶显示屏与车内监控摄像头和光线传感器组成，可识别用户眼部位置和眼皮运动，并运用智能算法分析位置信息，根据阳光或其他光源透过前风窗玻璃射入用户眼睛的路径融合光线传感器识别的光线强弱信号，自动调暗显示屏上的相应区域，其余区域将继续保持透明，不会妨碍用户的视野，一举解决了光线刺眼和遮阳板遮挡视线的矛盾，提升了行车安全性。最重要的是，虚拟遮阳板的动态控制是完全自动的，用户全程是无感化操作，完全不知道自己的眼睛给整车"悄悄"发出了指令。

  这次展会还首次发布了奔驰概念车 VISION AVTR，正如其名字展现的一样，这款概念车是结合了好莱坞导演大卫·卡梅伦的电影《阿凡达》而开发的，展望了智能汽车人机交互和智能控制的未来。VISION AVTR 表达了一种"由内而外"的设计理念，该设计意在汽车与用户的结合，从而形成一个具有"情感"的整体。VISION AVTR 的转向盘被中控台上的多功能控制单元所取代，该控制单元集成了多种传感器，允许"人与机器融合"。用户将手放在控制单元上，车辆就能通过脉搏信息来识别用户身份，还可以通过探测呼吸频次、体温、血压等信息来检测用户健康情况，驾驶人只需要通过手部与控制单元的交互，就可以完成整个驾驶任务，非常科幻。

第九章
基于内外饰的先进驾驶辅助技术

第一节　先进驾驶辅助技术概述

先进驾驶辅助系统（Advanced Driver Assistance System，ADAS）是利用安装于车上的各类传感器，收集车内外的环境数据，进行静态、动态物体的辨识、侦测与追踪，从而能够让驾驶人在最快的时间察觉可能发生的危险，以提高驾驶安全性的主动安全技术。ADAS 主要由探测模块（或称传感器）、通信模块和控制模块组成。

根据环境感知技术的不同，一般 ADAS 可以分为自主式和网联式。

1）自主式 ADAS 是基于车载传感器完成环境感知，依靠车载中央控制系统进行分析决策。按照具体功能不同，可以分为避险辅助类、视野改善类、倒车/泊车辅助类、驾驶人状态检测类等。

① 避险辅助是指自动监测车辆可能发生的碰撞危险并对驾驶人进行提醒，必要时系统会主动介入，从而防止发生危险或减轻事故伤害，主要包括汽车自适应巡航控制系统（ACC）、车辆偏离预警系统（LDW）、车道保持辅助系统（LKA）、汽车并线辅助系统、汽车自动制动辅助系统（AEB）等。

② 视野改善是指提高在视野较差环境下的行车安全，主要包括汽车自适应前照明系统、汽车夜视辅助系统、汽车平视显示系统等。

③ 倒车/泊车辅助是指辅助驾驶人进行倒车、泊车操作，防止在该过程中发生碰撞危险，主要包括倒车影像监视系统、全方位车身影像系统、自动泊车辅助系统等。

④ 驾驶人状态监测是通过监测驾驶人自身的身体状态及驾驶行为，以保证驾驶人处于安全健康的驾车状态，主要包括驾驶人疲劳监测系统、禁酒闭锁系统等。

2）网联式 ADAS 是基于车与外界的通信互联完成环境感知，依靠云端大数据进行分析决策，主要包括汽车自动引导系统等。目前网联式 ADAS 还处于试验阶段。

本章内容将着重介绍内外饰相关的 ADAS 技术，包括摄像监控技术、平视显示技术、驾驶人状态监测技术。

第二节　摄像监控技术

一、技术背景

摄像监控技术是指利用视频监控探测、监视设防区域，实时显示并记录现场图像的技术。该技术广泛应用于安防领域，是协助公共安全部门打击犯罪、维持社会安定的重要手段。随着图像处理技术的提高，摄像监控技术逐渐应用于汽车领域，如倒车影像、360 环视及摄像头监控系统（Camera-Monitor System，CMS）等。本节主要介绍应用在内外饰中的 CMS 系统。

1. CMS 系统概述

摄像头监控系统（CMS），即通过摄像头采集后方图像并转变为信号，通过信号高速传输和转换，最终通过驾驶人前方监视器实时显示的间接视野装置，该系统也被称为电子后视镜系统或流媒体后视镜系统。其中摄像头是一种通过感光电子器件将外部的影像转变为信号的装置；监视器为将信号转变为可见光光谱的影像装置。

间接视野装置根据 GB15084—2013《机动车辆间接视野装置性能和安装要求》标准中定义，可分为内视镜和外视镜。其中获取车辆正后方视野的内视镜系统定义为 I 类；获取侧后方视野的外视镜可分为主外视镜、广角外视镜、补盲外视镜、前视镜。其中主外视镜根据尺寸大小定义为 II 类及 III 类，广角外视镜定义为 IV 类，补盲外视镜定义为 V 类，前视镜定义为 VI 类。乘用车范围内主要使用的是 I 类及 III 类摄像头监控系统（后续简称为 CMS 系统），如图 9-1 和图 9-2 所示。

图 9-1　双功能 I 类 CMS 系统

图 9-2　III 类 CMS 系统

I 类 CMS 系统用于替代传统内后视镜。由于摄像头布置于车外，为了获取车内后排视野，通常乘用车内后视镜系统选用集成内视镜和 CMS 的双模式系统（Mirror and CMS dual function system），即显示器安装在一个半透半反的镜片背部（内后视镜），在 CMS 模式下，显示器开启，透过镜片显示后方图像；在非 CMS 模式下，显示器关闭，通过镜片反射原理实现传统后视镜系统的功能，即获取车内视野。

III 类 CMS 系统用于替代传统外后视镜。由于摄像头可覆盖传统后视镜视野，所以乘用车外后视镜系统通常选用单 CMS 系统。

2. 后视镜系统发展史

后视镜系统作为汽车不可或缺的安全件，可以帮助驾驶人获得间接视野。为扩大驾驶人驾驶视野，降低交通事故的发生，各国均规定汽车上必须安装后视镜。

后视镜系统的发展史如图 9-3 所示。第一代后视镜从 1921 年开始批量生产，该后视镜仅包含基本的物理镜面结构。随着科技的发展及对辅助功能需求的增加，到 21 世纪，后视镜陆续集成了电动折叠、电加热、记忆调节、盲区报警等电子辅助功能。在 2011 年，市场上出现了流媒体概念，凯迪拉克 CT6 车型首次量产了双功能 I 类 CMS 系统（流媒体内后视镜）。随着视频处理芯片的发展，2018 年后，日系与德系车型陆续集成Ⅲ类 CMS 系统。

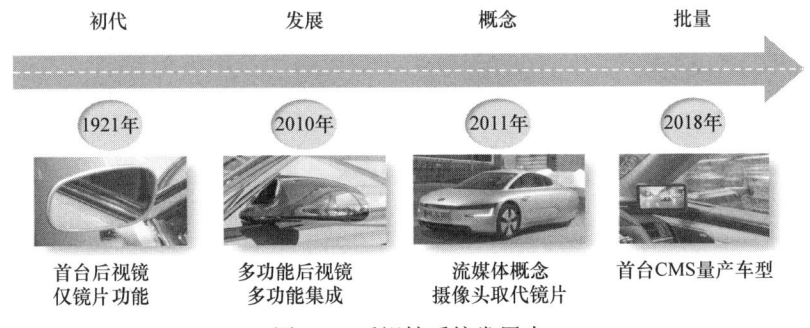

图 9-3 后视镜系统发展史

3. CMS 技术优势

在未来的造车趋势中，向下倾斜的车顶、更小的后风窗玻璃、全尺寸后头枕、多排后座椅，直接影响到 I 类传统内后视镜的布置；另外，更高的腰线造型、更低的风阻、更小的驾驶人后方盲区/前方盲区（S 区域）/A 柱障碍角等设计需要不断提升，使得Ⅲ类传统外后视镜的设计越发困难，因此 CMS 系统应运而生。

CMS 系统的技术优势主要体现在如下几个方面：

1）提升恶劣环境下的视野清晰度：在雨雪天气或昏暗光线环境中，可提供更清晰的后方视野，如图 9-4 所示。

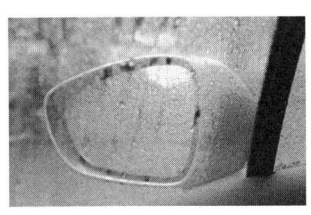 

图 9-4 CMS 系统提升视野清晰度

2）NVH 性能提升：Ⅲ类 CMS 系统外露面积减小，风阻系数较传统后视镜可降低 70%，有效降低风噪风险，如图 9-5 所示。

图 9-5　CMS 系统 NVH 性能提升

3）减小视野盲区：Ⅲ类 CMS 系统由于取消了镜头，减小了 A 柱障碍角，扩大前方可视区域，故减小前方盲区；Ⅰ类和Ⅲ类 CMS 系统的摄像头获取的视野角度大于传统外后视镜，扩大了后方及侧方的可视区域，故减小了后方及侧方盲区，如图 9-6 所示。

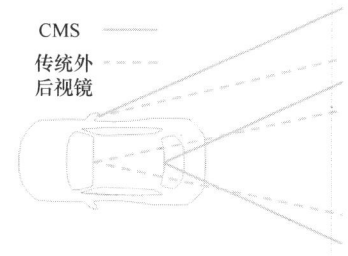

图 9-6　CMS 系统减小视野盲区

4）提高造型自由度：为了满足视野法规，Ⅲ类传统外后视镜的镜片最小尺寸需做到 120mm×100mm，而Ⅲ类 CMS 系统的摄像头尺寸仅需 35mm×35mm，更小的布置尺寸提高了外饰造型的自由度，如图 9-7 所示。

图 9-7　CMS 系统提高造型自由度

二、技术原理

1. CMS 系统原理图

CMS 系统主要由摄像头与监视器组成，摄像头的感光元器件负责收集光信号，将光信号转换为电信号，通过串行总线方案（FPD-Link）发送到 CMS 的系统芯片（SOC）上，经过解串处理，实时发送到监视器上，同时通过 CAN 总线接收整车信息或发送路况信息到整车，完成整套系统的工作流程，其原理如图 9-8 所示。

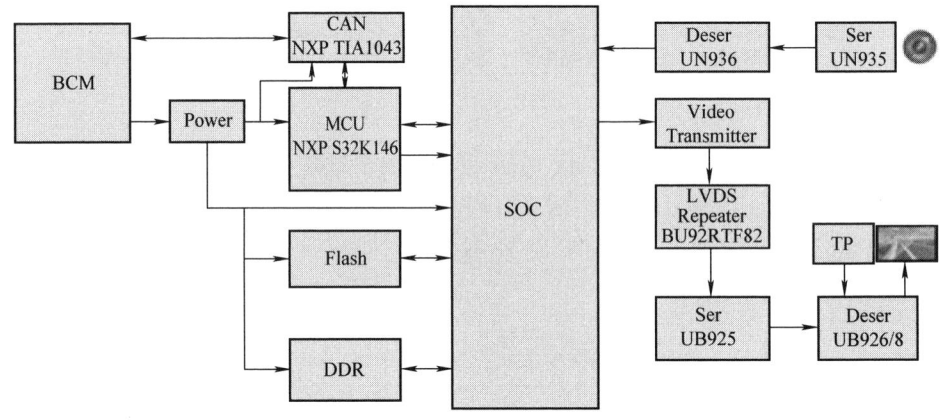

图 9-8　CMS 系统原理图

2. CMS 系统设计要求

CMS 系统的设计要求主要参考 ISO 16505《关于车辆 - 摄像机监控系统的要求》、ECE R46《关于间接视野装置的要求》及 OEM 企业标准的要求，如图 9-9 所示。

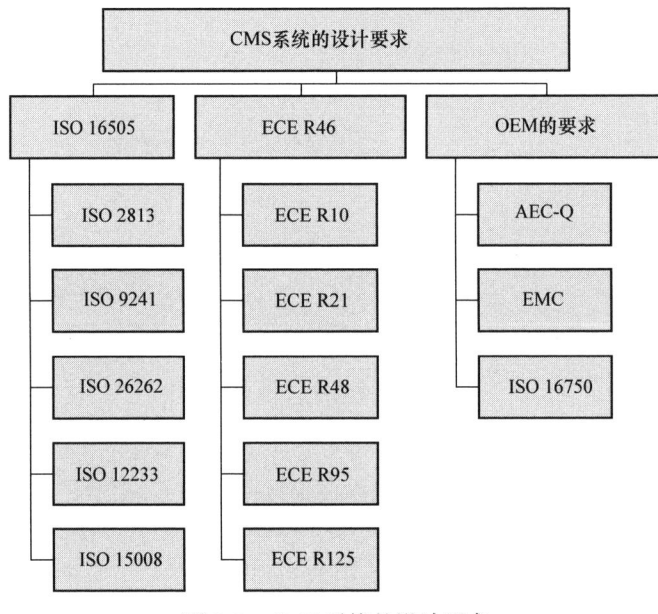

图 9-9　CMS 系统的设计要求

3. CMS 系统功能要求

根据 ECE R46 法规，要求拆分出 CMS 系统需满足如下性能要求：

1）Ⅲ类 CMS 系统的启动和关闭程序应确保车辆的安全使用：CMS 系统应该在车辆被打开时就激活，比如解锁车辆、打开一个前门或者其他由制造商设定的操作；在发动机停机后，CMS 系统仍然需要保持至少 120s 的可操作性；在 120～300s 内，当车门被打开或驾驶人手动操作 CMS 系统时，CMS 系统需要在 1s 内重新激活；在 300s 时间段后，系统可以在 7s 内重新激活。

2）CMS 系统的延迟要求：系统延迟是指整个 CMS 系统的延迟，是从摄像头前闪光时到驾驶人从显示器上看到闪光时之间的时间差。CMS 系统的延迟时间必须足够短，以确保接近实时显示。在室温 22℃ ±5℃下，延迟必须小于 200ms。目前行业内可做到 60ms。

4. CMS 系统的光学要求

CMS 系统的光学要求主要涉及如下几个方面：

1）不同光线环境下的对比度要求见表 9-1。

表 9-1 不同光线环境下的对比度要求

环境	光源	对比度（最小值）
晴天	CIE D65 Tc=6500k ± 1500k	2:1
阴雨天	CIE D55 Tc=6500k ± 1500k	3:1
黄昏	CIE D65 Tc=6500k ± 1500k	2:1
夜晚	CIE A Tc=2848k ± 1000k	10:1

2）灰度呈现要求：CMS 系统应有充分的灰阶呈现，其显示的色调范围内，至少有 8 个可分辨的不同灰色调。

3）色彩还原要求：

对于颜色显示，监视器上再现图块颜色的色彩角必须符合如下要求：

① 红色坐标值范围不得超出 [0°，44.8°] 或 [332.2°，360°]。
② 绿色坐标值范围不得超出 [96.6°，179.9°]。
③ 蓝色坐标值范围不得超出 [209.9°，302.2°]。
④ 黄色坐标值范围不得超出 [44.8°，96.6°]。
⑤ 为了保持与白色区分的能力，把距白色的距离定义为 $R_i \geq 0.02$。式中 R_i 是各色标相对于白色（i = 白色）的色距（i = 红色、绿色、蓝色、黄色）。

色度图标如图 9-10 所示。

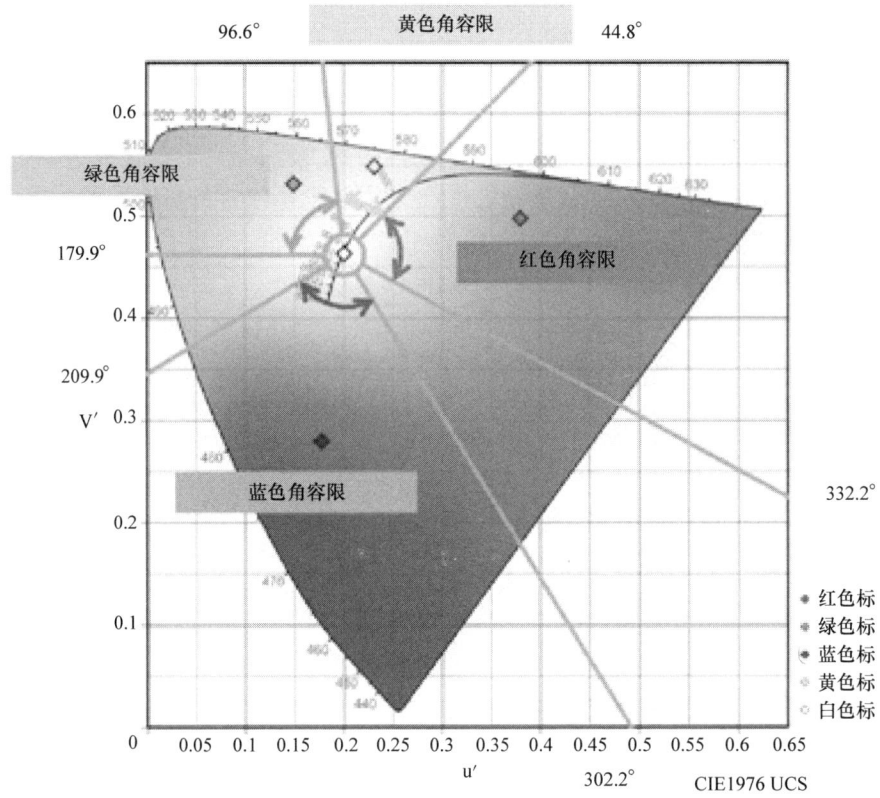

图 9-10　CIE 1976 UCS 色度图上的颜色偏差容限

4）点光源要求：CMS 系统较其他摄像监视系统需要额外具备一个操作模式。在该模式下，装备 CMS 系统的车辆驾驶人能识别到两个点光源（用来模拟汽车前照灯），且这两个点火源可显示为两个可分辨的单独点光源。即要求在 CMS 系统的摄像头前面 250m 处的参考光强为 1750cd，且横向间隔 1.3m 的模拟车辆的近光前照灯的光源，在监视器中可清晰地被分辨为两个点光源。

三、技术难点

1. CMS 系统的布置方案

CMS 系统布置主要涉及摄像头和监视器的布置，其布置需满足 ECE R46 法规要求，布置位置会直接影响到硬件的选型及成本。

Ⅰ类 CMS 系统摄像头布置方案的优缺点对比见表 9-2。

Ⅲ类 CMS 系统摄像头布置方案的优缺点对比见表 9-3。

第九章 基于内外饰的先进驾驶辅助技术

表9-2　I类CMS系统摄像头布置方案

位置	图示	优点	缺点
风窗内部	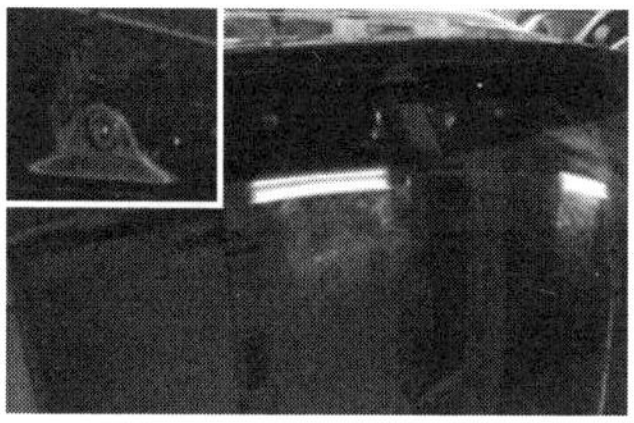	摄像头无防尘要求； 不易沾染尾轮带起的泥水及粉尘	需要配置后刮水器
鲨鱼鳍	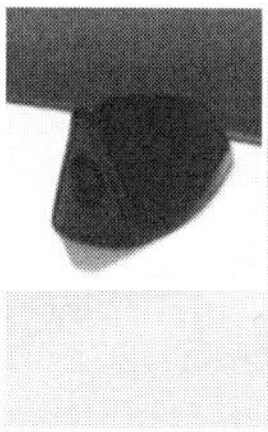 	不易沾染尾轮带起的泥土及粉尘； 摄像头位置高，易满足视野要求	需搭载鲨鱼鳍 影响天线布置 摄像头防尘要求高
尾门外侧		摄像头位置高，易满足视野要求	易沾染尾轮带起的泥水及粉尘 摄像头防尘要求高

表9-3　III类CMS系统摄像头布置方案

位置	图示	优点	缺点
车门侧		结构简单、易匹配	背部无钣金安装结构，模态差 Z向位置偏低，易沾染泥土粉尘
三角窗侧		背部有钣金结构，模态高 Z向位置高，不易沾染泥土粉尘	结构复杂、难匹配 开门时，图像随车门转动

对于 CMS 系统监视器的布置，其一般要求如下：

1）监视器的中心：监视器中心应该不低于与驾驶人眼点平面向下成 30°的平面，如图 9-11 所示。

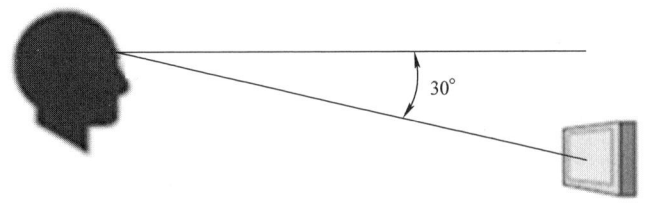

图 9-11　屏幕中心点位置建议

2）监视器的布置应该方便驾驶人的观察

① 右侧的视野图像应出现在通过眼点的纵向垂直平面的右侧，左侧的视野图像应出现在通过眼点的纵向垂直平面的左侧。

② 如果需要在一个监视器上显示多个视野，则不连续图像应可彼此清晰区分。

③ 如果Ⅰ类和Ⅲ类 CMS 系统需要将多个视野在同一个监视器中显示，则允许将Ⅰ类和Ⅲ类系统的三个视野图像进行连续拼接，图像中三个视野无区分边界，并要求连续图像中不允许有被隐藏部分。

3）对驾驶人直接视野的遮挡：CMS 系统引起的对驾驶人直接视野的障碍应该被减小至最低；监视器尺寸不能过大，从驾驶人眼点观察过去，应没有任何障碍物。

为了满足上述要求，一般有如下布置方案：

1）左右视野监视器布置于 A 柱两侧，中部视野监视器位于中部，如图 9-12 所示。

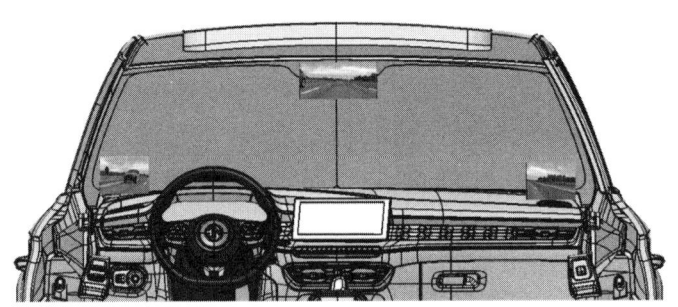

图 9-12　监视器布置方案 1

2）左右视野监视器布置于门饰板两侧，中部视野监视器位于中部，如图 9-13 所示。

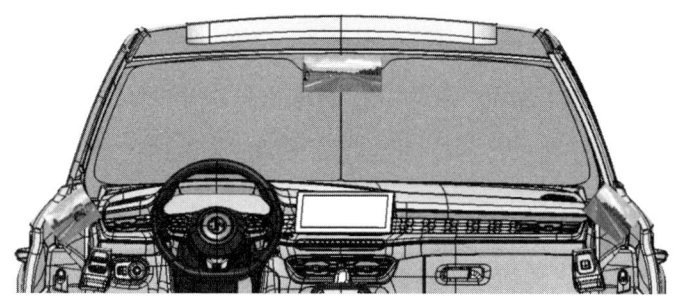

图 9-13　监视器布置方案 2

3）三个视野监视器布置于驾驶员正前方，图案可拼接或清晰区分，如图 9-14 所示。

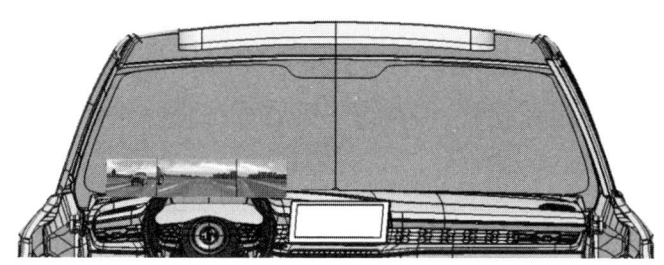

图 9-14　监视器布置方案 3

2. CMS 系统选型方案建议

CMS 系统选型主要考虑子系统的人机布置需求及图像效果，具体如下：

1）摄像头关键参数要求：为了满足延时要求，首选数字高清摄像头；建议视野广角 45°~55°，刷新频率 50Hz，分辨率 1280×720。

2）监视器关键参数要求：可选用 LCD 或 OLED 屏，为了便于驾驶人观察，屏幕亮度建议不低于 1200cd/m²，显示区域尺寸不小于 7 寸（约 23.3cm）。

四、技术应用

为了提升驾驶安全性及便利性，CMS 系统在实际应用中，除了显示后方视野的基本功能外，还会搭载各类辅助功能。根据控制器的功能配置及运算能力的不同，这些辅助功能可分为基础辅助功能和高阶辅助功能。

1. 基础辅助功能

1）故障警示功能：各子系统自身出现故障，如图像卡滞或延迟超过设计要求、摄像头被泥土污染导致局部图像无法看清等，CMS 系统应能做出诊断，并在监视器或通过 CAN 总线发送到整车给予驾驶人警示。

2）随动调节视角功能：根据不同使用工况（高低速、倒车或转向等），显示不同的视野范围。例如，通过 ECU 控制完成图像的裁剪或缩放，最终显示到监视器中，实现在倒车时，显示临近的侧方视野，在高速行驶时显示更远的后方视野，如图 9-15 所示。

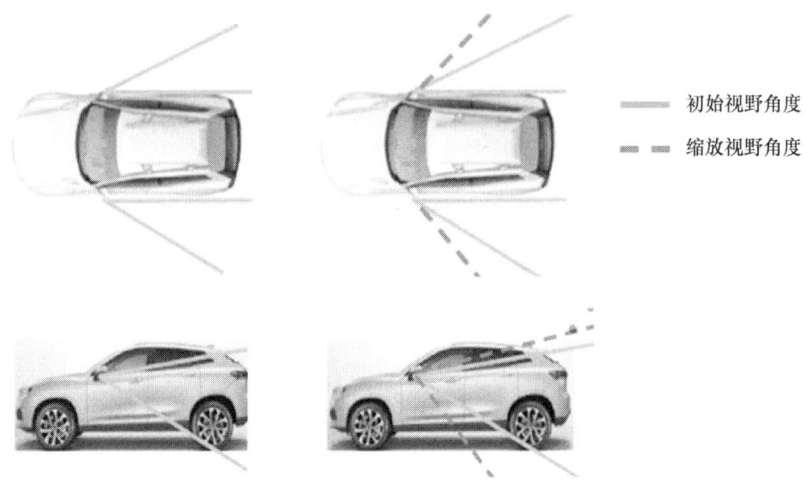

图 9-15　视角调节功能

2. 高阶辅助功能

障碍物警示功能是通过识别侧后方车辆或行人等障碍物的相对位置，以不同警示色提醒，便于驾驶人更清晰地了解路况，如图 9-16 所示。

图 9-16　障碍物识别功能

第三节　平视显示技术

一、技术背景

平视显示系统（Head-Up Display，HUD）又称抬头显示系统，来源于军用战斗机上的显示系统，飞行员不必低头，就能在风窗上看到所需的重要信息。该技术在安全性、科技感及豪华感上优异的表现，使各大汽车厂纷纷将之应用到汽车上。

1. HUD 系统概述

汽车上的平视显示系统也是利用光学反射原理，将重要的驾驶信息投射在驾驶人眼睛的前方，使驾驶人不必低头就能看清重要的驾驶信息，如图 9-17 所示。汽车上引入 HUD 系统，最主要的目的是为了保证驾驶安全，使驾驶人不用低头就可以看到相关信息，将更多的精力放到观察路面情况上。与此同时，也可以减少驾驶人在道路和仪表之间的频繁视觉切换，避免视觉疲劳。

图 9-17　HUD 显示系统

根据显示方式的不同，HUD 系统分为 C-HUD（Combiner HUD，组合型 HUD）、W-HUD（Windshield HUD，风窗玻璃型 HUD）和 AR-HUD（增强现实 HUD）。

C-HUD 是自带独立反射单元的产品，显示屏布置于仪表板上方的一块透明树脂玻璃，如图 9-18 所示。由于显示距离和显示屏尺寸的限制，所以 C-HUD 显示的内容较少。

图 9-18　C-HUD 显示系统

W-HUD 是将前风窗玻璃作为反射面的产品，人眼可沿着光线的反向延长线看到成像于发动机盖上方的信息。W-HUD 成像位置是人眼阅读感相对比较舒适的区域，而且不需要转头，也不需要远近变焦就可以看到显示的信息。如图 9-19 所示，相较于 C-HUD，W-HUD 系统成像距离加大，成像界面更大，显示内容也更多，促使 W-HUD 系统成为 HUD 市场的主流产品。

图 9-19　W-HUD 显示系统

AR-HUD 是在 W-HUD 的基础上，与 AR 技术相结合，将图像的显示从平面升级为 3D。AR 技术具备三大特点：真实世界和虚拟信息的集成、实时交互性和可在三维空间中增添定位虚拟物体。因此 HUD 系统基于 AR 技术，可以使整块前风窗玻璃变成一面巨大的显示屏，实时显示驾驶信息、导航信息、多媒体信息等，如图 9-20 所示。

图 9-20　AR-HUD 显示系统

2. HUD 系统的发展史

HUD 系统的发展史如图 9-21 所示，1988 年，通用汽车在其 Oldsmobile Cutlass Supreme Indy 500 Pace Car 上采用了 HUD 系统，是世界上首款采用 HUD 技术的车型。早期的 HUD 系统为 C-HUD，但是由于显示屏置于仪表板上方，在车辆碰撞时会对驾驶人产生二次伤害，不利于车内安全，因此逐步被更安全、更先进的 W-HUD 系统所取代。W-HUD 系统集成度高，显示界面大，显示内容丰富，技术成熟，是目前 HUD 市场的主流产品。

图 9-21　HUD 系统发展史

近几年，由于 AR 技术的快速发展，HUD 系统与 AR 技术相结合，产生了 AR-HUD 系统。AR-HUD 可以将图像信息精确地结合于实际交通路况中，驾驶人可以扩展并增强自身对于驾驶环境的感知，获得更好的驾驶体验。目前，AR-HUD 系统还需要解决与安全驾驶系统数据的准确拟合、信息延迟的处理和补偿、各种路况下的快速响应及复杂路面准确贴合实景等技术难题，距离成熟应用还有一段路要走。鉴于 AR-HUD 强大的人机交互特点，AR-HUD 将是 HUD 系统在汽车智能驾驶时代的最终发展方向。

二、技术原理

HUD 系统主要由显示单元、成像单元和反射单元组成，如图 9-22 所示。

1）显示单元的功能是输出视频信号，是图像源，一般是 TFT 或 DLP 投影显示屏。

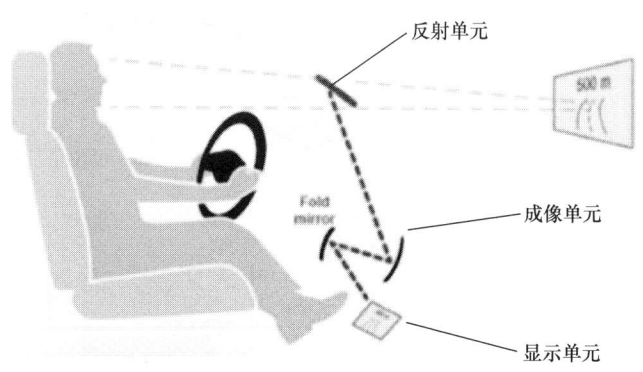

图 9-22　HUD 显示系统

2）成像单元的作用是将视频信号投射出去，并且可以调节图像的大小和位置。

3）反射单元负责将视频信号反射入人眼，从而在人眼的正前方显示图像，一般成像在距离人眼 2～2.5m 的位置。

下面将重点介绍基于内外饰开发的前风窗玻璃作为反射单元的 W-HUD 的相关技术原理。W-HUD 系统直接使用汽车的前风窗玻璃作为反射单元,系统集成度更高,也有助于造型和布置。

W-HUD 的设计主要从眼点位置、图像传输路径和成像位置等几个方面考虑,确保图像的清晰度,其中前风窗玻璃是图像传输路径上的一个关键环节。对于普通的前风窗玻璃,在成像过程中,图像在前风窗玻璃内外两个表面的反射都会进入人眼,从而产生主像和副像,也就是重影,如图 9-23 所示。为了得到更清晰的图像,需要对前风窗玻璃做特殊处理,将前风窗夹层玻璃中间的 PVB(聚乙烯醇缩丁醛)膜设计成楔形,即呈现上厚下薄的状态,使主像和副像重叠在一条直线上,从而得到清晰的图像,这是 W-HUD 前风窗玻璃的主流设计方案,如图 9-24 所示。前风窗玻璃 PVB 膜片的楔形角要根据显示单元和成像单元的布置、前风窗玻璃的角度及眼椭圆的位置进行计算,所以不同车型的膜片均有所不同这种楔形 PVB 膜片属于专用产品。

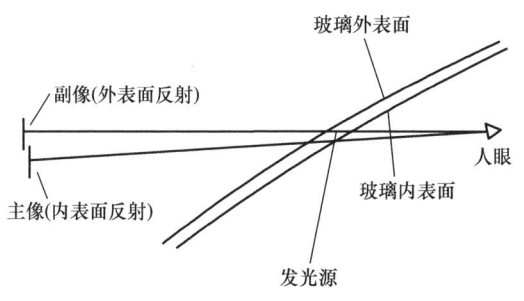

图 9-23 重影的起因

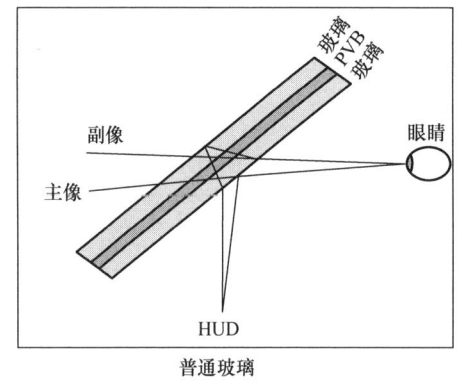 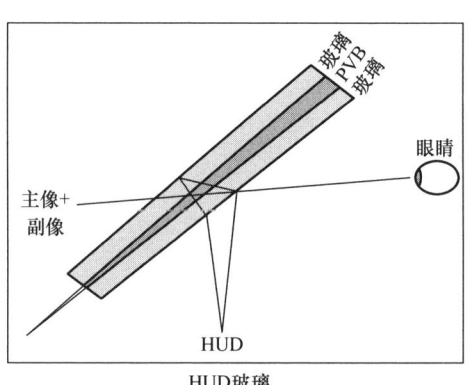

图 9-24 玻璃对比

除了清晰度的要求,HUD 显示图像还要避免出现图像畸形、偏移或旋转等缺陷，这就要求前风窗玻璃的型面精度要高，型面的一致性要好，进而对玻璃成型工艺也提出了更高的挑战。HUD 系统要求前风窗玻璃在显示区域的面轮廓度要达到 ±1.0mm，一致性要达到 0.3mm/100mm。目前可以通过压制成型工艺满足这一要求。

三、技术难点

HUD 系统开发技术难点主要集中在系统布置、玻璃成型和环境光影响等方面。

1. 系统布置技术难点

HUD 系统的显示单元通常都布置在驾驶人侧仪表板区域，如图 9-25 所示。通常此区域内布置有仪表板骨架、仪表板横梁（CCB）、除霜风道、除霜格栅、吹面风管、线束、组合仪表等零部件，如此高度集成的区域对 HUD 的布置提出了更高的要求。从 HUD 显示单元体积来看，由于仪表板驾驶区域布置空间有限，所以要求其体积尽可能小，以确保不影响其他零件布置，同时不打断吹面和除霜风道的平顺走向，进而确保吹面和除霜性能。从 HUD 显示单元的重量来看，考虑到仪表板系统整体刚度和模态性能，要求其重量尽可能轻，并且布置合理的安装点，以避免行驶过程中的异响和抖动。HUD 显示单元的体积和重量在一定程度上影响着 HUD 系统在汽车上的应用，同时也推动着 HUD 往小型化的方向不断发展。

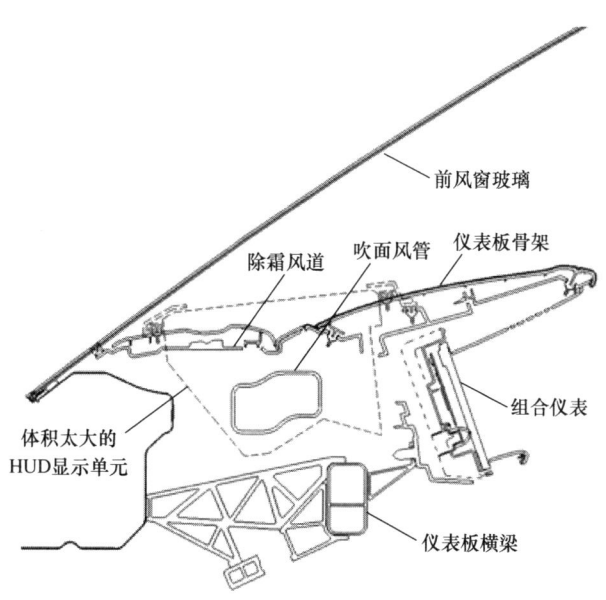

图 9-25　仪表板驾驶侧区域布置

2. 玻璃成型技术难点

玻璃成型也是HUD系统当前的技术难点之一，主要包括成型工艺、楔形角的控制和检测手段等。

普通前风窗玻璃的成型工艺是重力成型。该成型工艺的模具简单，工艺窗口大，而且一次可以成型两片玻璃，生产效率较高。重力成型工艺是将玻璃原片加热到熔融状态，然后利用玻璃自身的重力弯曲成型，在成型的过程中加以温度的控制，使玻璃片弯曲成设计的曲面。由于重力成型的模具并没有型腔控制成型曲面，所以玻璃原片成型后的型面偏差达到±3mm，仅能满足普通前风窗玻璃的使用要求。对于精密的HUD系统来说，要求HUD区域玻璃型面的精度满足±1.0mm，因此现有重力成型工艺无法满足要求。较大的偏差和较差的一致性会导致图像旋转、弯曲、偏移等各种缺陷的产生，如图9-26所示。

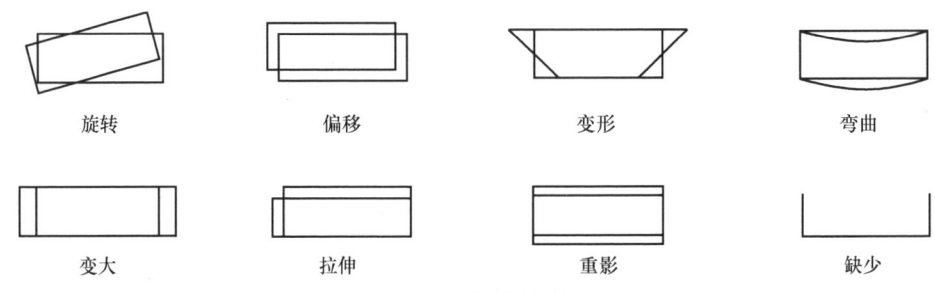

图9-26 图像缺陷

为了满足HUD系统显示图像要求，让成型过程中的玻璃型面得到更精准的控制，需要使用压制成型工艺。压制成型的模具具有与玻璃曲面一致的型腔，因此可以更好地控制型面偏差，大大提高了玻璃型面的精度和一致性。通常，压制成型的玻璃在HUD区域的型面偏差可控制在±1.0mm，一致性可控制在0.3mm/100mm。

压制成型工艺每次只能成型一片玻璃，因此对于前风窗夹层玻璃中前后两片玻璃的一致性控制也是工艺难点。如果两片玻璃的型面相差太大，就会引起后续合片时的裂片、型面超差等缺陷。在玻璃热弯生产线上，通常是依次将前后两片玻璃做配对夹层，尽可能确保两片玻璃的一致性。

除了玻璃成型工艺的要求外，用于HUD的前风窗玻璃还需严格控制玻璃PVB膜的楔形角精度。楔形PVB膜片的楔形角很小，一般在0.4×10^{-3} ~ 0.7×10^{-3}rad，相当于0.023°~0.040°，在夹层玻璃合片过程中，极易出现角度超差。因此要求在合片工艺中严格控制楔形角度，并且对玻璃总成的楔形角度进行100%全检。通常在生产线末端，利用红外线检测仪对玻璃的截面进行不同点的厚度检测，将点连线计算出实际的楔形角度，角度超差的玻璃不能流转入下一工序。

HUD系统对前风窗玻璃的检测也提出了更高的要求。首先需要使用精密的激光检测探头进行检测,其次对 HUD 成像区域的检测密度也有特殊要求,HUD 区域的检测探头密度远远高于其他区域,如图 9-27 所示。此外,用于 HUD 的前风窗玻璃还需要进行成像检测,使用专用的成像检查设备模拟实车投影成像,图像满足要求的前风窗玻璃才能予以放行。

图 9-27　HUD 前风窗检具

3. 环境光对 HUD 系统的影响

前风窗玻璃由于其透明的特点,能反射入人眼的光强仅为 10%,其他都直接穿透了玻璃。这一特点对 HUD 系统显示图像的质量有很大的影响。现有的解决方案是使 HUD 系统具备自适应调光功能,同时在前风窗玻璃上镀膜以增加反射光,但即便应用这两种方案,目前还是不能完全解决环境光的干扰问题。

四、技术应用

随着 HUD 系统的不断发展,HUD 系统的应用已不仅限于高档轿车和跑车,其显示内容也不再是单一的车速、导航等信息,而是呈现出内容丰富、科技智能的趋势。

1. 车速显示

车速显示是 HUD 最基本的显示功能,在限速无处不在的城市道路上,时刻掌控行驶速度,对每个驾驶人来说都至关重要。图 9-28a、b 所示分别为马自达 C-X5 和奥迪 A6 的 W-HUD 所显示的车速信息界面。

a) 马自达C-X5 W-HUD系统

b) 奥迪A6 W-HUD系统

图 9-28　W-HUD 系统示例

2. 导航信息显示

导航信息的显示是非常实用的功能。目前，W-HUD 系统可以显示基础的导航信息，如图 9-29 所示。未来的 AR-HUD 可以将导航地图拟合实际行车路线，在复杂路口给出精确的导航，提供更及时、更准确的转弯指示，如图 9-30 所示。

图 9-29　英菲尼迪 QX50 W-HUD 显示导航信息

图 9-30　AR-HUD 系统显示高德地图

3. 预警信息显示

HUD 系统还可以实现预警信息显示，提醒驾驶人及时发现周围的障碍物，确保安全驾驶。如图 9-31 所示，宝马汽车的 HUD 系统显示前车车距过小的报警信息。

图 9-31　宝马汽车 HUD 系统预警信息显示

4. 驾驶辅助信息显示

AR-HUD 可以显示主动车道保持、前车距离、巡航等信息。图 9-32a 所示为捷豹路虎的 AR-HUD 系统，可以显示限速和主动车道保持信息。图 9-32b 所示为大陆集团开发的 AR-HUD 系统，将状态显示投影面和 AR 增强投影面结合。例如：在前方 2.4m 的位置，显示驾驶状态信息，如车速、限速等；在前方约 7.5m 的位置，通过 AR 增加投影，将现实信息与实时交通状态融合，如前车距离、车道保持等。

a) 捷豹路虎的AR-HUD　　　　b) 大陆集团开发的AR-HUD

图 9-32　AR-HUD 应用示例

5. 事务处理

HUD 系统可实现车载电话的来电信息，驾驶人只需直视 HUD 系统就可以看到来电信息，并与车载蓝牙系统结合，完成接听电话、事务处理，如图 9-33 所示。

图 9-33　吉利汽车 HUD 显示来电信息

第四节　驾驶人监控预警技术

一、技术背景

驾驶人注意力分散问题是引起交通事故的主要隐患之一，伴随着手机高频的使用习惯，这一问题变得更加严峻，逐渐成为全球交通事故上升的主要影响因素之一。

2006年，雷克萨斯宣布全新的LS 460配备了世界上第一个驾驶人监控系统（Driver Monitoring System，DMS），如图9-34所示。它通过监测驾驶人头部的运动及前方道路情况，判断是否激活警示灯和蜂鸣器，旨在警告驾驶人将视线从道路上移开的危险。随后DMS系统被越来越多地应用，成为ADAS系统的组成之一，其主要目标是系统实时分析驾驶人的行为，如果有异常，则将危险信号传达给驾驶人，确保驾驶人的注意力重新集中到驾驶任务中。

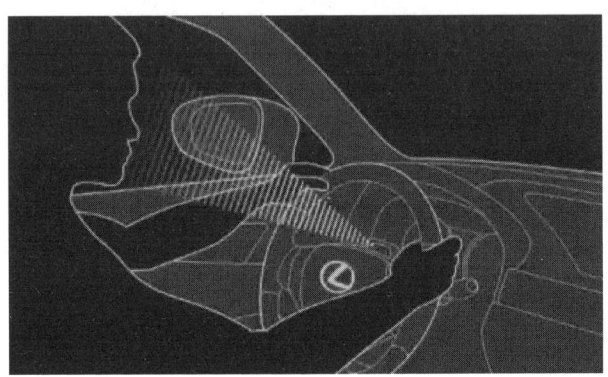

图9-34　雷克萨斯DMS系统示意图

DMS系统主要由三个部分组成，包括信息采集单元、电子控制单元和预警显示单元，如图9-35所示，分别进行驾驶人状态的监测、监测信息的分析处理以及预警信号的表达执行。本节将重点介绍内外饰开发的信息采集和预警显示单元。

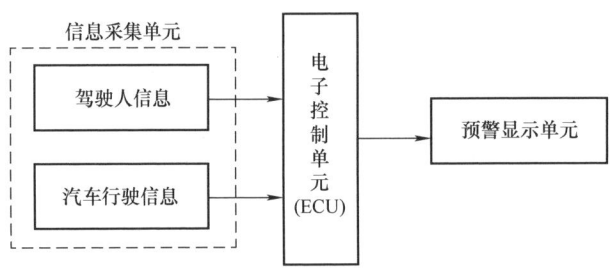

图9-35　驾驶人监控预警系统

二、技术原理

1. 监测技术

驾驶人状态的监测主要是利用各种传感器采集驾驶人信息和汽车行驶信息来实现的，不同信号的采集方式也会存在差异。基于对人体行为、生命体征等综合分析发现，当驾驶人注意力分散时，会发生生理反应的特定变化，如视线移动变慢，闭眼时间变长，头部位置变化等，这类信息主要由基于机器视觉技术的传感器采集；人疲惫时其呼吸、心率等生理信号也会发生改变，可通过接触式或非接触式的生物传感器检测；此外，驾驶人的身体状态也会间接地体现在对车辆的操控上，如行驶速度、行驶轨迹、转向盘控制等，通过对这些信息的收集也可以辅助评估驾驶员的状态。总体而言，检测技术主要包含视觉监测技术、生理信号监测技术和离手检测技术，这三种方式可以独立使用，也可以配合使用，从而获得更加全面准确的信息。

（1）视觉监测技术

视觉监测技术指通过摄像头获取驾驶人生理反应特征的一种检测技术。通过信息采集单元（摄像头加红外 LED 补光）获取驾驶人的眼部特征或头部位置信息并输出到 ECU，通过运算判断驾驶人疲劳状态，并根据疲劳状态设定，输出信号给预警显示单元。该技术是目前量产车型中常用的一种形式，其系统框架如图 9-36 所示。

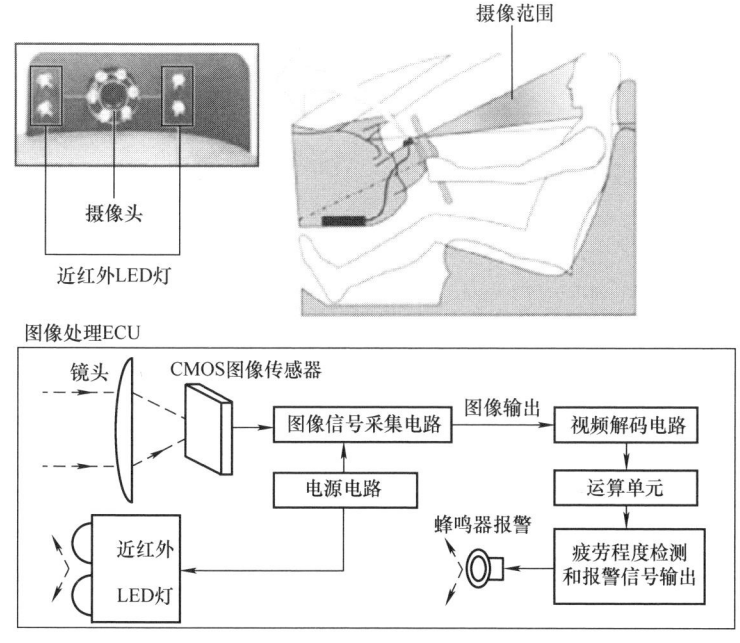

图 9-36　视觉监测技术应用

根据获取驾驶人脸部、头部或其他部位的信息，可实现不同的检测结果，具体如下：

1）基于眼部特征的检测。驾驶人眨眼幅度、眨眼频率及闭眼的平均时间是反应疲劳程度的重要表现特征。通过检测睁闭眼的时间和频率作为疲劳指标，可以达到较高的疲劳检测准确率，也是视觉监测技术的重点发展方向。

驾驶人视线方向也是判断疲劳的特征之一。驾驶人眼球中心与眼球表面两点连线视为视线的方向,在正常状态下,视野方向应位于车辆前进方向,同时会出现较快的横向移动,以判断周边车辆信息。在疲劳状态下,视线移动方向会变慢,或出现偏离正常位置的情况。通过眼球建模,判断横向移动速度和视线方向是否偏离正常范围作为疲劳判断的依据,如图9-37所示。

2)基于头部位置的检测。驾驶人在疲劳状态下,时常伴随打哈欠、低头等动作,可以通过判断头部的位置变化检测疲劳程度。此外,也可对不规范驾驶行为做出判断,如左右探头、抽烟、打电话等行为,如图9-38所示。

图 9-37 基于眼部特征的检测

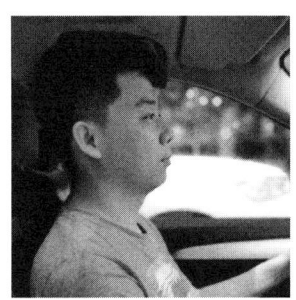  

图 9-38 基于头部位置的检测

信息采集单元需要获取驾驶人正常行驶时的面部信息,摄像头FOV须完全覆盖驾驶人的头部,可选择布置在转向盘后侧,但存在摄像头及红外LED外露问题。为了兼顾造型美观并降低摄像头外露带来的监视感,可将摄像头及红外LED灯集成在内后视镜镜片背部,在后视镜镜片背部增加特殊可见光屏蔽层,起到在后视镜正面隐藏摄像头及红外LED的作用,提升整车品质感,如图9-39所示。

 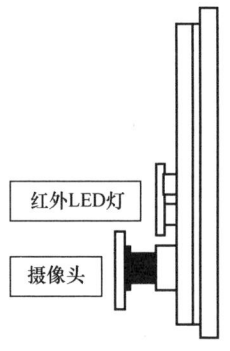

图 9-39 蔚来 ES8 采用的摄像头隐藏技术

基于视觉监测技术的驾驶人监控预警技术具有被探测疲劳特征明显、直观的优势，并可实现非接触测量，但是也存在着诸如检测识别算法复杂，疲劳特征易被光线或其他物体（如眼镜、帽子等）遮挡干扰，由于个人生理状况原因导致的系统误判等问题。

（2）生理信号监测技术

当驾驶人处于疲劳状态时，其生理信号如脑电、心电、呼吸、脉搏等会偏离正常状态。生理信号监测技术是指在转向盘、安全带或座椅等与驾驶人密切接触的零件上集成生物传感器，侦测驾驶人的生理信号，以检测并判断驾驶人的疲惫状态，该技术也是目前研究的主要方向之一。

1）ECG法（心电图波形，Electrocardiogram）是利用心脏跳动时在体表产生的周期性电位效应，进行采集并分析计算心率的方法。心脏的每一次搏动都伴随着心脏电生理活动，即心脏起搏点通过放电使电流传导到每个心肌纤维，接收到电信号后，相应的心肌纤维完成一次收缩，心脏也就随之搏动一次。心脏的电信号可以传导到体表皮肤，在体表特定的部位放置相应的电极，通过各电极间的相互配合就能呈现出心电图波形。医院里通过多个电极采集的12导联心电图就是基于这种原理。由于电极必须通过皮肤直接接触，因此在车内使用时，与驾驶人手部直接接触的转向盘是一个很好的选择。

在转向盘上布置两个电极，通过电极直接接触皮肤采集电信号后，可得到单导联ECG，具有常规ECG的部分功能，如心率监测，继而以此为依据判断驾驶人的身体状态。如图9-40所示，在2017年CES国际消费电子展上，奔驰发布的Fit&Healthy概念车的转向盘上就集成了电极。只要驾驶人双手握住转向盘两端的金属部分，就可自动采集心率数据。

图9-40　集成ECG功能的转向盘

采用ECG法进行心率监测的准确度很高，但要求至少有两个独立的电极同时与皮肤直接接触。如果要实现持续监测，两手须同时保持抓握姿势，会在一定程度上限制驾驶人的姿态，给驾驶人带来不便。此外，转向盘在整体造型时也需要考虑电极的布置，避免电极太过突兀影响转向盘的美观。

2）力位移法是利用心脏搏动或呼吸时人体产生的微弱颤动，来监测心率或呼吸频率的方法。力位移法适用于乘员无皮肤直接接触的零件上，如座椅和安全带等。人体疲劳状态的一个重要表现是呼吸频率变低，呼吸变得平缓。呼吸时身体对于座椅及安全带的压力也会发生轻微的变化，通过布置在零件中的压力传感器阵列可以监测呼吸情况，由此监测呼吸频率是否发生变化，如图9-41所示。TS Tech座椅公司在2019年东京车展上展示的座椅就是采用这种原理，将压力传感器布置在座垫上，传感器可采集到随乘员呼吸变化的压力曲线。

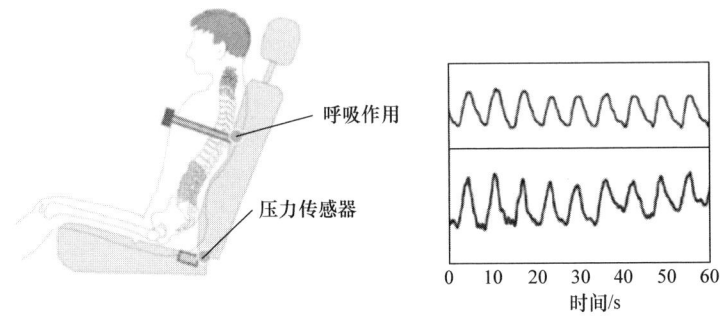

图9-41 力位移法原理示意图

力位移法可实现非接触式测量，对于驾驶人的驾驶活动影响较小。但由于采集的信号变化较为微弱，对传感器本身的精度要求较高，同时驾驶人自身的动作变化、车辆的振动等也会对压力传感器数据的读取产生干扰。因此，为提高其准确度，还需要额外的传感器探测这些可能的影响因素，并通过处理器对信号进行过滤处理。这无疑提高了该方式的实现成本和难度。

（3）离手检测技术

转向盘离手检测（Hands-Off Detection，HOD）是对驾驶人状态间接监测的一种方式。转向盘离手检测系统由感应层组件、电子控制单元（ECU）以及线束组成。感应层组件又由感应层、间隔层、屏蔽层、加热层（可选）组成，如图9-42所示。ECU集成在转向盘轮毂内。线束则连接ECU、感应层组件和时钟弹簧。

图9-42 感应层组件

第九章　基于内外饰的先进驾驶辅助技术

转向盘离手检测主要采用电容式传感垫（图9-43），通过电容检测的方式来判定驾驶人是否手握在转向盘上。感应层作为感应电极，屏蔽层作为屏蔽电极，对两个电极接入同样的交流电压，使初始状态感应层与屏蔽层电容一致，当感应层受到人手接触后，电容相对于屏蔽层发生变化，电容差转换为信号输出至ECU进行判定。

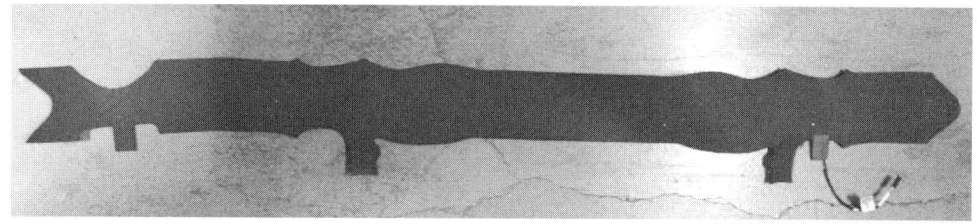

图9-43　电容式传感垫

转向盘离手检测作为ADAS的组成技术之一，也是L1~L4级汽车自动驾驶系统的要求。针对不同汽车自动驾驶系统等级的要求，转向盘离手检测系统当前有三种技术方案，分别是一区离手检测、二区离手检测和三区离手检测，如图9-44所示。

1）一区离手检测的电容式传感垫中只含有一段感应层，整圈包覆在转向盘轮圈上。从功能实现方面来说，一区离手检测模块通过灵敏度的标定，能够实现两根手指以上接触、佩戴手套接触和紧握转向盘的检测。一区离手检测通常在L2级自动驾驶的情况下使用。

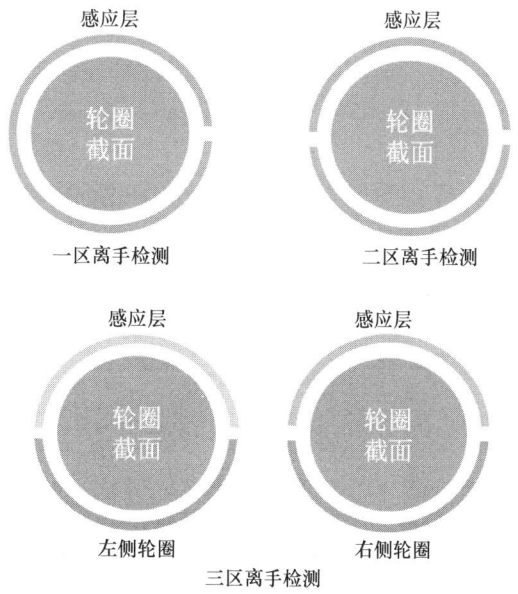

图9-44　一区离手检测、二区离手检测、三区离手检测示意图

2）二区离手检测的电容式传感垫中含有两段感应层：第一段包覆在转向盘轮圈的正面；第二段包覆在转向盘轮圈的背面。通过两段感应层的检测，在实现一区离手检测功能的基础上，还能实现单手或双手紧握转向盘的检测。除此之外，可以识别错误的接触状况如膝盖接触转向盘产生的检测信号。二区离手检测通常在L2/L3级自动驾驶的情况下使用。

3）三区离手检测的电容式传感垫中含有三段感应层：第一段包覆在左侧转向盘轮圈的正面；第二段包覆在右侧转向盘轮圈的正面；第三段包覆在整个转向盘轮圈的背面。通过三段感应层的检测，在实现一区离手检测和二区离手检测功能的基础上，进一步实现左手或右手紧握转向盘的检测。三区离手检测能够在L2/L3/L4级自动驾驶的情况下使用。

由于离手检测是通过感应电容的变化输入到ECU进行判定实现的，若感应层到ECU之间的线束过长（如线束通过时钟弹簧接至ECU），会导致传递上存在较大的电容变化干扰，直接影响正常的检测判断，因此ECU模块必须布置在转向盘上。通常ECU模块都布置在转向盘6点钟或5/7点钟位置，一体式发泡的转向盘主要由发泡进行固定，塑料底罩的转向盘主要由塑料底罩上的结构进行固定，如图9-45所示。采用发泡固定时，发泡厚度需要满足不同位置上的工艺及强度要求，同时需要预留足够的气囊模块安装、按响运动的安全间隙。由于转向盘内部空间有限，因此对造型设计以及结构设计的要求较高。采用塑料底罩固定时，骨架设计需避让ECU模块。对骨架结构设计的要求更高，不但要考虑按响机构的空间，而且需要满足各项机械性能要求。此外，需要保证固定结构设计合理，底罩表面无明显的缩印。

 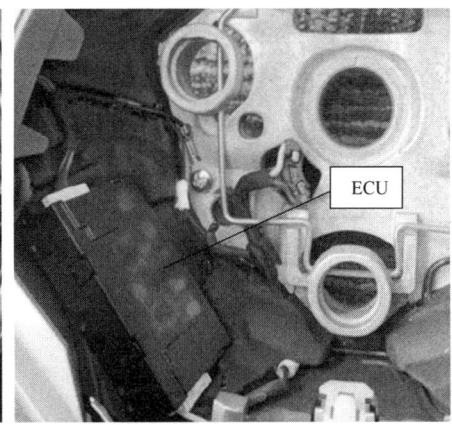

图9-45　6点钟和5/7点钟ECU布置示意图

离手检测除上述ECU布置的难点以外，传动的电容检测方式也存在一定难点，具体如下：

1）在充/放电检测过程中，容易受到EMC干扰。

2）没有理想的电容，每个电容都有寄生参数的存在。

3）电路中始终存在因环境因素而变化的等效并联电阻。

4）车内的湿度过大，转向盘表皮吸收水分增加，导致感应层电容值增大，容易产生误判。

因此，HOD 传感器非常关键，比如艾迈斯的传感器采用依据 IQ 调制的高精度电容传感器，能够解决传统的充/放电容测量所存在的问题。该电容传感器根据测量阻抗值原理进行设计，内部集成了模拟多路复用器（MUX），多达 10 路的阻抗值检测通道；可以从中读取每个通道所采集的 I 和 Q 分量，通过任意两个通道测量的结果推导出电容值，从而避免等效并联电阻的影响，计算出准确的电容值。

总体来说，驾驶人状态的变化是有迹可循的。如何在不同的场景工况下准确地识别出驾驶人的状态是监测技术最大的挑战。各种方式都有其优势和局限，结合多种方式综合评判，是当前提高监测准确度的一种有效手段。

2. 警示技术

当判断驾驶人注意力不集中或处于疲劳状态时，ECU 会发出预警信号。预警信号主要通过语音、振动、灯光等方式表达，其中在车内使用语音提醒最为常见。但是当周围环境音过大时，语音存在无法被有效感知的风险。振动、灯光等信号通过其他感官输入，可以提升预警提醒的效果。由于转向盘、座椅、安全带等零件与驾驶人密切接触，经常作为执行预警信号的载体。

（1）振动警示技术

振动警示技术是指在收到车辆预警信号时，通过零件振动的方式传递信号的技术。通常选用座椅、转向盘等与乘员直接接触的零件，保证振动信号更为直接地传递到乘员。振动由振动电机产生，如图 9-46 所示。以座椅振动为例，将振动电机接入座椅控制模块，当车辆系统识别到驾驶人出现疲劳或注意力不集中的情况时，会将信号传输给控制模块，控制模块控制振动电机进行振动提醒，如图 9-47 所示。这种方式不需要驾驶人用多余的动作去接收提醒信息，因此更加直接、安全。

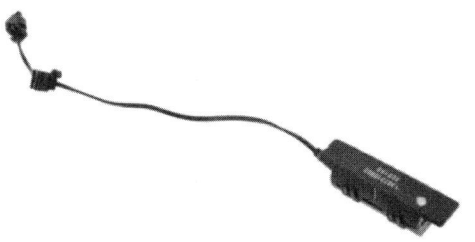

图 9-46　振动电机

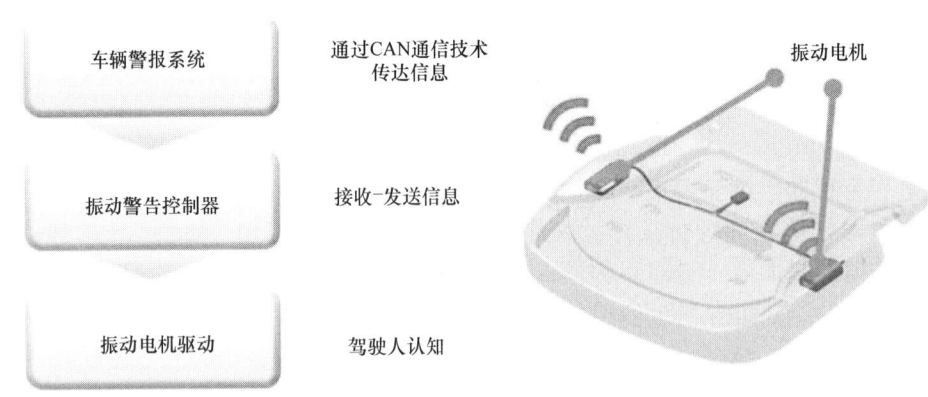

图 9-47　座椅振动警示技术原理示意图

振动电机通常布置在座垫上，在座垫的左右侧各布置一个，两个电机共同作用，从而避免坐姿偏向一侧时无法有效提醒的问题。振动电机有两种固定方式：一种是将振动电机固定在座垫下方的坐盆或悬挂钢丝上面；另一种是固定在座垫两侧翼处。

第一种方式结构简单，可直接与骨架卡接，如图 9-48a 所示。但由于布置在发泡 B 面，受到发泡阻隔影响，相对的振动强度要相应提高，振动效果须通过样件验证。同时，需要校核布置位置是否满足座椅骨架与人体的间隙要求（Meat-to-Metal），避免产生硬点，影响舒适性。

第二种方式结构相对复杂，首先需要在座垫左右侧翼发泡处各开一个槽，将振动电机分别埋入发泡开槽中，如图 9-48b 所示。待装配后，在泡沫孔中粘贴泡沫块，封盖振动电机。为达到较好的振动效果和舒适性，振动电机通常布置在发泡表面向下 10～20mm 范围内。发泡开槽中与振动电机接触的区域通常需要有消声蜡层或者无纺布，防止电机与发泡摩擦产生异响。此外，由于布置在座垫两侧，需要考虑驾驶人进出的耐久性。

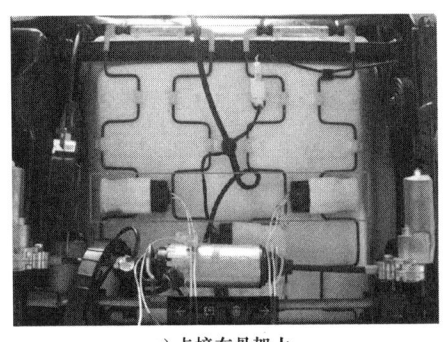
a) 卡接在骨架上

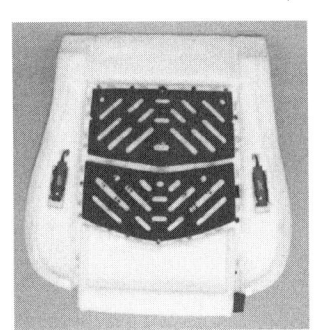
b) 预埋在发泡内

图 9-48　振动电机的固定方式

为保证振动效果,每个振动电机的振动频率为40~80Hz,每个振动电机在竖直方向的振动强度为40~80m/s²。此外,电机选型时须考虑EMC要求。

(2)灯光警示技术

灯光警示技术是在收到车辆警示信号时,通过发光单元点亮或闪烁的方式传递信号的技术。通常选用转向盘、仪表板、门饰板等零件发光,以保证灯光警示更直接地传递至乘员。以转向盘为例,将氛围灯集成在转向盘上,通过接收转向盘的离手检测信号或车辆的疲劳检测信号,以灯光明暗闪烁的方式引起驾驶人对于危险行为的注意,如图9-49所示。

图9-49 集成氛围灯的转向盘

灯光警示模块主要由发光二极管或三色发光二极管、PCB板、透光塑料件和线束组成。通过整车ECU输入信号,灯光警示模块执行长亮、明暗变化、闪烁的指令。

灯光警示是通过布置在PCB板上的发光二极管或三色发光二极管发光实现的。但由于灯光需要通过透光塑料件,所以经常会发生透光塑料件处漏光或发光不均匀等问题。对于漏光问题,需提高透光塑料件的喷涂工艺要求,保证100%的遮光率。对于发光均匀性问题,首先需要选用透光率较好的塑料基材,其次需要控制镭雕工艺,确保透光区域的遮光漆被均匀去除。

灯光警示模块主要布置在转向盘轮圈12点钟位置。通常转向盘轮圈由骨架、发泡、皮革组成,布置空间极其有限,不但要保证骨架强度所需的结构,还需要考虑发泡工艺所需的最小发泡厚度,除此之外需要避开真皮缝线的位置,因此灯光警示模块需要集约化设计。

三、技术应用

驾驶人监控预警技术通常应用于驾驶人注意力不集中或疲劳状态的提醒,如图9-50所示,将语音、振动、灯光等多种预警方式结合起来,多管齐下,使驾驶人重新将注意力集中到驾驶中去。在更高级别的自动驾驶系统上,也可以提醒驾驶人接管车辆,保证其能在一定时间内回到正常的驾驶状态。

此外,这套系统可以与路况、车况结合,根据系统的场景预设,对行驶、倒车、怠速等不同条件下可能发生的碰撞、车道偏离、后方来车、红绿灯变化等多种工况进行预警或提醒。

图 9-50　驾驶人监控预警技术应用

第五节　先进驾驶辅助技术发展趋势

消费者对汽车安全性的重视度越来越高,ADAS 在未来很长一段时间内必将保持持续发展的趋势。同时,为提高驾驶的安全性及舒适性,ADAS 正在从单个技术独立发展转变为整合式主动安全系统的开发,多项技术可以共用传感器、控制系统等平台。一旦车辆装备了摄像监控或监控预警等 ADAS 系统,就可以通过共用传感器或 ECU,以较低的成本集成其他安全驾驶辅助技术,从而将进一步推动先进驾驶辅助技术在汽车上的应用。

为了配合 ADAS 系统的发展需求,内外饰技术也积极进行升级,如智能交互照明系技术、CMS 技术、HUD 技术和 DMS 技术等。

除此之外,为了配合 ADAS 的更好应用,对于不同类型的 ADAS 技术,内外饰技术也有针对性的开发,如为了降低环境光对车内光学传感器的影响而研发的变色天窗及防水防结冰的前风窗玻璃;为了提高压力传感器的灵敏度而研发的含碳泡沫材料,如图 9-51 所示;为了适配 ECU 等高散热的电子器件布置而开发的可随温度变化改变性质和形状的 4D 打印智能材料,如图 9-52 所示。相信内外饰技术的发展会进一步推动 ADAS 技术的进步。

ADAS 系统作为未来智能汽车的重要组成部分,除了提升驾驶安全性及舒适性外,基于大量数据的上传及检测,可以不断地优化驾驶人的驾驶行为,从而提升驾驶经济性及安全性,并通过车辆行驶信息数据优化道路的车流控制。随着网联技术的发展,多技术集合的 ADAS 系统将帮助车辆逐步实现自动驾驶,并最终实现无人驾驶的目标。

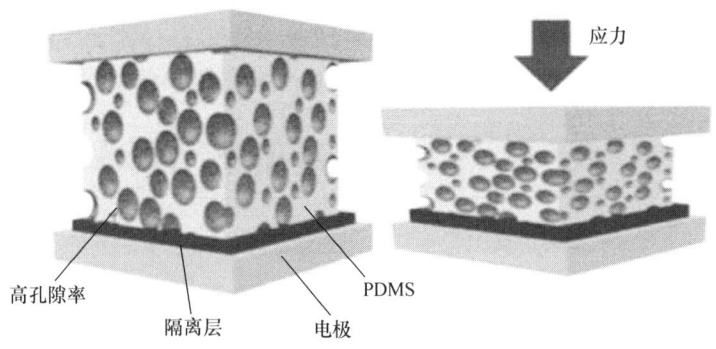

图 9-51　含碳泡沫材料开发的电容式传感器

图 9-52　可随温度变化改变性质和形状的 4D 打印智能材料

第十章
智能交互内外饰发展趋势

随着互联时代的来临,大数据、云计算、人工智能、物联网、5G 通信等先进技术的快速发展,汽车作为消费者在市场上能够获得的最为复杂的消费产品之一,将首当其冲地面临新时代新技术的影响与冲击。汽车电动化、智能化、网联化、共享化的趋势正在深刻影响人、车、环境的关系,汽车的内部空间、人机交互等设计也正在发生革命性的变化。

未来,伴随着用户需求的不断提升,越来越多的功能将集成于汽车,汽车将不再是简单的运载工具,而将发展成为包含个人空间、公共空间、社交空间以及各种交互关系(个体与群体,社会公共交互)的设计对象,即人们生活工作之外的"第三空间",满足用户对信息、娱乐、办公、生活等方面的需求。在这样的背景之下,汽车的智能交互设计已经成为国内外各大汽车厂商与科技公司的关注重点。

第一节　面向未来的智慧交通展望

澳大利亚未来委员会主席埃利雅德博士曾言,未来不是已知的,但未来可以创造,未来不是去某一个地方,而是创造一个地方。这句话非常适用于我们对未来智慧交通的展望。

在 2020 年 CES 国际消费电子展上,众多汽车厂商都在试图为我们打造一个万物互联、可持续、多通道和多模态交互的未来城市出行愿景。丰田公布了其 "Woven City" 计划,将会在日本静冈县裾野市建立一座可以容纳 2000 人的未来出行示范城市,旨在打造一个基于清洁能源(城市建筑由木材制成、屋顶覆盖光伏电池板、氢燃料和太阳能供电)、万物互联(人、汽车、建筑物等)和 AI 技术的"编织之城",如图 10-1 所示。同时,在东京车展中展出的 e-Palette(图 10-2)、LQ、e-Chargeair 等概念车,都将出现在这座城市里。

除了日本丰田公司提出的"Woven City"计划,中国上海市同样在《上海市城市总体规划(2017—2035 年)》中提出要建设更具活力的繁荣创新之城,积极推广新兴交通技术的应用,推动道路和相关交通辅助设施功能再造,优化运输服务体系,为新能源汽车、无人驾驶等新技术发展创造条件。美国也在《2016—

2045年新兴科技趋势报告》中对未来30年交通领域中的新兴科技进行了预测，认为物联网、清洁能源、数据挖掘、区块链、量子计算等技术将得到广泛应用，并对传统交通模式产生冲击。基于此，我们相信未来的城市将是创新的城市、智慧的城市，城市的交通状况将会发生颠覆性的变化。

图 10-1　丰田"编织之城"全景效果图

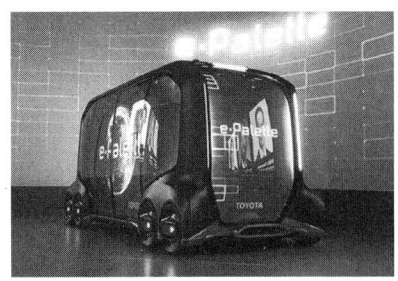
图 10-2　丰田 e-Palette 自动驾驶汽车

随着汽车智能化、网联化以及自动驾驶等技术的不断进步，未来的交通生活充满了无限可能。未来，交通是车与路的协同，是由智能的路和智能的车构成；交通信号系统将成为以信号为核心的类脑城市交通计算中心，各交通参与单元都将具备"自主"思维，如图10-3所示。我们会看到一个由"单车智能"向"群体智能"转化的万物互联、车路协同、自动驾驶的未来智慧城市出行场景，如图10-4所示。未来，在智慧交通的帮助下，汽车用户将从汽车逾百年的驾驶属性的束缚中解放出来，获得充分的自由，开启一种全新的、多场景的旅途模式。

图 10-3　全球首款量产智能座舱上汽荣威 RX5 MAX

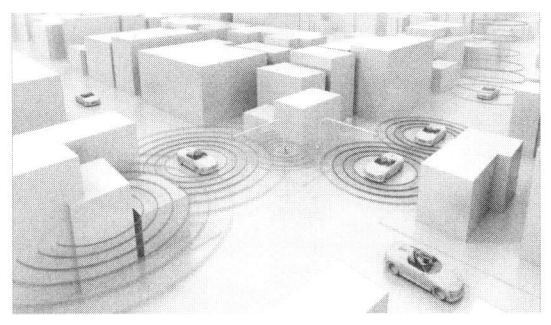
图 10-4　未来智慧城市出行场景

智慧交通的核心在"智慧",给交通安装"大脑",使之能够有效消化和吸收所采集到的基础数据信息。为实现全面智慧交通,首先需要做到对交通数据及关联数据的及时筛选、深度分析、全面共享;然后做出实时反应,有效反馈,利用多种维度的手段对交通进行微调、精调,提高城市路段通行效率,用管理和技术手段解决城市交通拥堵、资源浪费、安全事故频发、难以实时控制事态等难题,使城市交通走上良性发展的轨道。

随着技术的发展,物联网、大数据、云计算、人工智能、5G通信等高新技术融于交通领域,使交通实现"智慧"成为可能。据此提出以下几点智慧交通未来研究的重点方向:

(1)车联网技术

车联网是在车、路、行人、互联网交互过程中,实现车辆与公众网络的动态移动通信技术,是物联网技术在交通系统领域的典型应用,是未来智慧交通发展的方向之一。

车联网是利用无线通信、传感器探测等技术收集车辆、道路、环境等信息,通过车与车(V2V)、车与路(V2R)、车与人(V2P)等信息交互和共享,使车和基础设施之间智能协同与配合,从而实现智能交通管理控制、车辆智能化控制和智能动态信息服务的一体化网络,如图10-5所示。车联网的本质是将单线的汽车与乘员智能交互关系转变为车、路、人、物的混合智能交互关系(V2X)。

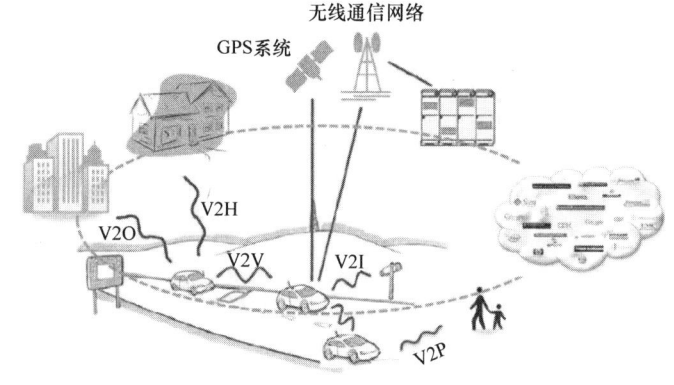

图10-5　车联网示意图

(2)大数据、云计算、人工智能技术

大数据的本质就是一大堆结构化的和非结构化的数据。因为数据量太大,没办法直接使用,需要从中抓取出有价值的内容或想要的数据,这就是大数据应用。

云计算其实就是让计算、存储、网络、数据、算法、应用等软硬件资源像电一样,随时随地、即插即用。

人工智能就是靠计算机结合大数据来代替人脑进行思考,而且可能比人思考得更全面、更迅速。

这几种技术是相辅相成的关系。大数据与云计算的关系就像一枚硬币的正反面一样密不可分,大数据必然无法用单台计算机进行处理,必须采用分布式计算架构。对海量数据的挖掘,必须依托云计算的分布式处理、分布式数据库、云存储和虚拟化技术。大数据应用依赖于人工智能的底层支持,反之大数据为人工智能提供了大量的学习素材。未来,在大数据、云计算、人工智能技术以及车联网技术的帮助下,汽车将在智慧交通系统中得到合适的路权、线路分配,例如,去医院、机场的车被分配至快车道,普通通勤车被分配至慢车道,从而避免拥堵,保障车辆和行人的安全,为无人驾驶提供技术支撑。

(3) 5G 通信技术

5G 将融合大规模天线阵列、超密集组网、终端直通、认知无线电等先进技术,在未来几年内逐步发展成熟,为智慧交通的发展提供新的动力源泉。5G 的优势在于其极高的速率,极大的容量,极低的时延,相对 4G 网络,传输速率提升 10～100 倍,峰值传输速率达到 10Gbit/s,端到端时延达到毫秒级,连接设备密度增加 10～100 倍,流量密度提升 1000 倍,频谱效率提升 5～10 倍,能够在 500km/h 的速度下保证用户体验。

5G 在设计之时,就考虑了人与物、物与物的互联,是将真正帮助整个社会构建"万物互联"的技术。5G 技术的运用,可以使车联网拥有更加灵活的体系结构和新型的系统元素,例如,5G 车载单元 OBU、5G 基站、5G 移动终端、5G 云服务器等,如图 10-6 所示。

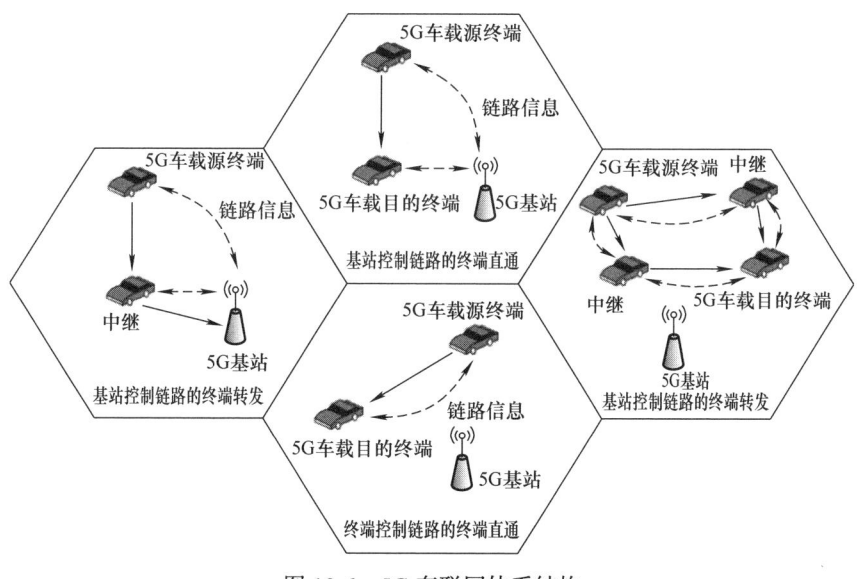

图 10-6　5G 车联网体系结构

如今,5G 技术被视为未来几年最具前瞻性的技术,且对于各行各业而言,5G 技术都具有革命性颠覆的作用,5G 将驱动全社会的数字化转型,赋予产业新技能，实现产业融合，进而改变社会。尤其是随着智慧城市的浪潮兴起之后，5G技术将促进智慧城市建设的高速发展。而智慧交通作为智慧城市的一部分，其发展也将受益于5G。

随着商业5G部署浪潮的兴起，智能家居、智能安防、虚拟现实、无人驾驶等行业将得到极大的推动，而其中效果最显著的将是无人驾驶汽车，如图10-7所示。

无人驾驶汽车，也称为自动驾驶汽车，即依靠人工智能、视觉计算、雷达、监控装置和全球定位系统协同合作，让计算机系统在没有人类主动的操作下，自动安全地操作机动车辆。

图10-7　无人驾驶汽车

由于无人驾驶需要大量的互联网接入数据才能够正常运行，而当前的4G网络已经无法支撑如此庞大的数据。5G网络登场之后，得益于5G技术的连续广域覆盖、热点高容量、低功耗大连接和低时延高可靠四大特性，5G技术能够对无人驾驶产生的庞大数据进行传输和处理，以及提供更精准的地图定位和更复杂的运算，从而引导无人驾驶高速、稳健、安全发展。

一旦步入无人驾驶时代，当前的道路交通建设则需要修建成符合自动驾驶的专用道路，以及完善充电、充氢、充能设施，以适应无人驾驶车辆的自动充能需求。未来的智慧交通将是一种智能的车路协同系统，是一种基于无线通信、传感探测等技术进行车-路信息获取，并通过车-车、车-路信息交互和共享，实现车辆和基础设施之间智能协同与配合，保证交通安全，提高通行效率，减少城市污染，从而形成安全、高效和环保的智慧交通系统，如图10-8所示。

图10-8　智慧交通示意图

未来城市的智慧交通系统,将以万物互联的数据驱动为基础、以新型智能交通方式为载体、以共享移动性为重点,实现安全、高效、绿色、便捷、经济的综合交通体系跨越式发展。

因此,未来的道路交通出行,将主要表现出如下的特点,即个体出行——共享,群体出行——定制,车辆运行——自动。在5G、人工智能、物联网等技术的发展助力下,未来的智慧交通必将向"自动、主动、人性化"靠拢。

第二节　面向未来的智能交互内外饰展望

未来,正在来的路上。

物联网、大数据、云计算、人工智能、5G通信等技术的快速发展与迭代使得汽车人机交互发生着巨大的变革,人作为最终用户,在设计变革中掌握着人机交互的最终检验标准。交互设计主要针对使用者或交互对象的体验与易用性,使交互对象的情感需求得以满足。

未来的汽车智能交互内外饰设计将会呈现以下几个特征:

(1)智能化:智能交互内外饰

智能化这一趋势可以说在诸多产品之中都有所体现,汽车也不例外,智能汽车已经成为众多品牌的发展方向。简单来说,智能汽车的内外饰就是在传统汽车内外饰的基础上,应用新材料、新工艺,并辅以各类软硬件支撑,使得内外饰具备感应能力、分析能力、自适应能力与行为决策能力等。智能内外饰的人机交互也会随之变得更加智能、方便,能够有效分担驾驶人的认知负荷,减少犯错误的可能性,从而增加安全性并提高效率。

同时,随着智慧交通的发展,汽车将成为智慧交通的一个移动终端,帮助解决城市的交通拥堵和交通安全问题,共同建设未来的智慧城市。未来智能汽车内外饰必将利用诸如投影技术、智能表面技术、灯光显示技术等先进交互技术,构建智能交互内外饰系统,从而服务于智慧交通。尤其是汽车外饰,将逐步打破传统功能件的定位和设计方法,演变为服务于V2X技术的艺术品。这一点从2020年CES国际消费电子展上奔驰推出的Vision AVTR概念车上,便可见一斑,如图10-9所示。

图10-9　奔驰Vision AVTR概念车

（2）生活化：娱乐工作一体化

纵观汽车内外饰的百年发展历史，汽车座舱从最初主要服务于机器的"小型车间"逐步转变成今天服务于人的"起居室"，而在不久的未来，汽车座舱还将成为满足用户对信息、娱乐、办公、生活等方面需求的"第三空间"，如图10-10所示。

图 10-10　宝马 i3 "城市套房"座舱

车联网技术的发展，使得汽车的交互界面更加丰富多元化。汽车不再仅仅是传统的交通运输工具，更是成为一种信息获取、传递、交流和娱乐的个人空间。未来汽车将普遍使用电能或其他新能源，车内不再装配发动机，传统的三厢车将回归最初的轿厢样式，整体空间更大，以实现空间最佳利用率，内饰布局将被彻底改变。在空间宽敞、内饰功能丰富、人机交互便捷的未来汽车座舱内，用户不仅可以随时随地进行语音、视频会议等办公操作，还可以体验游戏、影音等娱乐活动。未来汽车将成为一个移动的个性化智能空间，如图10-11所示。

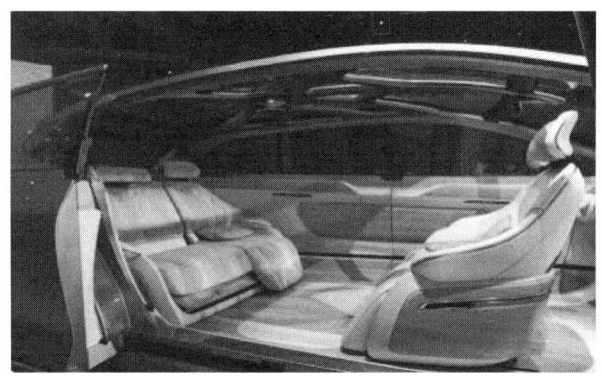

图 10-11　上汽荣威 Vision-i 5G 智能座舱

未来汽车的座舱可自由调节以满足用户的不同需求：座椅的位置、角度、形状、温度，氛围灯的颜色、亮度，智能表面的显示信息等诸多内容……都能由用户进行预先设置，存储在云端。用户无论乘坐个人汽车还是共享汽车，都能使用最适合自己的座舱。未来汽车将集成温控技术、动力控制、传感器技术与智能联网功能,座舱可记录用户的生理特征,进行数据记录及分析,将其反馈至手机等移动终端或显示在汽车内饰中的电子屏幕上,用户可以时刻关注自身健康状况,并根据数据分析结果选择按摩或常规治疗。人工智能技术、触控技术、智能表面、物联网技术等新科技与新材料的结合,将为用户提供更多汽车使用场景和交互方式。

(3)健康化:全方位的健康防护

在经历了2020年新型冠状病毒性肺炎疫情后,各汽车厂商纷纷推出了各自主打健康、卫生、清洁的"防疫汽车",例如,上汽荣威的"N99级"防护、吉利IAPS智能空气净化系统、丰田"光触媒空气清新器"、特斯拉"生化防御模式"等。在新材料、新技术的推动下,新型环保抑菌材质和人车交互技术将会被广泛应用于汽车内外饰,为人们的健康提供保障。同时,针对座舱清洁的设计,也有望在未来出行中得以实现。可以预见,未来人们对车内,特别是对共享汽车内健康和安全的要求必定会越来越高。

未来汽车内饰除了拥有杀菌抑菌的功能,还将被赋予更为复杂的乘员健康监测系统。通过集成于座椅或转向盘等零件的传感器,获取乘员如体温、心率、脉搏、血压、呼吸频率等身体信息。当车辆判断驾驶人出现疲劳分心时,可以通过布置在座椅或转向盘上的振动电机给予提醒;当驾驶人出现情绪烦躁影响驾驶节奏时,可以自动开启座舱通风、自动播放音乐等;在驾驶人突发疾病严重影响驾驶安全时,启动自动制动甚至开启无人驾驶。

健康监测系统所获得的信息还将为乘员提供系统的评估分析,并基于此对不同座位的乘员提供个性化温度、座椅设置等相应调节,如图10-12所示。当乘员出现严重的健康问题时,甚至可实现车内就诊或给予相应的就医建议。

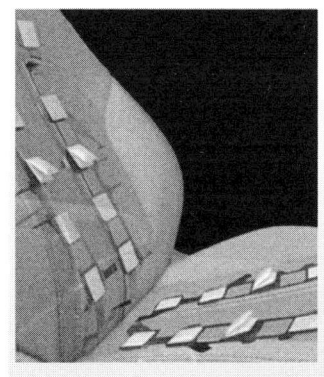
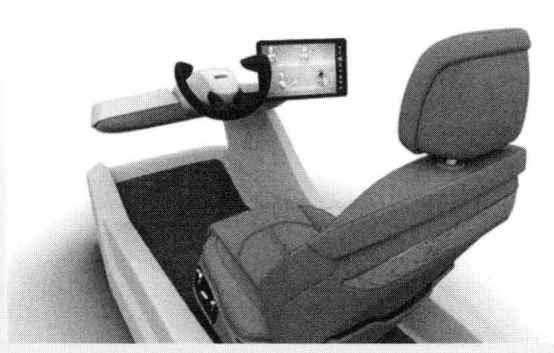

图10-12 佛吉亚健康监测座椅

(4)人性化:多模态交互设计

多模态交互是包括手势、视觉、语音、体感和触摸等多种形式的交互。诸如奔驰Vision AVTR、BMW i、拜腾M-Byte等车型,已实现了触控、语音控制、隔空手势、人脸识别、视线追踪等多模态交互，给用户提供了全新的交互体验。

语音沟通作为最直接、最有效的信息传递方式之一，将大力应用于未来自动驾驶时代。在大数据、云计算和人工智能技术的帮助下，汽车内部将伴随一个能准确理解用户命令的人工智能语音助理，可轻松实现用户的需求（图10-13）。用户通过语音提出指令，人工智能语音助理将其转换为执行代码，从而实现相应功能，儿童、老年人、残疾人等弱势群体也能获得良好人机交互出行体验。

除了智能语音助手，屏幕触控及全息虚拟触控作为另一种未来主要的人机交互方式，其用户界面将更加简洁易操作，如图10-14所示。驾乘人员可通过语音指令或触控操作，便可实现信息查询、影音播放、氛围灯调节等，体验舒适的内饰氛围，放松、娱乐的同时顺利到达出行目的地。

 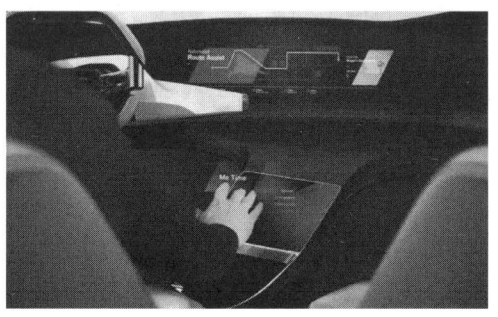

图 10-13　智能语音助手　　　　图 10-14　宝马 HoloActive 全息触控交互

（5）自由化：沉浸式环境

在汽车内外饰设计中，视觉效果通常是第一位，色彩、体量、形态、表面材料质感都通过视觉来辨识和认知，听觉和触觉方面则是辅助性的因素。将智能材料结合智能显示技术，用电子控制信号改变光源特征实现氛围灯调节、影像投射等功能。通过集成智能交互材料与智能触控技术及联网功能，交互式氛围灯的颜色、纹理及动态效果均可依据用户需求进行变化，营造不同环境氛围，让用户从生理、心理上获得愉悦使用体验，如图10-15所示。

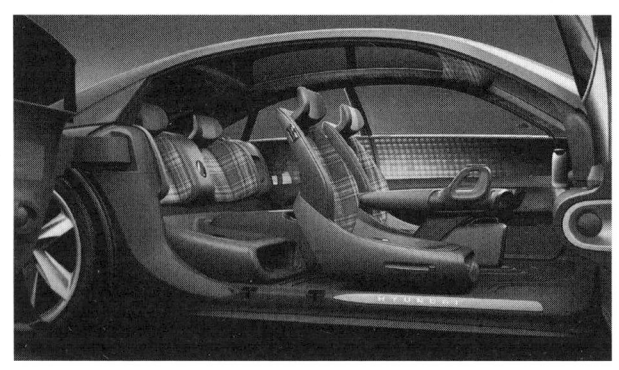

图 10-15　现代 Prophecy 电动概念

在未来汽车共享化背景下,人们同样可以获得个性化体验,根据年龄和个人喜好决定色彩的搭配跨度及材料类型、表面处理工艺等。使用未来共享汽车时,用户在手机等移动终端上对预约车辆进行内饰配色风格、灯光效果、材料类型等进行自行搭配,并对外饰的显示信息进行设置以便在上车前获取自己所需的个性化信息;当用户进入车内时,内饰展示的便是预设效果,而由于车辆的共享身份,内外饰在上一用户使用完毕后恢复至初始状态,迎接下一用户。用户将在共享经济中体验极大程度的个性化操作。

当今汽车正在随着时代发展进行着深刻的变化,而汽车内外饰作为受到冲击最为猛烈的部分之一,正经历着全新智能交互技术上的变革。

未来的汽车到底什么样,未来的汽车智能内外饰到底什么样,如果我们不限制未来的期限,那汽车一定是无人驾驶的,一定是配备个性化座舱的,一定是使用新型能源的,一定是会飞行的(图10-16)。

图10-16　Terrafugi公司的Transition飞行汽车

既然能飞,那么车轮可以不需要了,悬架也不用了,也不需要备胎;既然无人驾驶,那么转向盘和外后视镜也可以不需要了,座椅布局也会更舒适灵活;既然不用油了,那么发动机和排气系统都可以省了。

未来的出行一定会是立体的,汽车将拥有飞行的能力,这样可以解决平面交通的压力。未来出行一定是自动化的,全部都由中枢电脑来控制,减少人为地干预。汽车会更接近一个可乘坐的移动空间,它会根据你的行驶目的,自动为你分配车速和车道,当然也可能是航道。

如果你要去医院看急诊,那么你的未来汽车将会获得优先的路权,让你一路速达。

如果你需要在路途中办公,那么未来的汽车可能是一辆类似工作室一样的移动空间,里面会有你需要的所有办公的硬件和软件,满足你的办公需求。

如果你在路上是要打发时间进行娱乐,那么它可能是一辆某娱乐品牌出品的特制移动空间。它的空间就是一个360°的环形大屏的影音娱乐室,你可以在这里看影视剧、唱歌、欣赏美术作品等。

如果你是一位正在求学的学生，那么它就可以是一个学习的场所，可以有虚拟的教师在等着你，你可以利用行驶的路途完成一堂课的学习，全世界最好的老师可以为你讲解。

如果你在行驶的路上需要休息，那么它就是一个休憩的移动空间，一个可以媲美豪华五星级酒店的超级大床摆放在里面，你在那里可以得到很好的休憩。

总之，未来的汽车可能形状怪异，功能独特并完全定制，从某种意义上说，已经和我们现在所谓的汽车没有了太多关系。任何人可能都可以在任意行业造车，制造一台适合你独特需求的车。你只需要在每天出行的时候，通过智能系统预订一辆你希望获得的出行空间就可以了。

参 考 文 献

[1] 朱建良，王鹏欣，傅智建. 场景革命 [M]. 北京：中国铁道出版社，2016：7-9.
[2] YE S H. BBA 智能座舱发展趋势 [EB/OL].(2019-11-12).[2020-09-01]. http://www.360doc.com/content/19/1112/20/30375878_872694893.shtml.
[3] 蔡余杰，纪海. 场景营销 [M]. 北京：当代世界出版社，2016：19-22.
[4] 刘笑男. 互联网新场景下的汽车内饰设计研究 [D]. 大连：大连理工大学. 2017：32-48.
[5] GENTA G, MORELLO L. The automotive chassis: volume 2: system design[M]. [S.l.] Springer, 2008.
[6] 孟祥旭，李学庆，杨承磊，等. 人机交互基础教程 [M]. 3 版. 北京：清华大学出版社，2016.
[7] 董建明，傅利民，饶培伦，等. 人机交互：以用户为中心的设计和评估 [M]. 5 版. 北京：清华大学出版社，2016.
[8] 谭浩，谭征宇，景春晖，等. 汽车人机交互界面设计 [M]. 北京：电子工业出版社，2015.
[9] 李楠. 智能汽车网络安全监控技术的研究与实现 [D]. 成都：电子科技大学，2019.
[10] 李巍，张丽静，王燕芳. 车载以太网技术及标准化 [J]. 电信网技术，2016 (6)：1-5.
[11] 呼布钦，秦贵和，刘颖，等. 下一代汽车网络：车载以太网技术现状与发展 [J]. 计算机工程与应用，2016, 52(24)：29-36.
[12] 王建萍. 车载以太网 [J]. 汽车与配件，2015，8：54-58.
[13] 崔馨宇. 车载以太网技术现状与发展探究 [J]. 科技创新导报，2017，14(24)：156-157.
[14] 方建国. 汽车灯光源演变历程 [J]. 照明工程学报，2010(3)：45-47.
[15] 战磊，孙军，何金光，等. 汽车座椅骨架轻量化的研究概况 [J]. 汽车零部件，2015(11)：87-92.
[16] 韩洁丽. 镁合金汽车座椅骨架压铸成形数值模拟与工艺优化 [D]. 重庆：重庆大学，2008.
[17] 韩洁丽，刘波，万白谦，等. 2009 中国汽车工程学会年会论文集 [C]. 北京：机械工业出版社，2009.
[18] 王堃. 镁合金的焊接方法及其工艺要素探究 [J]. 中国化工贸易，2017，9(5)：89.
[19] 李明月. 压铸 AM50 镁合金汽车座椅骨架的设计及组织和性能研究 [D]. 长春:长春工业大学，2017.
[20] 李新伟. 压铸工艺对汽车用镁合金组织与性能影响 [J]. 热加工工艺，2019(5)：114-116.
[21] 纪宏超，李轶名，龙海洋，等. 镁合金在汽车零部件中的应用与发展 [J]. 铸造技术，2019，40(1)：122-124.
[22] 雷炀. 高分子材料在轻质座椅设计中的应用 [J]. 化工设计通讯，2017,43(9)：79-82.
[23] 苗京. 碳纤维材料在汽车后座椅骨架上的应用探讨 [J]. 企业科技与发展 2018(7)：1-5.

[24] 余拓. 碳纤维复合材料在坐具设计中的应用研究 [D]. 长沙：中南林业科技大学，2019.

[25] 白煜，丁晓红. 基于拓扑优化的复合材料汽车座椅骨架设计 [J]. 上海理工大学学报，2017，39(1)：78-83.

[26] 罗益锋. 碳纤维及其复合材料在主要应用领域的突破方向与技术进展 [J]. 高科技纤维与应用 2019，6：1-12.

[27] 李启超. 一种电动长滑轨的新型传动系统：CN201810984861.6[P]. 2018-08-28.

[28] 封庆伟. 一种汽车座椅旋转机构：CN201711218807.2[P]. 2017-11-28.

[29] 封庆伟. 汽车座椅电动旋转装置：CN201910114760.8[P]. 2019-02-14.

[30] 苏建军，张世君，刘明峰. 一种带角度调节的电动款式翻折机构：201910114791.3[P]. 2019-05-31.

[31] 大卫·加格拉尔，弗朗西斯科·米格内科，阿尔俊·叶图库瑞，等. 具有座椅乘员生命体征检测的车辆座椅系统：201810171472.1[P]. 2018-12-07.

[32] 周青，夏勇，聂冰冰，等. 汽车碰撞安全与轻量化研发中的若干挑战性课题 [J]. 中国公路学报，2019，32(7)：1-14.

[33] 周青，姬佩君，黄毅，等. 未来交通事故场景中乘员智能保护的挑战与机遇 [J]. 汽车安全与节能学报，2017，8(4)：333-350.

[34] 武和全，侯海彬，胡林，等. 自动驾驶汽车中乘员在不同座椅朝向下的损伤风险及规避策略 [J]. 中国公路学报，2019，32(6)：206-215.

[35] 应根裕，王键，等. 光电显示原理及系统 [M]. 北京：清华大学出版社，2015.

[36] 翁小平，等. 触摸感应技术及其应用 [M]. 北京：北京航空航天大学出版社，2010.

[37] 文尚胜，李超，等. 光电显示技术及应用 [M]. 北京：机械工业出版社，2018.

[38] 王宏雁，赵明明，BEURIER G，等. 汽车驾驶人姿态监测系统研究综述 [J]. 中国公路学报，2019，32(2)：1-14.

[39] 崔胜民. 智能网联汽车新技术 [M]. 北京：化学工业出版社，2016.

[40] 周宏春. 未来城市的智慧交通有何亮点 [J]. 中国商界，2019(7)：48-49.

[41] 王良明，刘晓东，李春晓，等. 5G 车联网展望 [J]. 网络与信息安全学报，2016(6)：1-12.

[42] 虞慧岚，李金樱. 浅析汽车人机交互的发展与未来 [J]. 艺术与设计（理论），2017(5)：95-97.

[43] 罗颖博，马宏宇. 汽车内饰设计的人机交互前沿技术及设计趋势研究 [J]. 设计，2019(13)：38-40.